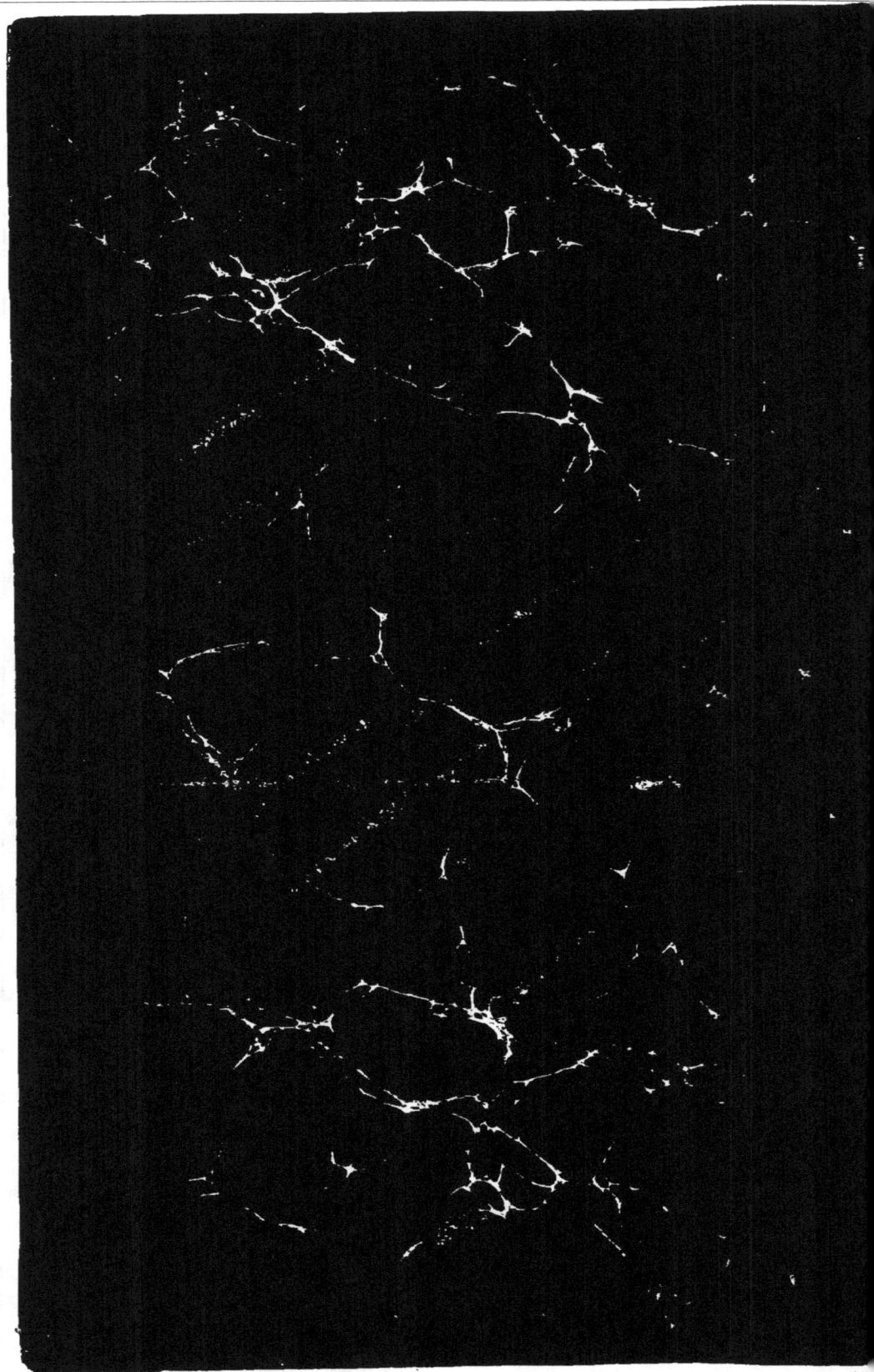

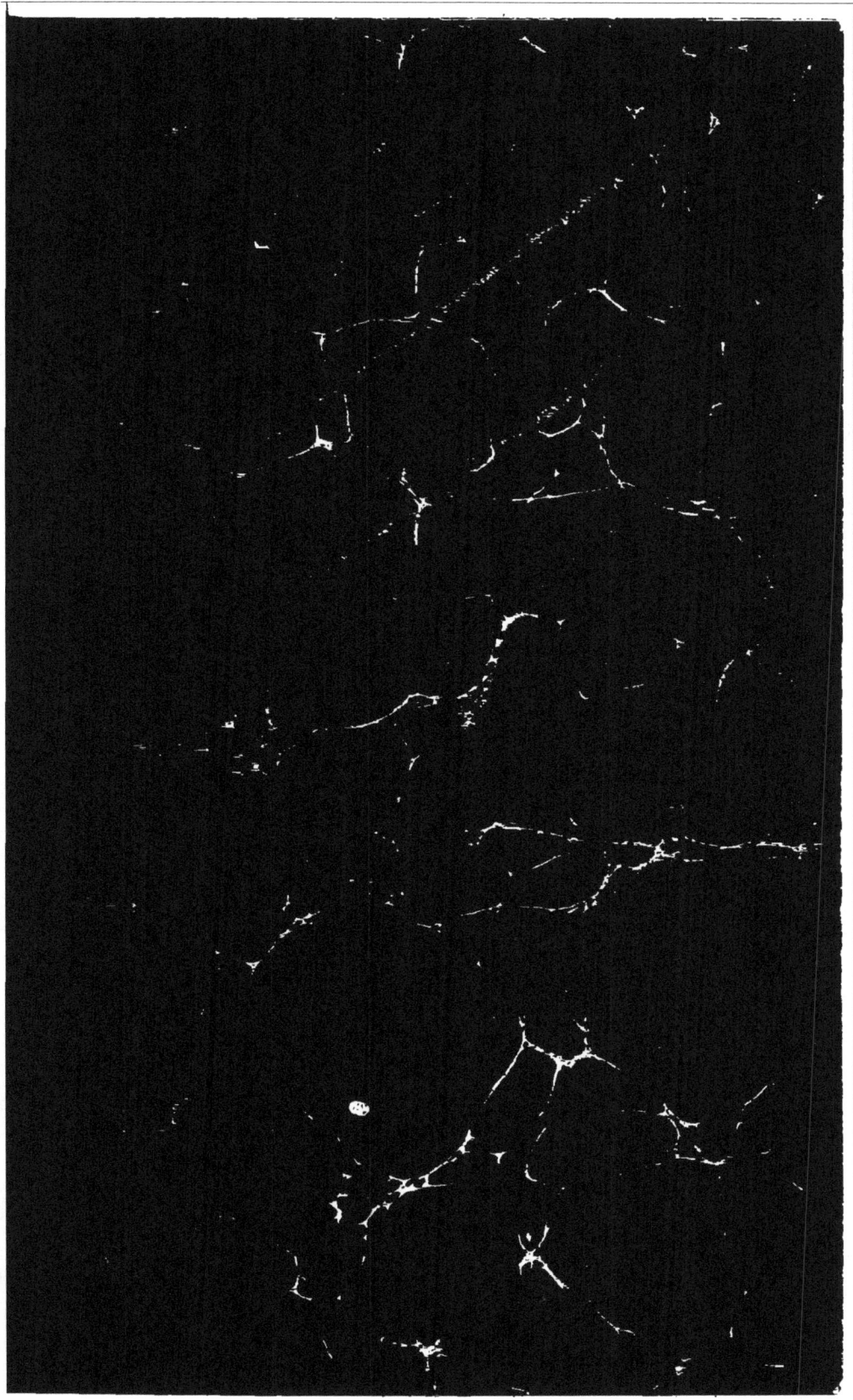

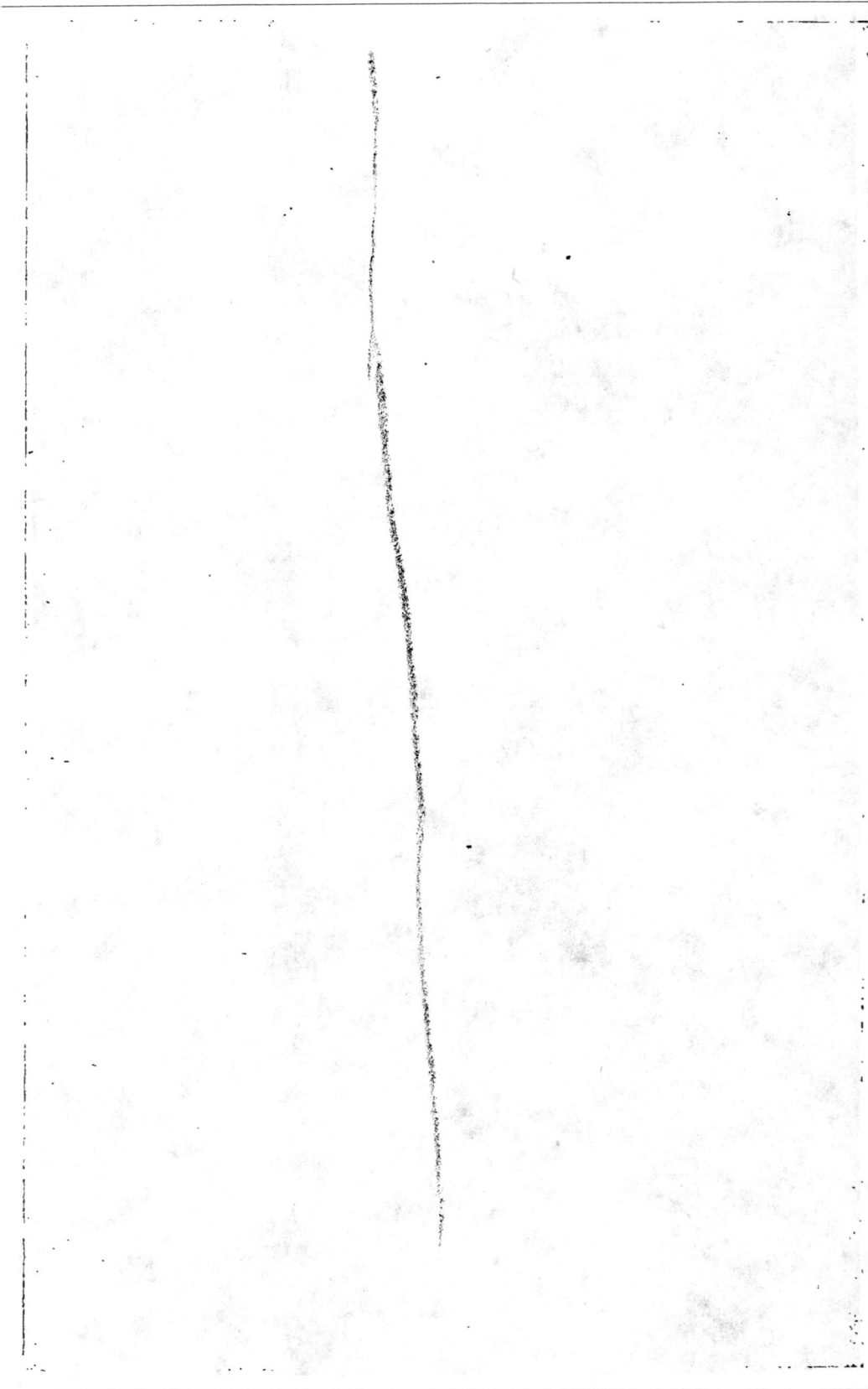

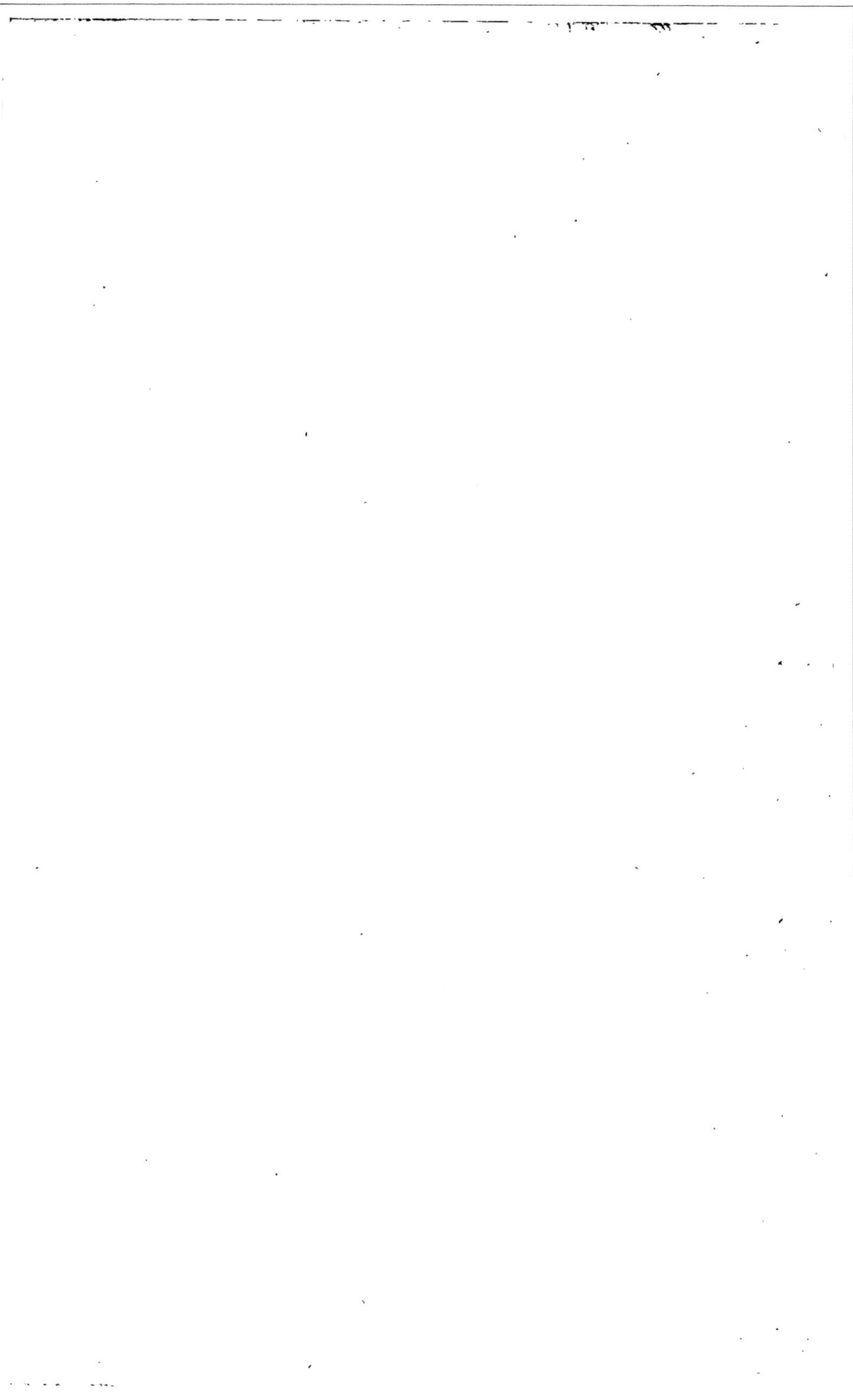

34106

ÉCONOMIE POLITIQUE.

OUVRAGES DE M. J. DROZ.

Histoire du règne de Louis XVI, pendant les années où l'on pouvait prévenir ou diriger la révolution française, 5 vol. in-8........................ 22 fr. 50

— Le troisième volume séparément.... .... 7 fr. 50

Économie politique ou Principe de la science des richesses, *seconde édition,* 1 vol. in-8.. 5 fr.

Le même , 1 vol. in-12.............................,........ .. .. 3 fr. 50

De la philosophie morale ou des différents systèmes sur la science de la vie, *cinquième édition,* 1 vol. in-18.... .... 5 fr. »

Applications de la morale à la politique, 1 vol. in-8................. 5 fr. »

Essai sur l'art d'être heureux, *sixième édition,* 1 vol. in-18.......... 5 fr. »

Études sur le beau dans les arts, *seconde édition,* 1 vol. in-8....... 4 fr. »

OEuvres de Joseph Droz, contenant les quatre ouvrages précédens, et divers morceaux, 2 vol. in-8.. 10 fr. »

Pensées sur le Christianisme, Preuves de sa vérité, *quatrième édition,* 1 vol. in-12...,......... 1 fr. 50

— Le même ouvrage, édition de luxe, avec encadremens en couleur et vignette...... .... 6 fr. »

— édition stéréotype... » 50

CORBEIL, IMP. DE CRÉTÉ.

ÉCONOMIE POLITIQUE

OU

PRINCIPES

DE LA SCIENCE DES RICHESSES,

PAR JOSEPH DROZ,

De l'Académie française et de l'Académie des sciences morales et politiques.

SECONDE ÉDITION,

REVUE ET AUGMENTÉE.

PARIS,

JULES RENOUARD ET Cie, LIBRAIRES-ÉDITEURS,

RUE DE TOURNON, 6,

ET CHEZ GUILLAUMIN, LIBRAIRE, RUE RICHELIEU, 14.

1846

PRÉFACE.

Un jour, je parlais d'économie politique à plusieurs hommes de beaucoup d'esprit et d'une instruction variée : je ne pus leur cacher ma surprise de voir que cette science leur était absolument étrangère ; les uns me dirent qu'elle est aride et sans attrait pour eux ; les autres, qu'ils avaient ouvert des livres d'économie politique et ne les avaient point compris.

Ces réponses m'affligèrent; il s'agissait d'une science dont la haute importance est évidente pour moi. Je l'ai cultivée dès ma jeunesse (1), et j'ai toujours mieux senti combien elle touche de près aux grands intérêts de l'humanité.

Je cherchai les causes de cette indifférence, de cet éloignement que tant de personnes montrent pour une étude si nécessaire. Parmi ces causes, il en est une dont je crus apercevoir le remède, et qui, par cela même, attira plus que les autres mon attention. Je pensai qu'il nous manquait un livre, pour commencer facilement l'étude de l'économie politique.

Nous possédons, sur cette science, d'admirables ouvrages; mais aucun de leurs auteurs n'a pris soin d'aller du connu à l'inconnu, seul moyen

(1) En 1801, le gouvernement fut sollicité de rétablir les corporations; je publiai une brochure contre ce projet.

cependant pour guider sans effort les esprits,
et pour les amener, en quelque sorte, à découvrir eux-mêmes la vérité. Si l'on débute par
nous dire que l'économie politique traite de la
formation, de la *distribution* et de la *consommation* des richesses, on s'énonce d'une manière exacte, sans doute; mais fort peu intelligible pour quiconque ne possède pas déjà la
science qu'il s'agit d'enseigner.

Ensuite, les ouvrages d'économie politique
les plus célèbres sont volumineux : cela suffit
pour effrayer beaucoup de lecteurs, même
parmi ceux dont l'intelligence est capable d'efforts. Si l'on veut s'instruire dans une science,
il faut recueillir des faits, s'en rendre compte,
en tirer des principes, que l'on finit par coor-
donner entre eux. La difficulté du travail augmente, si l'on commence par entreprendre la
lecture d'un ouvrage fort étendu, où le nombre

des idées secondaires distrait et, pour ainsi dire, étourdit l'attention.

Il existe des Abrégés; et j'avais distingué comme la meilleure production de ce genre, le *Précis d'Économie politique*, publié par M. Blanqui. Mais, en général, les Abrégés sont plus propres à rappeler les principes et leur ensemble, qu'à les expliquer.

Je voulus écrire un Essai, dont je chercherais à bannir la sécheresse des formules scientifiques. Je me proposai d'aller toujours du connu à l'inconnu, dans un volume de peu d'étendue, où cependant j'offrirais les développemens nécessaires aux questions principales. Je me promis encore de ne jamais laisser perdre de vue les rapports intimes de l'économie politique avec l'amélioration et le bonheur des hommes; espérant donner ainsi, à ce genre d'études, l'attrait dont bien des personnes ne

le croient pas susceptible, faute de le connaître (1).

Les gens du monde, s'ils lisaient cet écrit,
éviteraient des erreurs qui souvent, dans la
conversation, leur échappent, et qui ne passent
inaperçues qu'à la faveur d'une ignorance trop
générale. Les jeunes gens qui, pour fournir une
carrière honorable, ont besoin d'études appro-
fondies, trouveront dans ce volume les bases
de l'économie politique; et j'aurai atteint mon
but, si je les mets en état de lire avec plus d'intérêt et de fruit, les auteurs que j'aime à nom-
mer les maîtres de la science.

Un des plus beaux génies qu'ait produits
l'Angleterre, Smith, a d'une main sûre ouvert
la route, où marcheront à jamais les hommes

(1) J'attribue à cette direction d'idées l'accueil que me
paraît avoir obtenu mon essai: j'ai reçu des traductions en
allemand, en italien, en espagnol, en portugais (Rio-Janeiro),
en russe, en grec moderne; il y en a d'autres encore.

qui feront avancer la science dont nous allons nous occuper. Malheureusement cet écrivain, dépourvu de méthode, superpose souvent ses idées sans ordre; et, tout en admirant quel nombre de vérités il a répandues, on a reconnu des erreurs qu'il avait laissées subsister, ou même qu'il avait fait naître.

M. Say a beaucoup ajouté aux travaux de l'auteur anglais, dont il fut le disciple et devint l'émule. Aucun homme n'a plus contribué à diriger des esprits distingués vers l'économie politique, dans tous les pays civilisés. Le rare talent d'observation qui lui a fait rectifier ou compléter plusieurs parties de cette science, l'ordre auquel il sut le premier la soumettre, lui ont mérité une réputation qui fait honneur à notre patrie.

Les deux économistes que je viens de citer, ne manquent pas, cependant, de détracteurs aujourd'hui. Lorsqu'on parle de tels hommes avec légèreté, on me semble bien près encore d'ignorer ce que c'est que l'économie politique.

Avant de publier une seconde édition de mon ouvrage, je l'ai corrigé avec autant de soin qu'il m'était possible, cherchant toujours à lui donner plus d'ordre et de clarté. J'ai quelquefois resserré mes idées; plus souvent je les ai développées, j'ai ajouté des considérations nouvelles : quant à mes principes, ils sont restés les mêmes.

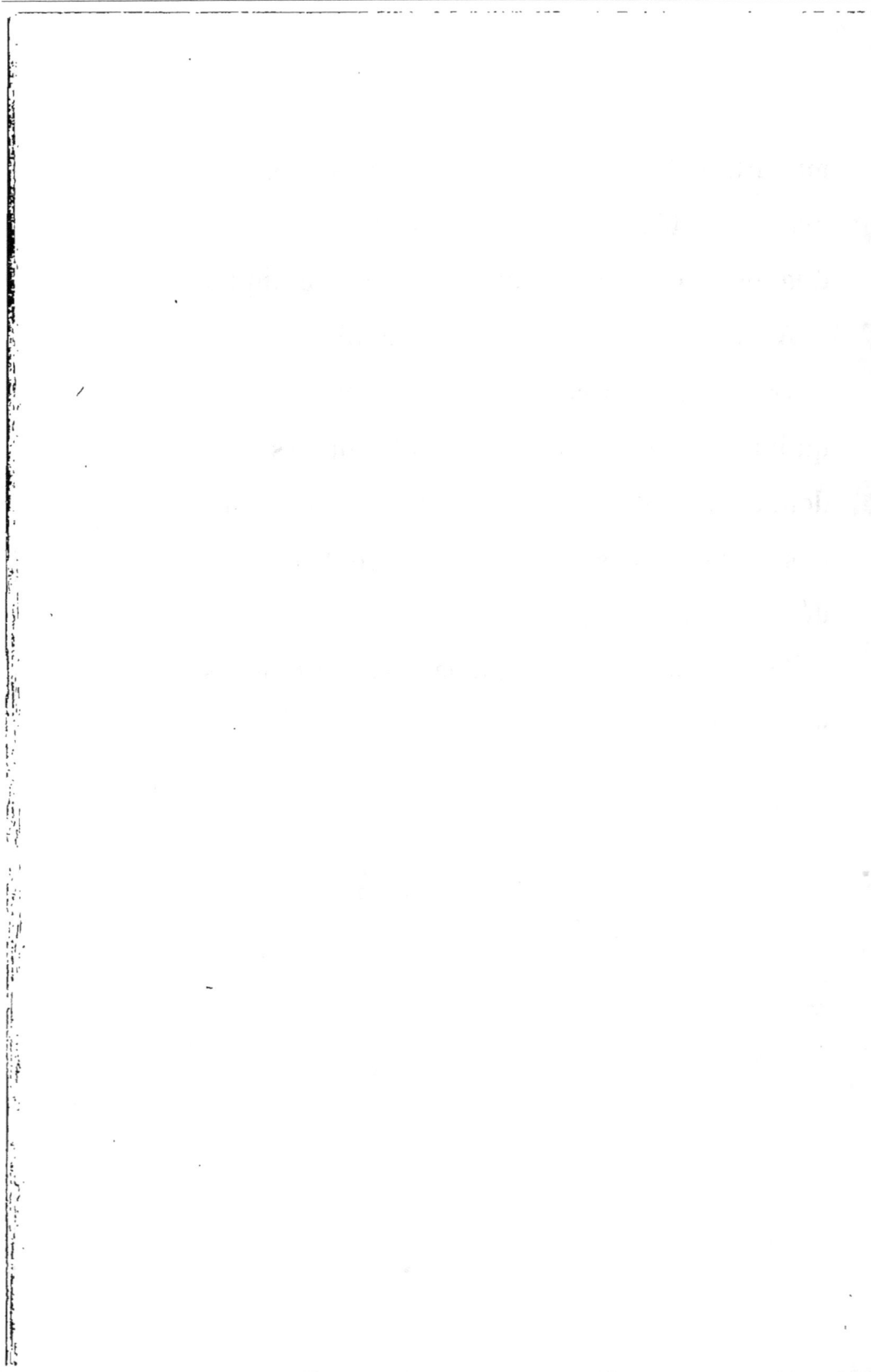

ÉCONOMIE POLITIQUE

ou

PRINCIPES DE LA SCIENCE DES RICHESSES.

LIVRE PREMIER.

DE LA FORMATION DES RICHESSES.

CHAPITRE PREMIER.

But de l'Économie politique.

L'économie politique est une science dont le but est de rendre l'aisance aussi générale qu'il est possible.

Tous les hommes de bien, alors même qu'ils ne s'élèvent point à de savantes théories, essaient de concourir à ce but. Celui qui, dans la rue, donne aux pauvres quelques pièces de monnaie veut adou-

1

cir la misère; mais, souvent, il ne fait qu'encourager la paresse et solder le vagabondage. Celui qui, pour faire de ses dons un meilleur emploi, cherche les familles vraiment dignes de sa sollicitude, obtient des résultats plus heureux sans doute; mais ses dons, quelque nombreux qu'on les suppose, sont des secours partiels et momentanés. Vainement épuiserait-on les ressources de la bienfaisance; le seul moyen de rendre l'aisance générale est d'apprendre aux hommes à travailler, et à faire un bon emploi de ce qu'ils gagnent.

L'activité ou la langueur de l'industrie, la bonne ou la mauvaise répartition des richesses dépendent, sous beaucoup de rapports, des idées justes ou fausses que les gouvernemens et les particuliers ont en économie politique : cette science est donc essentielle pour améliorer notre sort. Ceux qui, pleins d'idées exagérées et vagues sur la morale, voient en pitié qu'on cherche à multiplier les richesses, sont des rêveurs qui s'égarent dans de vaines ou funestes théories. Formé d'une intelligence et d'un corps, l'homme a des besoins moraux et des besoins physiques ; la morale est la première des sciences, l'économie politique est la seconde.

Le genre d'étude qui va nous occuper aurait une grande importance, alors même qu'on observerait seulement ses rapports avec nos besoins physiques, puisqu'il influe sur le bien-être, sur l'existence des hommes. Mais, pour peu qu'on réfléchisse, on voit ses rapports intimes avec nos besoins moraux. Combien de vices, de crimes, on ferait disparaître, si l'on parvenait à bannir l'oisiveté et la misère !

Quelle haute considération doit encore frapper les esprits ! Ce n'est point dans une seule contrée, au préjudice des autres, que l'économie politique veut répandre l'aisance. Dès longtemps la religion et la philosophie disent aux hommes de vivre en paix, de s'entr'aider pour recueillir les biens que leur destine la nature; et dès longtemps on traite de chimériques leurs désirs généreux. Voici qu'une science occupée des travaux les plus matériels vient, en nous enseignant les moyens d'accroître nos richesses et nos jouissances, démontrer que notre intérêt doit nous porter à suivre les conseils pacifiques de la religion et de la philosophie. Plus les lumières se répandront, mieux on jugera que le plus puissant auxiliaire de la morale est l'économie politique.

A ces considérations on doit en ajouter qui naissent de l'époque où nous vivons. Jamais les hommes n'ont autant parlé de l'industrie; une multitude de voix célèbrent ses avantages. Il ne peut être sans intérêt, pour quiconque observe son siècle, de savoir comment l'industrie se développe, quels obstacles s'opposent à ses progrès, et quels moyens rendraient moins inégal le partage de ses bienfaits entre les différentes classes de la société. Je ne connais aucun pays où l'économie politique soit inutile, puisque les biens qu'elle enseigne à produire sont partout nécessaires ; mais il est évident qu'elle acquiert un nouveau degré d'utilité dans les États où beaucoup d'hommes sont appelés à discuter les affaires publiques. Par quel prodige seront-elles dirigées avec sagesse, si l'on apporte des notions vagues où il faudrait des connaissances positives ?

Ces idées rapides suffisent pour prouver qu'une science, négligée dans nos études, y devrait occuper une place importante, et qu'elle peut offrir des charmes aux esprits élevés. Je laisse les considérations générales : l'économie politique traite des *richesses;* formons-nous d'abord une idée juste de ce qu'il faut entendre par ce mot, auquel on a donné des significations très diverses.

CHAPITRE II.

Des Richesses.

Lorsque vous parcourez un pays, si vous voyez des habitations misérables, où l'air et la lumière ne pénètrent que par d'étroites ouvertures, et dont l'intérieur ne renferme que des meubles grossiers; si dans les villes, ainsi que dans les campagnes, vous rencontrez beaucoup d'hommes qui sont mal vêtus, et dont la nourriture est à peine suffisante, alors même qu'on vous dirait que, dans chaque province, il existe plusieurs familles opulentes, et que le prince a de l'or en abondance, prononcez sans hésitation que ce pays est pauvre. Si vous en traversez un autre où les demeures sont commodes et proprement meublées, où la nourriture et les vêtemens des cultivateurs, des ouvriers, annoncent qu'ils gagnent facilement leur vie, ne vous informez pas si ce pays est riche ; vous en avez la preuve sous les yeux.

Les richesses sont tous les biens matériels qui servent aux besoins des hommes. Un État est riche lorsque ces biens y sont très répandus.

Parmi les objets utiles, les uns servent immédiatement à nos besoins, tels sont les alimens, les habits, etc. Les autres ne contribuent à satisfaire nos besoins que d'une manière indirecte, tels sont les outils, la monnaie, etc.

Les métaux précieux sont une partie fort utile des richesses, mais ne sont pas les richesses, comme on l'a supposé longtemps. Si, pour enrichir un pays, il suffisait d'y verser de l'or, quelle terre eût été plus florissante que l'Espagne? En vain, cependant, voyait-elle affluer dans ses ports les métaux que lui livrait l'Amérique; en vain, pour les conserver, s'armait-elle de lois sanguinaires contre l'exportation; la pauvreté de ses habitans déshonorait son sol fertile. Cette contrée malheureuse eût arraché vingt fois plus d'or à ses colonies, que sa situation n'eût point changé. Le prince, les gens de cour auraient eu plus de pièces de monnaie, ils auraient pu tirer de l'étranger plus d'objets propres à satisfaire leurs caprices; mais la multitude ignorante et paresseuse, ne travaillant point, ne produisant rien, eût continué d'être nourrie par l'aumône et dévorée par la misère.

A ce tableau, opposons celui que M. de Humboldt trace des colonies espagnoles que le travail féconde. « Les sources principales de la richesse du Mexique, dit-il, ne sont pas les mines, mais une agriculture

sensiblement améliorée depuis la fin du dernier siècle..... La fondation d'une ville suit immédiatement
la découverte d'une mine considérable. Si la mine
est placée sur le flanc aride ou sur la crête des Cor-
dillières, les nouveaux colons ne peuvent tirer que
de loin ce qu'il leur faut pour leur subsistance. Bientôt, le besoin éveille l'industrie. On commence à labourer le sol dans les ravins, et sur les pointes des
montagnes voisines; partout le roc est couvert de
terreau. Des fermes s'établissent dans le voisinage de
la mine. La cherté des vivres, le prix considérable
auquel la concurrence des acheteurs maintient tous
les produits de l'agriculture, dédommagent le cultivateur des privations auxquelles l'expose la vie pénible des montagnes. C'est ainsi que par le seul espoir
du gain, par les motifs d'intérêt mutuel, qui sont les
liens puissans de la société, et sans que le gouvernement se mêle de la colonisation, une mine, qui pa-
raissait d'abord isolée au milieu de montagnes dé-
sertes et sauvages, se rattache en peu de temps aux
terres anciennement labourées. Il y a plus encore,
cette influence des mines sur le défrichement progressif du pays, est plus durable qu'elles ne le sont
elles-mêmes (1). »

(1) *Essai politique sur la Nouvelle-Espagne*, 2ᵉ édition, tome II,
page 373.

Si l'on voit les principales richesses dans les objets qui servent à nourrir, à vêtir, à loger les hommes, on juge que le travail est nécessaire pour multiplier ces objets, que par conséquent il faut rendre les hommes plus intelligens, plus laborieux, et les laisser exercer librement leur industrie, afin que chacun d'eux soit excité par l'espoir de recueillir le fruit de son activité. Si l'on pense, au contraire, que les richesses consistent uniquement dans les métaux précieux, on regarde d'abord la guerre, le pillage, comme un moyen rapide et sûr d'enrichir un pays. Lorsqu'ensuite on commence à s'éloigner de la barbarie, l'oppression change d'objet ; on s'efforce de soumettre l'industrie aux vues d'une administration inquiète qui voudrait toujours faire entrer du numéraire dans l'État, et n'en jamais laisser sortir. On gêne le travail par une foule de règlemens ; tantôt on décourage certains genres de production qui feraient vivre beaucoup d'hommes, mais qui paraissent moins propres que d'autres à solliciter l'or de l'étranger ; tantôt on force les arts et le commerce à suivre des routes dont les détourneraient l'intérêt privé et l'intérêt général, mais par lesquelles on espère arriver à s'emparer du numéraire des autres contrées. Ainsi s'est formé le système mercantile que nous voyons aujourd'hui s'affaiblir en Europe, mais qui s'y maintient encore, soutenu par deux causes puissantes : le préjugé, toujours lent à céder aux leçons de l'expérience ; et la raison même qui, voyant les calamités qu'enfantent les brusques changemens, n'appelle que des améliorations successives.

Vers le milieu du siècle dernier, une nouvelle théorie de la richesse fut imaginée par Quesnay, et soutenue avec un zèle presque religieux, par les écrivains français désignés sous le nom d'*Économistes*. En peu de mots, voici leur opinion.

Les divers objets qui servent à nos besoins tirent leur origine de la terre ; en elle seule réside un pouvoir créateur. Quand toutes les avances faites par le cultivateur, dans le cours de ses travaux, ont été remplacées par les récoltes, il reste un excédant de produits, un *produit net*. Cet excédant qui ne représente aucune avance, cet excédant, fruit du travail que fait la terre elle-même, est seul la richesse, car lui seul augmente le fonds que la société possédait. Les manufacturiers et les commerçans peuvent bien ajouter à la valeur des objets qu'ils façonnent ou transportent, mais cet accroissement de valeur représente ce qu'ils ont consommé, ou pu consommer, pendant la durée de leurs travaux ; il n'en résulte donc point une augmentation de richesses pour la société. Ainsi l'industrie manufacturière et commerciale, détruisant

1.

en même temps qu'elle travaille, doit être regardée comme stérile. L'industrie agricole est la seule productive, puisqu'elle seule fait naître un produit nouveau.

Cette subtile théorie ne peut soutenir un mûr examen. La terre n'est pas plus que l'homme douée d'un pouvoir créateur ; toute son active fécondité est impuissante à créer un atome. Pour savoir comment elle produit, choisissons un exemple. Ce cultivateur jette des grains de chenevis sur le sol qu'il vient de labourer ; la terre les transforme en tiges de chanvre ; elle ajoute ainsi à leur utilité, à nos richesses. Que font les hommes dont l'industrie s'exerce sur le chanvre ? Ils le soumettent à diverses transformations ; les uns le changent en fil, d'autres en toile ; et tous ajoutent à son utilité, à nos richesses. Sous le rapport que je considère, il y a plus que de l'analogie, il y a identité entre les opérations de l'homme et celles de la nature. Je n'en vois pas qui soient créatrices ; je vois une suite de transformations dont chacune rend l'objet qu'elle modifie plus propre à satisfaire nos besoins, et lui fait acquérir un nouveau degré dans l'ordre des richesses.

S'il est incontestable que tous les produits des arts tirent de la terre leur première origine, il est d'une égale évidence que le travail de l'homme ajoute prodigieusement au travail de la nature. Le chanvre, le lin seraient des végétaux sans valeur, si l'art ne savait les changer en fils, en tissus, en dentelles, et les approprier à nos goûts. Les plus précieuses denrées que la terre produise cessent d'être des richesses, lorsqu'elles surabondent et ne trouvent plus de besoins à satisfaire ; une puissance féconde, le commerce, vient leur rendre de l'utilité, les replacer parmi les richesses, en les transportant où de nouveaux besoins les appellent.

Mais, disaient les *économistes*, la valeur que le manufacturier donne aux objets de son industrie représente la valeur qu'il a consommée en travaillant. Eh quoi ! ces prodiges d'industrie dont le prix élevé est dû presque entièrement à la main d'œuvre, ne seraient que l'équivalent des consommations du fabricant et de ses ouvriers ! Les *économistes* étaient obligés de dire que la valeur produite par le manufacturier, représente celle qu'il a consommée ou *pu consommer*. Les hommes livrés à l'industrie, épargnent donc sur ce qu'ils pourraient consommer : alors, la valeur représentée et celle qui la représente, existent en même temps ; il y a donc accroissement de richesses par le fait des hommes industrieux. Si l'on s'arrêtait à cette idée, on n'apprécierait pas encore avec justesse les résultats de leurs travaux ; et

nous verrons mieux, dans la suite de cet ouvrage,
que les transformations produites par les arts, nous
donnent des richesses aussi bien que les transformations opérées par la nature (1).

Nous venons de jeter un coup-d'œil sur deux systèmes qui donnent une idée incomplète des richesses,
en les faisant consister, l'un dans les métauxprécieux,
l'autre dans le produit net de la terre. Il y a un troisième système, où le mot richesse est pris dans un
sens trop étendu. Quelques écrivains (2) désignent
par ce mot tout ce que l'homme peut désirer d'utile
ou d'agréable. D'après leur théorie, les qualités de
l'âme, la bienveillance, la générosité, l'héroïsme sont
des richesses. Un système qui tend à confondre les
biens intellectuels et moraux avec les objets matériels, me semble moins ennoblir les seconds que dégrader les premiers. On parle d'une manière très

(1) En combattant les ingénieuses erreurs des *économistes*, il
faut rendre justice à ces hommes de bien, très éclairés pour l'époque où leurs écrits parurent. Les *économistes* ont attiré l'attention de l'Europe sur des sujets qui touchent au bonheur de la
société, ils ont traité ces sujets avec l'amour le plus pur du bien
public ; ils ont éclairci d'importantes questions, particulièrement
celle de la liberté de l'industrie. Nous mettons trop en oubli les
services qu'ils ont rendus. S'ils fussent nés en Angleterre, et
Smith en France, les Anglais nous parleraient souvent de l'impulsion que ces auteurs ont donnée à la science qu'ils cultivaient,
et des lumières que Smith a puisées dans leurs ouvrages.
(2) Lord Lauderdale, le marquis Garnier, etc.

intelligible sans doute, si l'on dit que la vertu est la plus désirable des richesses. Ces mots sont justes, parce qu'ils offrent un sens métaphorique ; mais au sens propre, ils seraient absurdes. Les sages qui nous révèlent des moyens de bonheur, nous font découvrir les jouissances morales dans une sphère supérieure à celle des plaisirs physiques. C'est nuire à leurs nobles leçons que de porter la confusion dans le langage, et d'assimiler, au moins en apparence, les vertus aux richesses. Pense-t-on agrandir ainsi le domaine de l'économie politique, et lui donner plus d'éclat ? Cette science n'a pas besoin d'étendre ses limites ; son importance est assez haute, puisque les richesses qu'elle enseigne à répandre, préviennent ou dissipent des souffrances, chassent les vices que la misère enfante, et sont d'utiles auxiliaires des biens plus précieux, avec lesquels il faudrait rougir de les confondre.

Parmi les opinions que je viens d'examiner, la plus simple et la plus vraie nous fait voir les richesses dans tous les biens matériels qui servent aux besoins des hommes.

CHAPITRE III.

De l'Utilité, de la Valeur et du Prix.

La propriété qu'une multitude d'objets ont de servir à nos besoins, se nomme *utilité*. Ceux de ces objets qui sont répandus en si grande abondance que chacun peut se les procurer, n'ont point de valeur. Tels sont l'air et la lumière. La *valeur* est une qualité des choses susceptibles d'être échangées (1).

L'utilité peut exister sans la valeur, mais la valeur a pour base nécessaire l'utilité. On ne veut rien donner d'un objet inutile ; mais qu'une heureuse découverte révèle que ce même objet peut satisfaire des besoins naturels ou factices, il va peut-être acquérir une valeur prodigieuse. Une plante étrangère qui ne peut servir d'aliment, et dont la fleur n'a rien d'agréable, eût été connue des seuls botanistes. On apprend que sa feuille séchée, roulée en tube ou réduite en poudre, a des effets salutaires, que son

---

(1) Ces notions me paraissent plus exactes et plus claires que celles de Smith sur *la valeur de pure utilité,* et sur *la valeur échangeable.*

parfum dissipe les ennuis, éveille les idées de l'homme studieux, et délasse l'ouvrier courbé sous de rudes travaux. En peu d'années, des multitudes de bras cultivent cette plante, et de nombreuses manufactures s'élèvent pour la préparer. Cette industrie nouvelle en fait naître d'autres; il y a des fabriques de pipes et de tabatières. Une foule de petits marchands doivent leur existence à ces produits variés; de riches négocians font voguer au loin leurs navires qui rapportent des cargaisons de tabacs précieux; et les gouvernemens établissent d'énormes impôts sur une plante longtemps inaperçue.

L'utilité n'est pas le seul principe de la valeur; il faut trouver quelque obstacle à se procurer un objet utile, pour qu'on veuille donner un autre objet en échange. L'eau est si commune que nous ne la payons pas, nous payons seulement le travail de celui qui nous l'apporte (1): si cependant elle devient rare, il

---

(1) Condillac prétend que l'eau a toujours de la valeur. *Si je suis sur le bord de la rivière*, dit-il, *l'eau me coûte l'action de me baisser pour en prendre, action qui est un bien petit travail, j'en conviens, aussi l'eau n'a-t-elle alors que la plus petite valeur possible; mais elle vaut le travail que je fais pour me la procurer.* (*Du Commerce et du Gouvernement*, chap. i.)

Les mots n'ont pas, dans cette phrase, leur sens exact, ou, si l'on veut, le sens qu'il convient de leur donner pour éclaircir la science. Le travail léger que je fais pour puiser de l'eau prouve bien qu'elle a de l'*utilité;* mais si personne ne veut rien me donner en échange de cette eau que j'ai puisée, elle est sans *valeur*.

faudra l'acheter. Dans les montagnes de mon pays, durant les chaleurs de l'été, on vend cher quelquefois l'eau des neiges, qu'on a pris soin de recueillir pendant l'hiver et le printemps. Il est des situations déplorables où les biens que la nature dispense avec le plus de libéralité, deviennent très difficiles à se procurer ; alors ils peuvent être échangés, ils peuvent être vendus. Plus d'un infortuné, près de périr au fond d'un cachot infect, obscur, n'a-t-il pas, à prix d'or, acheté d'un avide geôlier, un peu d'air extérieur et de lumière du jour ?

L'utilité et la rareté sont les deux élémens de la valeur. Si le second paraît tenir lieu du premier, c'est une illusion. Les futilités qui brillent dans un riche magasin, les pierreries, les bijoux n'ont rien d'utile, dit-on, et, cependant, ils ont une grande valeur. L'utilité, telle que je l'ai définie, est la propriété que certains objets ont de satisfaire nos besoins. Des besoins factices peuvent égaler, surpasser même en intensité des besoins naturels. Une femme jeune, frivole, qui craint de voir, le lendemain, sa parure éclipsée dans une fête, dort peut-être d'un sommeil moins tranquille que la pauvre mère de famille heureuse d'avoir pu donner du pain à tous ses enfans, en retranchant de sa nourriture. La rareté excite, dans quelques personnes, un désir de possession : les objets qui font naître ce désir ont, par cela même, de l'utilité, puisqu'ils peuvent dissiper la souffrance légère ou vive, dont un besoin non satisfait est toujours accompagné. Les manufacturiers créent de l'utilité toutes les fois qu'ils produisent des choses qui se vendront ; et parmi celles dont ils rendent tributaires les besoins factices, il en est qu'on voit s'élever à une grande valeur, parce que, d'une part, elles ont exigé un travail difficile et très cher ; et que, de l'autre, elles sont offertes à des gens opulens que stimule dans leurs dépenses l'aiguillon de la vanité.

On remarque sans doute que le mot *utilité* n'a pas, en économie politique, le sens rigoureux qu'il reçoit en morale. Ces deux sciences paraissent donc opposées sur un point important ; mais l'observateur les voit bientôt se rapprocher et se réunir.

Lorsque ces sciences reposent sur des principes exacts, elles se prêtent un mutuel secours. La morale, effrayée des vices qui naissent de la misère, accorde une juste importance aux divers moyens de bannir ce fléau. Dans le nombre des objets que l'industrie vend aux besoins factices, je n'en connais guère d'aussi futiles que les dentelles ; et cependant un observateur doit considérer leur fabrication avec intérêt. Cette fabrication est une ressource pour des milliers de femmes qui s'en occupent dans les intervalles que leur laissent les soins du ménage. Le salaire est bien modique ; et toutefois il diminue la gêne de beaucoup de familles ; il procure l'aisance à quelques autres. Les ouvrières ont leurs métiers chez elles ; la mère instruit sa fille, et la fait travailler sous ses yeux ; en sorte que cette industrie est plus propre à conserver l'union des familles et les bonnes mœurs, que telle autre industrie infiniment plus utile. La morale ne proscrit point les travaux dont l'objet est frivole, mais qui contribuent à répandre l'aisance et la sagesse dans la classe nombreuse : en même temps, elle attache plus d'intérêt aux travaux dont les produits, vraiment utiles, satisfont, non les désirs de la vanité, mais les besoins des hommes. Loin de contredire ces jugemens, l'économie politique démontre que les genres de fabrication qui subviennent aux besoins véritables sont la source féconde de la prospérité d'un État, que par le nombre de bras qu'ils emploient, et par les richesses qu'ils versent en abondance, ils sont incomparablement supérieurs aux genres d'industrie dont les produits brillans sont destinés à très peu de personnes. L'économie politique fait voir qu'un père, libre de choisir pour son fils un métier, doit préférer un de ceux que rendent nécessaires nos besoins réels. C'est avec ces métiers qu'on est le plus certain de trouver toujours à gagner sa vie. Des circonstances imprévues contraignent souvent les hommes à restreindre leurs dépenses. Une guerre, des troubles intérieurs jettent la société dans un état de crise; et si l'on réduit alors les dépenses nécessaires, que sera-ce des dépenses superflues? Sans qu'il survienne des calamités, l'influence changeante de la mode suffit pour rendre onéreuse demain une entreprise aujourd'hui lucrative. Il est évident que la fabrication et le commerce des objets utiles, dans l'acception rigoureuse de ce mot, sont les plus assurés, les plus propres à garantir cette aisance, cette sécurité de la famille, que doit avoir en vue l'homme laborieux, instruit de ses vrais intérêts. Ces observations font disparaître la contradiction qui semblait exister, sur un point essentiel, entre la morale et l'économie politique.

L'utilité et la rareté, ces deux conditions nécessaires de la valeur, ont des effets bien différens. L'une est avantageuse pour tous; l'autre est généralement nuisible, puisqu'elle implique l'idée de privation pour le grand nombre. Les hommes sont d'accord sur la première; ils diffèrent, selon leurs positions, dans les jugemens qu'ils portent sur la seconde. Ainsi, le manufacturier désire que les matières brutes soient communes, pour les avoir à bon compte, et que les matières fabriquées soient rares, pour leur conserver beaucoup de valeur. Dans la suite de cet ouvrage, nous verrons l'économie politique rejeter les petites considérations de l'intérêt particulier; nous la verrons s'occuper d'accroître l'utilité, et de combattre la rareté.

Les idées générales que j'ai données sur la valeur ne font point connaître comment on l'apprécie avec une certaine exactitude, comment on parvient à déterminer le prix des choses. Le *prix*, c'est la valeur exprimée en numéraire.

Il semble, au premier aperçu, que l'évaluation des marchandises doive être fort arbitraire, qu'elle doive uniquement dépendre du besoin que tel a d'acheter et tel autre de vendre ; qu'en conséquence, à la même heure, dans le même marché, on verra, pour des objets de même espèce, payer des prix très différens. Il n'en est cependant pas ainsi : la valeur de chaque marchandise se trouve généralement fixée; et, lorsqu'elle varie, la hausse ou la baisse est également déterminée d'une manière générale. Comment s'opère ce phénomène de l'évaluation uniforme?

La fabrication d'une marchandise exige des frais. L'entrepreneur achète des matières premières, paie des salaires, etc. Ces frais sont des avances dont la valeur passe dans l'objet manufacturé. Quand le producteur vend cet objet, s'il est remboursé de ses avances et ne touche rien de plus, il vend au *prix de fabrication*. Cependant, il devait raisonnablement espérer un profit. Le montant des avances et ce juste bénéfice forment le *prix réel* d'une marchandise.

En supposant que les avances n'aient pas été trop considérables par la faute des producteurs, qui souvent ont de l'impéritie, de la négligence, etc., il serait à souhaiter que les produits se vendissent toujours au prix réel. Ni les vendeurs ni les acheteurs n'auraient à se plaindre, et les richesses se répandraient de la manière la plus favorable à l'aisance générale. Mais souvent on dit, et l'on s'exprime avec exactitude, que telles marchandises viennent d'être vendues au-dessus ou au-dessous de leur juste valeur ; par conséquent il y a, pour les prix, un régulateur plus puissant que ceux dont je viens de parler.

Rarement l'acheteur s'inquiète-t-il des frais qu'exige la fabrication des objets qu'il marchande ; et peut-être n'est-il pas moins rare que le vendeur se restreigne au plus juste bénéfice, s'il peut l'élever sans nuire à son commerce. Lorsque des marchandises sont offertes en abondance, et sont peu demandées, il est évident que les acheteurs sont maîtres de faire

baisser les prix par les vendeurs empressés d'obtenir
la préférence. Lorsque, au contraire, les demandes
sont nombreuses, et les marchandises trop rares pour
les satisfaire entièrement, les vendeurs sont à leur
tour, dans la situation avantageuse où l'on est maître
du marché. C'est donc la balance de l'offre et de la
demande qui règle le *prix courant*.

Après avoir reconnu ce fait incontestable, observons que la force des choses lutte sans cesse pour
rapprocher le prix courant du prix réel. En effet, si
la surabondance des marchandises fait trop baisser
le prix courant, plusieurs manufacturiers cherchent
un nouvel emploi de leur industrie et de leurs capitaux ; d'autres restreignent leur fabrication ; la quantité des produits diminue, et se réduit à peu près au
niveau des demandes. Si au contraire le prix courant est très élevé, parce qu'il y a beaucoup d'acheteurs et peu de fabricans, la certitude de vendre encourage ceux-ci à produire davantage ; l'espoir de
partager leurs hauts bénéfices fait naître de nouveaux producteurs ; la quantité des marchandises
augmente, et l'effet de leur abondance est de les rapprocher du prix réel.

Tel est du moins le cours des choses dans les pays
où la législation garantit à l'industrie les bienfaits
de la liberté. C'est lorsque les gouvernemens établis-

sent des monopoles, des corporations, des priviléges, que les prix de vente peuvent être longtemps maintenus à un taux fort différent du véritable prix.

Aux bienfaits de la liberté, il faudrait unir ceux de l'instruction et de la morale, qui peuvent aussi contribuer à faire prévaloir le prix réel des choses. L'opinion flétrit un homme s'il abuse de l'ignorance ou du malheur d'un autre, soit pour lui vendre une marchandise à un prix excessif, soit pour la lui acheter à vil prix ; mais combien d'abus moins graves, de friponneries moins criantes excitent à peine des reproches et n'éveillent aucun scrupule ! Tout ce qui répandrait la bonne foi, le désir de s'entr'aider, contribuerait à multiplier les richesses et les moyens d'en jouir.

CHAPITRE IV.

De la Production.

Donner de l'utilité, de la valeur aux objets qui n'en ont pas, accroître l'utilité, la valeur de ceux qui en avaient déjà, c'est *produire*.

On produit, soit en changeant de forme les objets, soit en les changeant de lieu. L'industrie emploie le premier moyen lorsqu'elle fait croître du blé ou le broie sous la meule; elle emploie le second, lorsqu'elle transporte des grains d'un lieu où ils abondent, dans un autre où le besoin les rendra plus utiles.

C'était faute d'avoir une idée juste de la production que tant d'écrivains ont répété que le commerce ne produit rien, parce qu'il n'ajoute pas de nouveaux objets à la masse de ceux qui existaient avant ses opérations. Le commerce, en rapprochant de nos besoins une foule de marchandises, ajoute à leur utilité, à leur valeur : il produit. Ces idées, qui d'abord paraissent être de pure théorie, ne sont point dénuées d'importance pratique. Une erreur des anciens économistes pouvait avoir, sur la manière d'établir l'impôt, une influence désastreuse.

L'industrie ne produit qu'autant que ses efforts sont dirigés avec une habile sagesse. Fabriquer n'est pas toujours produire; et même, en fabriquant, on peut détruire. Par exemple, on imprime un livre, le papier est beau, le caractère net, le tirage soigné; mais les ouvrages d'esprit vivent par des qualités que l'industrie ne peut suppléer. Si le livre est dépourvu de ces qualités, vainement l'imprimeur a-t-il bien fabriqué; il a détruit de la valeur. La rame de papier, qui valait quinze francs lorsqu'elle était blanche, n'en vaut plus que cinq. Le travail de l'entrepreneur et de ses ouvriers, l'emploi d'un capital sont perdus; il en résulte une destruction réelle, qu'on peut évaluer par ce qu'auraient produit ce travail et ce capital utilement employés.

Le commerçant détruit de même lorsque, abusé par des renseignemens inexacts, sans doute pris avec légèreté, il fait passer des marchandises d'un lieu où elles avaient de la valeur, dans un autre où elles en ont moins. Si leur prix reste le même, ses frais et son travail sont encore perdus. S'il est vrai qu'un négociant de Londres ait expédié une cargaison de patins pour un pays où la glace est inconnue, ce négociant est un homme habile à détruire de la valeur.

Il y a, pour l'industrie ignorante ou imprudente, bien des manières d'anéantir de la valeur. Je ne sais si je les passerai toutes en revue, mais voici les principales. Au lieu de produire, on détruit en travaillant : 1° si les matières premières n'ont pas les qualités nécessaires, puisqu'on perdra, en totalité ou en partie, le prix d'achat et celui de la façon ; 2° si les matières premières sont bonnes, mais que la fabrication soit mauvaise : elle est mauvaise d'une manière absolue, quand l'ouvrage ne peut servir à rien ; et d'une manière relative, quand l'ouvrage, bien fait en lui-même, n'est pas du goût des consommateurs ; 3° si les frais de fabrication ou de transport sont trop élevés pour qu'on puisse soutenir la concurrence ; 4° si les marchandises qu'on voulait vendre se trouvent surabondantes, soit parce que les besoins sont déjà satisfaits, soit, comme il arrive plus souvent, parce que les hommes auxquels on les présente ne sont point en état de les acheter.

La fabrication, le commerce exigent des connaissances positives, souvent minutieuses ; et l'on peut dire qu'il y a, pour les riches entrepreneurs, des apprentissages nécessaires, ainsi que pour les ouvriers. Ce n'est pas avec de l'imagination qu'on réussit dans cette carrière semée d'obstacles ; et si l'on dédaigne une étude sérieuse des choses et des hommes, on hasardera sa fortune et son honneur.

Aux connaissances spéciales qu'exigent les divers états qu'embrassent les chefs de l'industrie, tous doivent unir de sages principes de conduite. Je ne viens point leur prêcher une morale désintéressée. J'écoute avec impatience ces oisifs qui, s'ils voient un manufacturier créer un établissement utile, disent aussitôt : ce n'est pas pour le public, c'est pour lui qu'il fait cette entreprise. Eh ! sans doute, c'est pour lui : un établissement d'industrie doit rapporter des bénéfices à celui qui le fonde ; rien n'est plus nécessaire et rien n'est plus juste. Cependant, c'est aussi pour la société que cet homme intelligent et laborieux travaille ; les deux intérêts s'unissent ; le second vient ennoblir le premier ; et, plus d'une fois, il a seul dirigé de vrais négocians. La morale ne blâmera jamais qu'on veuille recueillir le fruit de ses travaux ; mais, ce qu'elle réprouve, c'est la cupidité, c'est cette ardeur de s'enrichir en quelques mois, qui fait entreprendre à tant de gens au delà de leurs forces, et les jette dans la misère et l'opprobre ; tandis que la modération pouvait, avec le temps, leur assurer une opulence honorable. La morale voudrait éteindre aussi ce fatal amour-propre qu'on voit chaque jour

entraîner des commerçans, soit à des spéculations téméraires, soit à de folles dépenses d'osten-
tation. La soif du gain ruine beaucoup de gens,
la vanité fait peut-être encore plus de victimes.

Plusieurs écrivains se sont élevés contre M. Say, pour
avoir dit qu'*on ne peut trop produire*. Eh quoi ! pourrait-on créer trop d'utilité, de valeur ? Ces écrivains
ont des idées confuses sur la production ; ils ont cru
que M. Say disait qu'*on ne peut trop fabriquer*. Tout
observateur s'aperçoit aisément qu'on peut fabriquer
trop de telle ou telle marchandise, ou bien en diriger
trop vers tel ou tel marché. C'est pour prévenir ces
travaux stériles et même destructeurs que les études
spéciales sont si nécessaires. Mais la production,
j'attache à ce mot un sens exact, la production ne
saurait devenir trop abondante. Dire : craignez de
trop produire, c'est dire à des marchands : prenez
garde de trop vendre.

Un des plus éminens services rendus par M. Say
à l'économie politique, un de ceux qui lui feront un
éternel honneur, est d'avoir porté au plus haut degré d'évidence cette vérité fondamentale : *les produits
ne s'achètent qu'avec des produits*. Nous voulons répandre l'aisance, nous voulons enseigner aux hommes à se procurer les biens qui leur sont utiles ou
agréables ; un des premiers principes à leur démon-

trer, c'est qu'on ne peut acheter des produits qu'en ayant d'autres produits à donner en échange.

Cette vérité, qui doit jeter une vive lumière sur les intérêts matériels de la société, est cependant obscure au premier coup-d'œil. Habitués à voir l'argent figurer dans la plupart des échanges, il nous semble qu'on se laisse séduire par une idée subtile en disant que les produits s'achètent avec des produits. La première réponse qui s'offre à l'esprit, c'est que les plus grands consommateurs, sont, en général, des gens riches qui ne produisent rien.

Je vous suppose, lecteur, vivant dans un heureux loisir, du seul revenu de vos domaines. Vous ne produisez point ; mais d'autres produisent pour vous. Qu'est-ce en effet que votre revenu ? C'est une part des produits que les cultivateurs de vos terres ont fait naître. Vous pouviez recevoir cette part en nature : vous avez trouvé plus commode qu'elle fût convertie en numéraire ; mais les pièces de monnaie qui servent à vos dépenses représentent les denrées contre lesquelles vos fermiers les échangèrent ; et c'est réellement avec ces denrées que vous payez les diverses marchandises qu'il vous convient d'acheter. Êtes-vous un de ces riches capitalistes qui vivent de la rente des sommes qu'ils ont prêtées ? Si vos fonds se trouvent dans les mains d'un entrepreneur d'indus-

trie, les intérêts qu'il vous compte sont une partie
des objets qu'il a fabriqués et vendus. Si vous avez
pour emprunteur un oisif, il ne vous paiera pas, ou
il prendra sur des produits, par exemple sur le loyer
de ses fermes. L'argent même est un produit pour
le possesseur d'une mine ; et lorsqu'on n'est pas
propriétaire de mines, comment se le procurer, si-
non en donnant d'autres produits en échange ? Les
toiles, les draps, les vins d'Europe achètent les métaux d'Amérique.

« Il n'est pas du tout vrai, dit M. Malthus, que
des produits soient toujours échangés contre d'autres
produits. La plus grande partie des produits s'é-
change contre du travail (1). »

On n'achète pas le travail pour le travail même,
on l'achète pour les résultats qu'on veut en obtenir.
Le pauvre ouvrier qui sollicite de l'emploi s'exprimerait très exactement, s'il disait : Je n'ai pas de produits à vous offrir en échange de ceux dont j'ai besoin pour vivre ; mais je travaillerai de manière à
créer pour vous des produits qui surpasseront en
valeur ceux que je vous demande. Les ouvriers
donnent du travail, les entrepreneurs donnent
de l'argent ; ce travail et cet argent sont des inter-

---

(1) *Principes d'économie politique*, tome II, page 26 de la traduction française.

médiaires qui font arriver les hommes aux produits qu'ils désirent.

M. de Sismondi pense que le revenu est tout à fait distinct de la production, et que les produits s'achètent, non avec des produits, mais avec du revenu (1). L'analyse démontre que les revenus font partie de la production, qu'ils naissent tous de cette source commune, quelle que soit la manière dont se déguise leur origine. Les appointemens des fonctionnaires publics sont pris sur les contributions, c'est-à-dire sur les produits que des particuliers versent dans les caisses de l'État pour subvenir aux dépenses générales. Les honoraires des médecins et des avocats, les gains des acteurs, des musiciens, etc., sont également une part de nos produits convertis en argent.

Mais, dira-t-on peut-être, la manière dont le magistrat, le médecin, l'avocat, etc., obtiennent un revenu, dément votre principe : ces hommes voués aux seuls travaux de l'intelligence, n'ont pas une industrie qui crée des produits ; ils ne peuvent donc en échanger contre les nôtres. Assurément ceux qu'ils nous offrent ne sont pas de même nature que ceux des cultivateurs et des fabricans ; mais leurs

(1) *Nouveaux principes d'économie politique*, tome 1, p. 106 et suiv.

nobles méditations en font naître de précieux. Tous nos besoins ne sont pas matériels ; il en est de même des produits. Les travaux des hommes qui nous conseillent dans nos maladies, dans nos procès, et ceux des musiciens, des acteurs qui contribuent à nos plaisirs, donnent des produits immatériels. Ces travaux nous étant nécessaires ou agréables, et les hommes qui s'en occupent ayant des besoins physiques, leurs produits immatériels s'échangent contre des produits matériels.

Vainement épuiserait-on les combinaisons : pour acquérir des produits, il faut en avoir d'autres à donner en échange. C'est ce que le bon sens, qui dans ce cas est un véritable instinct, apprend à tous les hommes pressés par la misère de trouver des moyens d'existence. A moins qu'ils ne se fassent mendians ou voleurs, ils cherchent comment ils pourraient créer quelques produits matériels ou immatériels, pour les échanger et pour vivre. Ce que le bon sens indique aux êtres les plus ignorans, les hautes méditations sur l'économie politique ne font que l'éclaircir et l'étendre à toutes ses conséquences.

Il y a dans la production une puissance qui excite à produire. La vue des ouvrages de l'industrie, des objets propres à satisfaire des besoins naturels ou factices, éveille les désirs, et rend les hommes ingénieux à trouver les moyens de se procurer ces objets. Si les denrées, par exemple, sont plus abondantes qu'autrefois en Europe, une grande cause de cette amélioration, c'est qu'il se fabrique plus de draps, de toiles, de bijoux, etc. On a redoublé d'efforts et multiplié les produits de la terre, afin d'obtenir en échange ces objets qui faisaient sentir l'aiguillon de nouveaux besoins. A mesure que l'industrie recevra d'heureux développemens, les échanges deviendront plus nombreux, et répandront l'aisance. Plus il naîtra de produits variés sur les différens points du globe, moins il y aura de souffrances causées par des besoins non satisfaits.

On n'a déjà que trop fabriqué, disent MM. Malthus et de Sismondi ! Des marchandises anglaises restent invendues en Italie, au Brésil ; et des étoffes ont été laissées au Kamtschatka, au-dessous du prix que leur fabrication coûtait à Londres !

Les faits très réels et très fâcheux que citent ces écrivains confirment tous les principes énoncés dans ce chapitre. D'abord, ils prouvent qu'en fabriquant on peut détruire, ils prouvent la nécessité où sont les entrepreneurs d'acquérir toutes les connaissances qui doivent les guider. Le pouvoir de fabriquer dans tel pays, ne donne pas le pouvoir de faire produire dans tel autre. Les négocians de la Grande-

2.

Bretagne auraient dû mieux connaître la situation de contrées lointaines, dont ils ne pouvaient rendre les habitans plus industrieux et plus riches. Ensuite, des milliers de spéculateurs ignorans ou imprudens feraient fabriquer trop de telles marchandises, en transporteraient trop dans tels pays, leurs fautes ne prouveraient rien contre cette vérité, qu'il est à désirer que les produits se multiplient. Ces fautes au contraire, serviraient à démontrer que les produits ne s'achètent qu'avec des produits. Si les habitans du Kamtschatka, du Brésil, de l'Italie étaient plus industrieux, ils achèteraient les marchandises de la Grande-Bretagne, car ils en auraient les moyens. L'encombrement d'une marchandise n'est, en général, que le résultat du défaut de production d'autres marchandises. Je dis en général, parce que deux peuples que leurs fabrications mettraient en état de s'enrichir mutuellement, peuvent voir leur commerce gêné ou même anéanti par les obstacles dont le fisc hérisse leurs frontières.

Les conséquences de la théorie sur laquelle je viens de jeter un coup-d'œil sont d'une extrême importance. Cette théorie démontre que le genre humain ne peut atteindre au degré de richesse dont il est appelé à jouir, que lorsque l'industrie, favorisée chez tous les peuples par la paix et par la liberté,

fera naître de toutes parts des produits abondans et
variés. Jamais les amis de l'humanité ne doivent se
départir des vérités que nous venons de reconnaître.
Ce sont elles qui commencent à changer une diplo-
matie tracassière en politique généreuse, et qui finiront par amener les hommes d'État à seconder la
grande loi de la solidarité des peuples, établie par la
justice éternelle.

Je reviendrai sur quelques-unes des idées expo-
sées dans ce chapitre, lorsque je parlerai de la liberté de l'industrie.

CHAPITRE V.

Du Travail.

L'étude de l'économie politique peut dessécher les esprits étroits, et ne leur laisser voir sur la terre que des marchandises, des ventes et des profits ; mais cette étude sera toujours pour les esprits doués de quelque étendue, une source de nobles méditations sur les moyens d'améliorer le sort des hommes et sur les bienfaits de l'éternel auteur des choses.

Lorsqu'on examine quels sont les agens de la production, on reconnaît que la nature et l'homme concourent à faire naître les richesses. Toutes les substances minérales, végétales, animales, sur lesquelles s'exerce notre industrie, sont les produits d'un travail occulte, mystérieux, que nous n'aurons jamais le pouvoir de suppléer. Ces grains que sème le laboureur sont nés de la terre ; et lorsqu'ils lui sont rendus, le sol, l'eau, l'air, la chaleur, la lumière travaillent de nouveau pour féconder ces germes, qui se développent ou périssent au gré d'une puissance supérieure à la nôtre.

Sans exagérer la part de l'homme à la production des richesses, cette part est immense. Les grandes forces physiques sont hors de lui, mais une force intelligente est en lui. Avec elle, souvent il domine et dirige les premières. Dans des lieux où la nature offrait des végétaux sans valeur, il contraint le sol à lui préparer d'abondantes récoltes. L'air qui passe sur ces collines, l'eau qui tombe de ces rochers, se perdaient inutiles, l'industrie leur présente des machines ; et l'eau, l'air, dociles ouvriers, leur impriment le mouvement. Le feu même, dompté, laisse obéir à nos arts ses forces redoutables.

L'influence féconde que le travail de l'homme exerce sur la nature, fait penser à Smith que ce travail est le seul agent de la production des richesses. Toutefois, il est impossible qu'un si judicieux observateur ait méconnu des vérités frappantes d'évidence. L'homme peut se considérer, au milieu des agens de la nature, comme un chef que de nombreux ouvriers environnent dans un immense atelier ; mais quels résultats obtiendrait-il sans leur secours ? Si, tout-à-coup, les agens naturels étaient privés de leur activité par la main qui la leur a donnée, que deviendrait l'homme, alors même qu'il conserverait son intelligence et sa force ? Quel effroi le glacerait en voyant l'immobilité des machines qu'inventa son génie! Avec quelle stupeur il attacherait ses regards sur une terre morte, que ne pourraient plus ranimer ses travaux!

L'homme ne peut rien sans le concours des agens naturels; mais il opère des prodiges en les dirigeant, en leur communiquant pour ainsi dire son intelligence. On voit ses forces ingénieuses produire une multitude d'ouvrages, que les forces aveugles de la nature n'auraient jamais créés.

La classe dont les travaux produisent les richesses est la plus nombreuse, la plus active; c'est elle qui donne à la société ce mouvement, cette vie extérieure, dont on est si frappé quand on visite un pays peuplé d'hommes industrieux.

Les uns labourent les plaines, ou cultivent la vigne sur le flanc des collines, ou portent la hache dans les forêts, au sommet des montagnes; d'autres s'enfoncent dans les entrailles de la terre, pour exploiter les mines et les carrières; d'autres trouvent leur existence dans la pêche, si paisible au bord des ruisseaux et des fleuves, si hasardeuse sur les mers; d'autres rapportent de leurs chasses le gibier et les pelleteries. Tous ces travaux se réunissent sous le nom d'*industrie agricole*.

Des hommes, non moins laborieux, façonnent les matières brutes pour les approprier aux divers usages que réclament nos besoins, nos goûts et nos caprices. Les ouvrages travaillés dans une fabrique, passent successivement dans plusieurs autres ; et, dans chacune d'elles, redeviennent matières premières. Les moyens de produire sont aussi variés que les produits : là, on fait mouvoir ces machines dont la force surpasse immensément les forces humaines ; ici, on use de procédés minutieux avec une ingénieuse adresse. Nos alimens, nos habitations, nos meubles, nos vêtemens, nos parures, occupent non-seulement les bras d'une multitude d'ouvriers, mais encore l'esprit de beaucoup de gens habiles à trouver des préparations ou des formes nouvelles, pour satisfaire nos goûts et réveiller nos désirs. L'*industrie manufacturière* s'exerce sur des objets si nombreux et si variés que je fatiguerais le lecteur, si j'indiquais les principaux genres de fabriques et de métiers qu'elle embrasse.

Enfin, des hommes voués à l'*industrie commerciale* transportent les produits où les besoins des consommateurs les appellent : ils vendent en détail, en gros, dans l'intérieur, à l'extérieur ; ils font parvenir les marchandises d'un pays étranger à d'autres contrées étrangères. Source du plus grand mouvement social, cette industrie occupe une foule d'agens, depuis le roulier qui conduit de lourds transports, jusqu'au banquier dont la signature facilite dans les deux mondes, les paiemens du commerce et même ceux des gouvernemens.

Ainsi, l'industrie se divise en trois branches principales. Les lois ne doivent jamais régler la division du travail ; ce serait priver beaucoup d'hommes des moyens d'existence qu'ils ont ou qu'ils peuvent se former, ce serait imposer une gêne funeste à la distribution, ainsi qu'à la production des richesses. Les divisions utiles s'établissent d'elles-mêmes. Si, dans une peuplade, chaque individu tente de pourvoir seul à ses besoins, la misère de tous est extrême. Mais, à l'instant où ces hommes s'aperçoivent que chacun d'eux pourrait travailler exclusivement à produire un des genres d'objets qui leur sont nécessaires, et se procurer les autres par des échanges, les progrès de la civilisation commencent. Chaque individu gagne le temps qu'il perdait à passer d'une occupation à une autre, et bientôt acquiert la dextérité que donne l'habitude des mêmes mouvemens. A mesure que l'industrie se développe, la division se subdivise, les subdivisions se divisent encore, et finissent par être portées à un tel point que, dans plusieurs fabriques, par exemple dans celles d'épingles ou de cartes à jouer, un objet de la plus mince valeur est le résultat du travail de vingt ou trente ouvriers, dont chacun a produit rapidement une seule partie de cet objet.

L'abondance, la perfection et le bas prix d'un grand nombre d'ouvrages, sont dus à la division du travail, qu'il faut regarder comme une des causes les plus puissantes de l'accroissement des richesses, et de l'aisance dont jouissent les peuples civilisés. Cependant, elle excite les inquiétudes et les plaintes d'observateurs moroses. Chaque travailleur, disent-ils, est réduit à une opération tellement simple que l'intelligence n'est plus nécessaire pour l'exécuter ; l'ouvrier devient une machine vivante, et les merveilles de l'industrie s'achètent par la dégradation de l'homme.

On peut à ces plaintes opposer un fait incontestable. Depuis que l'industrie se perfectionne en Europe, on a vu s'accroître à la fois la division du travail, et le développement de l'intelligence dans les classes inférieures de la société. Ainsi les effets nuisibles de cette division sont compensés, et au delà, par l'influence qu'exercent, sur les facultés intellectuelles des peuples, l'aisance plus répandue et le mouvement d'idées qui l'accompagne.

Je suis loin, cependant, de ne pas reconnaître qu'un travail purement mécanique peut avoir des effets qu'il importe de prévenir. La division du travail, au point où elle est portée maintenant, fournit un argument très solide pour prouver combien il est essentiel que l'instruction populaire soit répandue, et que la religion ne se réduise pas à des pratiques machinales.

On aurait des idées fort incomplètes sur les tra-vaux qui concourent à former les richesses, si l'on supposait qu'ils se renferment tous dans les trois genres d'industrie dont j'ai parlé. Il est des travaux d'un ordre supérieur, qui perfectionnent et multi-plient les moyens de créer des richesses. A ces mots, la pensée du lecteur se dirige vers les savantes re-cherches en mécanique, en chimie, en physique, vers les hautes méditations auxquelles nous devons le perfectionnement des arts usuels, des exploitations agricoles et manufacturières. Il y a soixante ans, lorsqu'on parlait aux fabricans des améliorations qu'un savant leur conseillait d'introduire dans leurs ateliers, ils montraient de l'incrédulité et même du dédain. Aujourd'hui, lorsqu'un savant visite une manufacture, il est reçu avec respect, consulté avec empressement, écouté avec confiance. Un tel chan-gement doit avoir des résultats incalculables.

D'autres genres de travaux influent, d'une ma-nière indirecte mais puissante, sur l'accroissement des richesses. Les magistrats qui font régner l'ordre dans l'État, les militaires qui le garantissent des at-taques de l'ennemi, rendent aux arts des services qu'on pourrait évaluer, en calculant les pertes commerciales qui sont inévitables au milieu des troubles civils et des invasions étrangères.

Les ministres des cultes, les instituteurs, les écrivains amis de l'humanité, ont une influence évidente sur l'aisance générale. A ne considérer que les richesses, les nations auraient encore un grand intérêt à propager la morale, qui rend les hommes plus intelligens et plus laborieux, plus fidèles à leurs engagemens, plus disposés à s'entr'aider.

Les produits immatériels et les produits matériels, si différens par leur nature, ont entre eux des rapports multipliés. Un père donne des produits matériels pour qu'on enrichisse son fils d'utiles connaissances; et peut-être un jour ce fils offrira-t-il à l'industrie des secours nouveaux, par les produits immatériels de sa pensée. Les producteurs de richesses doivent un hommage aux purs travaux de l'intelligence. Tout ce qui peut éclairer les esprits, adoucir les mœurs, exerce une influence heureuse sur les moyens de perfectionner les arts, et d'appeler un plus grand nombre d'hommes à jouir de leurs bienfaits.

CHAPITRE VI.

De l'Épargne et des Capitaux.

Nous avons vu que les forces de la nature et celles de l'homme concourent à créer les richesses; observons un troisième agent essentiel pour produire. Cet agent est l'*épargne*, qui fournit des instrumens sans lesquels le travail ne pourrait déployer son activité.

Il y a plusieurs sortes d'épargnes. Celle de l'avare qui enfouit son argent n'est du ressort d'aucune science; l'épargne, faite pour subvenir aux besoins de la famille, appartient à l'économie domestique; l'épargne qui concourt à développer l'industrie, en formant des capitaux, est celle dont s'occupe l'économie politique.

Il faut concevoir nettement ce que c'est qu'un capital. Ce mot n'a pas le même sens pour tous ceux qui le prononcent. Selon les uns, les capitaux sont des sommes d'argent; selon les autres, ils se composent, non seulement des sommes qui servent ou peuvent servir aux entreprises d'industrie, mais encore de tous les objets, tels que bâtimens, outils, etc., qui sont destinés à produire de nouvelles richesses. Les premiers emploient le langage vulgaire; les autres parlent une langue scientifique, dont il est facile de reconnaître l'exactitude.

Une somme d'argent est un capital très commode, puisque le possesseur l'échange, pour ainsi dire à volonté, contre les objets qui lui conviennent. Mais, les capitaux en numéraire ne sont qu'une partie très faible de ceux qu'emploie l'industrie. Par exemple, cent mille francs passent successivement dans les mains de sept ou huit entrepreneurs, qui tous font exécuter des constructions, des machines, etc. En supposant que cette somme continue de rester dans le commerce, elle ne sera toujours qu'un capital de cent mille francs; et il existera pour sept ou huit cent mille francs d'autres capitaux. Si l'on conçoit différemment ce sujet, on n'aura pas une idée juste des richesses que l'industrie accumule pour en créer de nouvelles. La seule portion de nos capitaux agricoles qui consiste en bestiaux, était évaluée, en 1812, à plus d'un milliard et demi (1) : or, je doute

(1) *De l'Industrie française*, par M. le comte Chaptal, tome i, page 223.

que la France ait deux milliards monnayés; encore verrons-nous qu'il ne faut pas confondre les capitaux en argent, avec la totalité du numéraire qui se trouve dans l'État.

L'homme qui veut former une entreprise d'industrie a dans les mains une somme qui lui appartient ou qu'il a empruntée, et dont il se sert pour acquérir les divers objets nécessaires à ses travaux. Cette somme est un capital; mais elle n'est, pour ainsi dire, qu'un capital intermédiaire, qu'il faut promptement échanger contre des capitaux d'une utilité plus directe.

Un jeune ouvrier n'a d'abord pour exister que sa seule industrie : il concourt à la production, il a part aux produits. S'il dissipe la totalité des salaires qu'il reçoit, sa position ne peut s'améliorer. S'il est intelligent et d'une bonne conduite, il économise; il se procure des outils, des matières premières, et ces avances le mettent en état de travailler pour son compte. Alors, il gagne davantage; il fait de plus grosses épargnes qui finissent par lui donner les moyens de louer un atelier, d'avoir des ouvriers, de leur fournir des matières brutes, des outils, et de leur payer des salaires. Nous venons de voir un capital se former et s'accroître; les capitaux sont des produits épargnés.

Selon les genres d'industrie, il y a des capitaux très minces, il y en a d'énormes. L'instrument de fer que le petit savoyard emploie pour nettoyer les cheminées, ses genouillères de cuir, le sac dans lequel il emporte la suie, quelques pièces de monnaie pour subsister jusqu'à ce qu'il obtienne un salaire, voilà tout le capital du pauvre enfant qui sort des montagnes de la Savoie pour aller au loin gagner sa vie. Nous voyons le besoin d'avances s'étendre, s'agrandir, à mesure que nous dirigeons nos regards vers des genres d'industrie plus importans. Combien de vastes constructions, d'outils variés, de machines puissantes sont nécessaires pour tirer le minerai de la terre, pour le changer en fonte, pour transformer la fonte en fer et le fer en acier ! Que les capitaux soient faibles ou considérables, ils sont toujours de même nature ; ce sont toujours des produits épargnés.

Le lecteur voit quelle est l'utilité des capitaux pour l'industrie. C'est un fait remarquable que des produits sont nécessaires pour créer des produits. Assemblez de nombreux ouvriers sur un sol qui recèle une mine abondante ; s'ils manquent des instrumens d'exploitation, leurs efforts seront nuls. Supposons l'Europe dépouillée tout à coup des produits accumulés qui forment ses immenses capitaux, son industrie sera frappée de mort. Sans doute ses habitans, puisqu'ils conserveraient leur intelligence et leur force, finiraient par recouvrer les ressources perdues; mais, dans quelle longue misère ils végèteraient ! Ils n'auraient d'abord que leurs mains pour se fabriquer de grossiers outils; ils recueilleraient péniblement les produits spontanés de la terre, pour essayer de les multiplier ou de les façonner. Privé des avances nécessaires au travail, le genre humain retournerait aux jours de son enfance.

On a formé soi-même les capitaux qu'on emploie, ou on les a reçus de ses pères, ou on les a empruntés; mais toujours il faut qu'un entrepreneur, grâce à ses épargnes ou à celles d'autrui, possède les avances qu'exigent ses travaux.

Dans une entreprise d'industrie, les capitaux sont les bâtimens d'exploitation, les outils, les machines (1), les matières brutes, le numéraire que demandent les paiemens courans, enfin, les matières fabriquées non encore vendues.

Les bâtimens, les outils, les machines s'usent avec lenteur, et forment ce qu'on nomme le *capital fixe.* Les matières brutes, l'argent destiné aux salaires, aux achats, disparaissent avec rapidité, et même ne peuvent donner un profit sans sortir des mains de

_____

(1) Souvent des animaux.

l'entrepreneur ; ces avances sont, avec les marchandises non vendues, ce qu'on appelle le *capital circulant*.

Sous le point de vue que nous considérons, tous les genres d'industrie se ressemblent. L'agriculture, de même que les fabriques, a des capitaux fixes et des capitaux circulans. Une grande partie des capitaux du commerce sont de la seconde espèce, puisqu'ils consistent en marchandises ; cependant le commerce a des capitaux fixes ; il a ses magasins, ses navires, ses chariots, ses chevaux, etc.

Le capital change continuellement de forme, soit avec lenteur, soit avec rapidité. Les matières premières, par exemple, deviennent objets manufacturés, puis argent monnayé ou lettres de change, puis, redeviennent matières brutes, pour éprouver encore les mêmes métamorphoses.

La portion des capitaux absorbée par la fabrication doit se retrouver dans les ouvrages fabriqués ; autrement, ces ouvrages onéreux coûteraient plus qu'ils ne vaudraient. Quand les produits sont vendus, si l'entrepreneur dissipe la totalité de leur prix, il se ruine : une partie de son capital fixe est tout ce qui lui reste ; il a tari la source d'une production nouvelle. S'il remplace ses capitaux avec une partie du prix de la vente, et qu'il emploie, à son usage, à ses plaisirs, l'autre partie qui constitue son revenu, il n'est ni plus riche ni plus pauvre qu'en commençant; il peut continuer de travailler et de vivre. S'il épargne sur son revenu pour grossir ses capitaux, il s'enrichit; et le développement progressif de l'industrie qu'il dirige, atteste sa sagesse ainsi que son activité.

Les observations suivantes éclairciront encore ce qui concerne les fonctions des capitaux. Tous les produits matériels que possèdent les hommes, peuvent se diviser en trois classes : *fonds de consommation, capitaux, revenus.*

Le *fonds de consommation* se compose des produits qui servent immédiatement à nos besoins naturels ou factices. Des caractères faciles à remarquer distinguent les produits transformés en capitaux, de ceux qui sont versés dans le fonds de consommation. Tous sont destinés à nous procurer des jouissances; mais les capitaux, qui concourent si puissamment à ce but, n'y contribuent cependant que d'une manière indirecte, tandis que les objets livrés à la consommation y contribuent directement. Ajoutons que les premiers peuvent servir à créer de nouveaux produits; et que les seconds s'usent, se détruisent, sans rien laisser après eux.

Le fonds de consommation a cette ressemblance

avec les capitaux, qu'il est aussi composé d'objets dont les uns se détruisent rapidement, tels que les denrées, les boissons consommées dans nos ménages ; et dont les autres s'usent avec lenteur, tels que les meubles, les maisons d'habitation, etc. Cette propriété de s'user lentement permet de les accumuler, de même que les capitaux fixes; aussi la quantité de ces deux sortes de produits, est-elle très considérable chez les peuples dès longtemps civilisés, et l'on ne saurait dire à quel point elle le deviendrait, si l'industrie recevait, durant une longue suite d'années, tous les développemens que la raison peut lui supposer (1).

Les *capitaux* sont toujours des produits amassés par l'épargne, mais ils n'ont pas tous la même destination. Ceux qu'on emploie à créer de nouvelles richesses, sont les plus utiles pour la société. D'autres rapportent seulement un revenu à leurs possesseurs. Une somme qu'on prête est un capital, bien qu'elle ne soit employée dans l'industrie ni par le prêteur qui

(1) M. Ganilh pense que les objets dont la destruction est lente, ne doivent pas être compris dans le fonds de consommation, et qu'ils sont des capitaux (*Théorie de l'économie politique*, tome II, page 3). La durée n'est point une qualité distinctive de ceux-ci ; une provision de grains qui sert à nourrir des ouvriers est un capital. Puisque des choses qui se détruisent rapidement font partie des capitaux, pourquoi trouver singulier que des choses durables fassent partie du fonds de consommation ?

veut vivre avec les intérêts, ni par l'emprunteur qui fait des acquisitions frivoles. L'exemple suivant donnera des idées plus complètes. Une maison habitée par le propriétaire, fait partie du fonds de consommation. Si le propriétaire loue cette maison, elle devient un capital qui lui procure un revenu ; s'il la transforme en manufacture, c'est un capital qui lui donne un revenu et qui multiplie les richesses de la société.

Les capitaux qui remplissent cette double destination sont les seuls vraiment *productifs* ; on pourrait dire que les autres sont seulement *lucratifs*.

Enfin, il y a des capitaux *oisifs* : ce sont ceux dont les possesseurs ne font pas usage, par l'effet des circonstances, ou de leur volonté. Les scellés sont sur des ateliers; voilà des capitaux momentanément oisifs. Il y en a toujours en stagnation par suite des désordres qu'enfantent l'ignorance, l'irréflexion, la cupidité, qui sont les trois grandes causes de ruine pour l'industrie. La volonté des possesseurs de capitaux en rend oisive une certaine quantité. L'avare enterre les siens ; mais son ignoble aberration d'esprit est peu contagieuse, elle est sans influence sur les richesses de la société; elle doit être combattue par le moraliste plus que par l'économiste. Sans être avare, un homme opulent peut aimer à tenir une forte somme en réserve; elle lui procure de la sécurité. Beaucoup de personnes, déterminées par le même avantage, conservent aussi des sommes proportionnées à leur fortune. Il est difficile que la prévoyance des particuliers soit préjudiciable au public. En général, ces sommes sont trop faibles pour qu'on doive les considérer comme des capitaux enlevés à la circulation; elles servent bien plutôt, en s'accroissant par des épargnes successives, à former des capitaux qui circuleront un jour. Ajoutons que la plupart des hommes assez prudens pour économiser, ne laissent pas sans emploi des sommes capables d'ajouter au bien-être de leurs familles. Il ne faut donc point, dans des vues d'intérêt pour le commerce, déclamer contre la prévoyance et l'épargne. Ce qui paralyse surtout les capitaux, ce sont les circonstances où, mécontens du présent, inquiets de l'avenir, les hommes industrieux suspendent leurs projets, et même craignent de prêter leurs fonds à ceux qui se montrent plus confians ou plus téméraires. Alors les capitaux se resserrent, le travail languit, la souffrance devient générale.

Les *revenus* sont les produits, ordinairement convertis en argent, que les hommes reçoivent, soit pour le loyer de leurs propriétés, soit pour émolumens, ou profits, ou salaires de leurs travaux. Les revenus se dirigent nécessairement vers *le fonds de consommation* ou vers les *capitaux*. J'aurai plus tard à examiner les effets qui résultent de ces deux emplois très différens.

Nous achèverons de nous former des idées justes sur cette classification des produits matériels, si nous observons qu'un grand nombre de produits passent continuellement d'une classe dans une autre. Telle marchandise non vendue est dans le capital d'un manufacturier ; je l'achète avec une partie de mon revenu, elle passe dans le fonds de consommation ; au même instant, la portion de revenu que j'ai donnée au manufacturier peut entrer dans son capital. Ce mouvement continuel ne change rien à notre division, un produit est toujours dans une des trois classes qui viennent d'être indiquées.

Lorsqu'on a vu quels services rendent les capitaux, on conçoit les avantages qui résultent de leur accumulation ; on se les représente comme des leviers qui, devenant plus forts et plus nombreux, donnent toujours plus de facilité pour vaincre les obstacles qui s'opposent au développement de l'industrie. Ce n'est pas seulement par le progrès des lumières, c'est aussi par l'accumulation des capitaux, que les peuples modernes ont les moyens de se livrer à des fabrications si variées, d'envoyer leurs produits à des contrées lointaines, et d'en rapporter des richesses nouvelles.

J'aurai, dans la suite de cet ouvrage, à parler encore des capitaux; ici, je n'avais à montrer que leur usage pour la formation des richesses. Smith pense qu'elles sont produites uniquement par le travail; et les partisans de cette opinion attaquent M. Say pour avoir soutenu que les capitaux sont un des agens de la production. Les capitaux, disent-ils, sont des produits qu'un travail antérieur a fait naître; le travail, par conséquent, est le seul producteur.

Je m'éloigne de l'opinion de Smith, et je diffère de celle de M. Say. Le travail n'est pas le seul producteur des richesses : il a besoin de capitaux; or, il ne peut les créer, il n'en fournit pour ainsi dire que la matière première. En effet, le travail peut bien donner quelques produits; mais, si la dissipation les anéantit ou les disperse, l'homme restera toujours au même point de misère. Il faut que l'épargne réunisse, conserve ces produits; elle seule a le pouvoir de les transformer en capitaux. L'auteur anglais exagère donc la puissance du travail. Mais, l'auteur français fait jouer aux capitaux un rôle actif que ne comporte point leur nature; ce sont des instrumens inertes par eux-mêmes. L'épargne reçoit du travail la matière des capitaux ; elle les forme, et les donne au travail qui les emploie. Voilà ce que l'observation fait reconnaître. Ainsi, les agens de la production sont le travail de la nature, le travail de l'homme, et l'épargne qui crée les capitaux.

LIVRE II.

DE LA FORMATION ET DE LA DISTRIBUTION DES RICHESSES.

<hr/>

CHAPITRE PREMIER.

Importance de la Distribution des richesses.

La plupart des écrits sur l'économie politique dirigent trop exclusivement l'attention du lecteur vers la production des richesses ; il semble qu'on veuille produire uniquement pour produire ; on ajoute ainsi à la sécheresse d'une science qui ne peut intéresser que par son but. Ce but étant de satisfaire les besoins des hommes, il importe que les richesses soient bien distribuées, c'est-à-dire réparties dans un grand nombre de mains. On diffère trop d'exposer, de développer ces vérités, lorsqu'on rattache à la production tous les sujets qui présentent des rapports avec elle. On évitera ces inconvéniens si l'on observe qu'il y a des questions spécialement rela-

3.

tives à la *formation* des richesses, d'autres à leur *distribution*, mais qu'il en est beaucoup aussi qui concernent, à la fois, les deux premières parties de l'économie politique. Je consacre à ces sujets mixtes le second livre de cet ouvrage.

Le bonheur d'un État dépend moins de la quantité de produits qu'il possède, que de la manière dont ils sont répartis. Supposons deux États également peuplés, dont l'un a deux fois plus de richesses que l'autre. Si les produits sont mal distribués dans le premier, qu'ils le soient bien dans le second, celui-ci offrira la population la plus heureuse. Aucun pays n'est aussi remarquable que l'Angleterre, sous le rapport de la formation des richesses ; en France, leur distribution est meilleure : j'en conclus qu'il y a plus de bonheur en France qu'en Angleterre.

C'est pour que la distribution soit abondante qu'il est à désirer que la production soit considérable. Mais, lorsque nous méditons, souvent il arrive, à notre insu, qu'une idée se substitue, dans notre esprit, à une autre idée. Ainsi, nous pensons d'abord à la prospérité publique ; et, pour l'accroître, nous examinons comment on peut multiplier les richesses : bientôt, préoccupés de cet examen, nous ne songeons plus qu'aux richesses ; le moyen devient un but, et le bonheur est oublié. La facilité avec laquelle s'opèrent ces changemens d'idées est une grande cause d'erreurs. Un écrivain distingué en économie politique, Ricardo, prend la plume pour être utile à ses semblables ; mais, entraîné par ses calculs, il semble quelquefois oublier les hommes et ne tenir compte que des produits. Par exemple, il établit que dans une contrée où se trouvent dix millions d'habitans, si le travail de cinq millions d'entre eux suffit pour les nourrir et les vêtir, ce pays n'aurait point d'avantage à compter douze millions d'habitans, si le travail de sept millions devenait nécessaires pour obtenir les mêmes résultats (1). Il lui est donc indifférent que deux millions d'individus existent ou n'existent pas, si le produit est le même. En lisant certains économistes, on croirait que les produits ne sont pas faits pour les hommes, et que les hommes sont faits pour les produits.

Les richesses bien distribuées mettent les habitans d'un État dans une situation favorable pour en créer de nouvelles. Si la distribution est tellement vicieuse que les uns aient presque tout, et que les autres n'aient presque rien, les premiers n'ont pas plus la volonté d'encourager l'industrie que les seconds n'ont la possibilité de s'y livrer. Tout languit : l'intelligence

(1) *Des principes de l'économie politique*, tome II, p. 224 de la traduction française.

est engourdie; les hommes ne savent se procurer
ni des travaux ni des plaisirs. Sous le gouvernement
féodal, le luxe des seigneurs consistait à s'entourer
d'un nombreux domestique, et leur passe-temps fa-
vori était la chasse. Pour satisfaire de pareils goûts,
il suffisait du revenu de leurs domaines mal cultivés
et du vaste espace de leurs forêts. Les arts leur semblaient méprisables; et de pauvres vassaux ne pouvaient tenter d'éveiller leurs désirs par des produits
variés. On croirait qu'il n'est aucun moyen pour
sortir de cet état d'ignorance et de misère, si l'expérience n'apprenait quels prodigieux changemens
peuvent être opérés, à la longue, par une suite de
causes et d'effets qui deviennent causes à leur tour,
et produisent des effets toujours plus remarquables.
Avec le temps, il arrive que des vassaux, plus intelligens que les autres, apportent dans les châteaux
quelques produits d'une industrie naissante. Leurs
gains les encouragent, et leur exemple a des imita-
teurs. Les grands propriétaires commencent à concevoir qu'il peut exister des plaisirs ignorés de leurs
pères: ceux qui voyagent, ceux que la guerre entraîne au loin, sont frappés par la vue d'objets qui
leur plaisent, et qu'ils aimeraient à retrouver dans
leur pays. Animés par de nouveaux désirs, ils sentent
le besoin d'augmenter et d'employer différemment

leurs revenus: ils prennent intérêt aux progrès de la culture, afin d'accroître la rente de leurs domaines; ils renvoient des valets, dont les gages se changent en salaires pour des artisans. Le travail est excité, la misère diminue, l'intelligence se développe, les capitaux se forment, et le travail prend un nouvel essor. Dans ces heureux changemens, la distribution des richesses se présente, tantôt comme un effet, tantôt comme une cause: née de l'industrie, elle en devient la gardienne et le moteur.

Je dois reconnaître une exception au principe qui fait dépendre, en grande partie, la formation des richesses de leur bonne distribution. Il est des contrées où elles sont réparties de la manière la plus vicieuse, et cependant où la production est très considérable. Pour opérer ce phénomène, deux conditions sont nécessaires : l'une, c'est que les hommes qui ont tout soient intelligens; l'autre, c'est que ceux qui n'ont rien soient esclaves. Alors, une contrée ressemble à un vaste atelier, garni de machines vivantes, que des êtres industrieux font mouvoir. Tel est le spectacle que présentent ces déplorables colonies, où l'Européen condamne les noirs à s'exténuer pour lui. Ne cherchons point à prouver que le travail des hommes libres coûterait moins que celui des esclaves. J'admets que ce fait est douteux. Peut-être, sous un ciel brûlant, l'homme libre travaillerait-il moins que l'esclave; peut-être la supériorité de son intelligence n'offrirait-elle pas une compensation suffisante. Qu'importe que ces conjectures soient justes ou fausses? Les questions sur la liberté et sur le sang des hommes, ne sont pas des questions mercantiles. Quand les partisans de la traite vantent les profits qu'ils lui doivent, et s'imaginent la justifier ainsi, je crois entendre des brigands qui prétendraient se faire absoudre, en prouvant que leurs crimes sont lucratifs.

Hâtons-nous de reconnaître qu'une production abondante ne peut être obtenue par le moyen exécrable dont je viens de parler, que dans le cas où les travaux sont tellement simples que les ouvriers n'ont pas besoin d'intelligence. Si l'on veut qu'un pays soit fécond en produits variés, il est indispensable de le peupler d'hommes industrieux, et de leur garantir qu'ils jouiront des fruits de leurs travaux. Ainsi, l'exception confirme le principe que la bonne distribution des richesses est un moyen puissant de les multiplier.

CHAPITRE II.

De la Propriété.

La propriété n'est point inconnue dans l'état social le plus simple. Un sauvage est propriétaire des flèches qu'il a façonnées et de la hutte qu'il s'est construite : il a mis son travail dans ces objets, et de son travail résulte son droit sur eux ; s'il les donne, il transmet son droit. Je pouvais remonter plus haut : nos premières propriétés sont les facultés que nous avons reçues de l'auteur des êtres ; tout homme est propriétaire, au moins de sa personne.

Mais, comment la terre est-elle devenue le patrimoine d'un petit nombre de ses habitans ? Comment s'est effectuée cette appropriation du sol qui, presque toujours, excite l'envie du pauvre ; et qui, plus d'une fois, a fait éclater les fureurs populaires ?

Assurément la propriété territoriale ne fut pas établie partout au même jour, sous la même influence ; il est donc absurde de vouloir lui donner une seule origine. Sans doute, cette propriété s'est formée, sur différens points du globe, de toutes les manières différentes dont il est possible qu'elle s'établisse. Là, par le consentement des membres de la peuplade ; ici, par la force : ailleurs, les premiers occupans se trouvèrent, sans délibération ni violence, maîtres des champs qu'ils avaient cultivés.

Le mode d'appropriation le plus général fut très probablement étranger à la force. Quand des hommes quittent la vie des chasseurs ou celle des pasteurs, pour se livrer à la culture, le territoire qui se trouve à leur disposition est immense. Il y a peu d'hommes, parce qu'il y a peu de subsistances ; et tous ne renoncent pas au même instant à la vie nomade. Beaucoup d'entre eux la chérissent encore par habitude, et d'autres manquent des avances nécessaires pour fertiliser le sol. Ceux qui veulent cultiver peuvent donc s'approprier des terres, sans réclamer de consentement, sans recourir à la violence ; ce qu'ils font ne nuit à personne, et chacun est libre de suivre leur exemple.

Au surplus, on peut différer d'opinion sur la manière dont s'est formée la propriété territoriale ; mais ce qu'un observateur éclairé ne saurait mettre en doute, c'est la bienfaisante influence qu'exerce l'établissement de ce genre de propriété. Lorsqu'on dit : la terre appartenait à tous les hommes, on s'exprimerait mieux si l'on disait : la terre n'appartenait à personne. L'impossibilité d'en faire un partage égal, l'impossibilité de le maintenir, si l'on suppose qu'il existe un instant, prouvent que la nature des choses veut que le sol n'ait point de possesseur ou qu'il se divise entre un certain nombre de propriétaires. De ces deux modes d'existence, l'un est préjudiciable à tous, l'autre est conforme aux intérêts de tous. Quand la terre est sans possesseurs, qui voudrait la cultiver avec soin? lui consacrer son labeur et ses épargnes? Quelques travaux passagers, les seuls qu'on ose faire quand on n'est pas certain de recueillir, ajoutent peu de productions aux fruits spontanés et sauvages ; la population est rare et misérable. Dès que la propriété territoriale est établie, une nouvelle ère commence ; les produits se multiplient, la population s'accroît avec eux. Dans cet état nouveau de la société, il se fait une grande division du travail entre les hommes qui tirent du sol les denrées, les matières premières, et ceux qui s'adonnent aux arts nécessaires pour mettre en œuvre ces richesses. Les deux classes, également laborieuses, voient leur bien-être résulter de l'activité de leurs travaux et de leurs échanges. Bientôt les produits matériels deviennent assez communs pour que des hommes puissent se consacrer tout entiers à donner des produits immatériels. Ainsi, nous devons à la propriété territoriale l'accroissement de la population ; nous lui devons le développement des forces, des richesses, et de l'intelligence du genre humain. On prouverait que la division du sol entre des propriétaires n'est pas nécessairement amenée par la nature des choses, qu'il faudrait en considérer l'invention, si je puis dire ainsi, comme la source la plus féconde en bienfaits qu'on ait jamais ouverte aux hommes.

Quand on dit les *propriétaires*, on entend presque toujours par ce mot, les possesseurs de terres. Cet abus du langage serait fort dangereux, s'il disposait à croire qu'il y a des propriétés moins sacrées que la propriété territoriale. S'il existait une propriété qu'on dût respecter plus encore que les autres, ce serait celle des hommes qui ne possèdent que leurs bras et leur industrie : gêner leur travail, c'est leur ôter les moyens de vivre ; un tel vol est un assassinat. Mais ne cherchons point s'il est une propriété plus sacrée que les autres ; toutes doivent être religieusement garanties. En considérant que chaque homme a quelque chose à lui, que par conséquent nous sommes tous propriétaires, on sent que l'intérêt universel veut que chacun possède en paix ce qu'il tient de son travail ou de la libéralité d'autrui, qu'il puisse en jouir et l'accroître, pour son avantage et pour celui de ses semblables.

Nous pensons avec horreur à ces empires d'Orient où le pouvoir se joue de la vie et de la fortune des hommes. Nous frémissons à l'idée de ces temps où l'anarchie bouleverse des États civilisés, et dévore les capitaux amassés pour l'industrie. Il s'en faut beaucoup cependant que dans nos contrées européennes, même au sein de la paix, la propriété soit aussi respectée qu'elle devrait l'être; elle est souvent attaquée de très haut et de très bas.

Les gouvernemens enseignent à violer les propriétés, lorsqu'ils commettent des actes arbitraires contre les biens ou les personnes; lorsqu'ils dépouillent leurs créanciers, soit ouvertement, soit par des moyens indirects, tels que l'altération des monnaies, ou l'émission de papiers qui n'ont qu'une valeur nominale; lorsqu'ils mettent des obstacles au travail; lorsqu'ils lèvent des impôts sans mesure, ou qu'ils dissipent les sommes versées dans leurs mains pour être consacrées au service public. De tels exemples étendent leur fatale influence dans tous les rangs de la société. Les classes nobles, riches, se persuadent que les lois ne sont pas plus faites pour elles que pour ceux qui gouvernent; elles croiraient déroger en n'exerçant pas aussi l'arbitraire. Tous ces exemples autorisent les classes pauvres à croire que la morale est une fable qu'on leur prêche; et que, dans ce monde, il s'agit, non de suivre la justice, mais d'échapper aux lois par l'adresse ou par la force.

L'ignorance et la misère du bas peuple sont aussi des causes permanentes de la violation des propriétés. Un homme respectable me montrait dernièrement une lettre d'un avocat général ; ce magistrat lui disait : *Je gémis d'être obligé de requérir l'application des peines légales du vol à des malheureux, dont l'ignorance est telle qu'ils n'ont pas même une idée de la propriété.* On trouve, dans les quartiers les plus pauvres de Paris, une masse d'individus qui passent leur vie entière sans entendre prononcer un seul mot de religion, ni de morale ; leur misérable existence est toute matérielle. Les uns travaillent, boivent, et retournent au travail quand la nécessité les y contraint : ce sont les plus honnêtes ; les autres partagent leur temps entre le vol et la débauche. Les cabarets sont pour tous des repaires d'où ils sortent le moins qu'il leur est possible. Le mariage leur est presque inconnu, bien qu'ils aient des multitudes d'enfans. Ces petits malheureux n'entendent que des paroles grossières, obscènes ; les injures et les coups leur sont prodigués, ainsi qu'à leurs mères. Les hommes ont entre eux des querelles fréquentes. Leurs combats sont atroces ; ces sauvages d'Europe se font des morsures cruelles. Opprobre des États civi-

lisés', ces générations abruties, fécondes en prostitutions, en incestes, en vols, en délits de tous
genres, périssent avant l'âge, exténuées par la débauche et la misère. On ne réfléchit pas que vivre
près de cette masse hideuse, c'est vivre à côté d'un
volcan. Aussi longtemps que le despotisme et l'anarchie auront sous la main de tels matériaux de crimes, il sera facile avec un peu d'or, dans les temps
agités, de renouveler les horreurs de la Saint-Bar-
thélemy ou celles du 2 septembre.

Éclairer les hommes, c'est les instruire de leurs
devoirs, et de tout ce qui peut les leur rendre chers.
Il faut donc avoir des idées bien fausses ou bien confuses, pour hésiter à décider s'il serait avantageux
d'éclairer la multitude. Les vérités que je viens d'exposer sur les bienfaits qui naissent de la propriété
territoriale, et sur le respect dû à tous les genres de
propriétés, devraient être des idées populaires. Avec
des soins pour l'instruction de la classe nombreuse,
rien ne serait plus facile, ni peut-être plus utile, que
de répandre les vérités pratiques de la science qui
nous occupe.

CHAPITRE III.

De la Division des propriétés territoriales.

La question de l'influence que la division des terres, en grandes ou en petites propriétés, peut avoir sur l'aisance générale est importante à examiner.

Divers terrains, soit par leur nature, soit par leur situation, appellent ou repoussent le morcellement de la propriété. Cette colline aride qui sera fécondée, embellie, par les travaux de petits propriétaires, resterait inculte et comme perdue, si on l'enclavait dans un vaste domaine. Les mêmes propriétaires mourraient de faim dans une plaine marécageuse, que mettront en valeur les capitaux d'un riche cultivateur. Lorsqu'on demande comment il est avantageux que les propriétés soient divisées, l'attention doit donc se porter sur celles que la nature des choses permet de morceler ou d'agglomérer selon les goûts et les besoins des habitans.

Observons encore que bien des gens tombent dans une erreur grave en croyant identiques l'idée de *grande propriété* et l'idée de *grande culture*. On donne à ces derniers mots diverses significations qu'il serait inutile d'examiner ici. La grande culture se pratique sur de vastes terrains, avec des capitaux considérables qui sont ou doivent être habilement dirigés. En vain un pays offrira-t-il de grandes propriétés; si les laboureurs n'ont que de faibles avances, on ne connaîtra dans ce pays que la petite culture; il faudra, pour louer les domaines, qu'on les partage en fermes de peu d'étendue. C'est ainsi que, dans la misérable Irlande, les plus vastes propriétés se divisent et se subdivisent quelquefois, par l'effet des sous-locations, jusqu'à un acre, un demi-acre et même un quart d'acre, sur lequel végète une famille dénuée de toute avance. La grande culture est un effet de l'abondance des capitaux. Si, dans une contrée où les terres sont très divisées, il se forme des capitaux destinés à l'agriculture, on verra de riches cultivateurs se mettre à la tête de grosses fermes, en réunissant plusieurs domaines. Toutefois, reconnaissons que le morcellement des propriétés oppose des obstacles aux grandes exploitations agricoles. Par exemple, les bâtimens qui suffisent à de petits domaines cessent de convenir si l'on réunit ces domaines; et les constructions qu'on aura faites pour la grande ferme deviendront inutiles, si, dans la suite, ces mêmes terres sont de nouveau divisées. Lorsque les capitaux abondent, les grandes propriétés sont favorables à la grande culture.

Il y a deux systèmes, dont l'un peut être nommé système anglais, et l'autre système français. Les partisans du premier vantent avec raison les progrès que l'agriculture doit à de grandes propriétés, exploitées par des cultivateurs instruits qui disposent de riches capitaux. Dans ces vastes fermes, l'art des assolemens, celui des irrigations, et toutes les principales cultures sont portés à un incontestable degré de supériorité. C'est là que les races de bestiaux sont améliorées avec soin, et que les instrumens nécessaires aux cultivateurs ont une perfection modèle. Ces fermes, par la division du travail et par la puissance des grands capitaux, sont celles qui donnent le plus de produits avec le moins de bras. Voilà, selon des hommes éclairés, un double élément de prospérité publique. On obtient de la terre la plus grande quantité de produits qu'elle puisse donner; en même temps, un nombre de bras considérable, dont l'industrie agricole cesse d'avoir besoin, se dirige vers l'industrie manufacturière, qui donne également une très grande quantité de produits. Cette théorie promet à tous les peuples qui la réaliseront une haute prospérité.

Les partisans de l'autre système pensent qu'il

est fort avantageux, pour un État, que la plus grande partie des habitans soit employée aux travaux agricoles, ce qui suppose de nombreux propriétaires. La proportion des cultivateurs, relativement à la population totale, est au dessous du quart, en Angleterre; elle surpasse, en France, la moitié, quoique nous ayons fait des pertes sous ce rapport(1). On sait combien le nombre des propriétaires est faible en Angleterre. M. de Montveran ne le portait qu'à trente-deux mille en 1816; tandis qu'en France, à la même époque, environ la moitié des habitans étaient membres de familles propriétaires (2). Quand l'agriculture occupe une grande partie de la population, il y a dans l'État et dans les familles plus d'aisance et de sécurité. L'industrie manufacturière et

(1) D'après les chiffres donnés en 1840, par M. Porter (*Progress of the nation*) le nombre des cultivateurs était, en Angleterre, de 29 sur 100 habitans; mais des recherches plus récentes, appuyées sur des documens officiels, annoncent qu'en 1843 les hommes employés à la culture ne formaient que les vingt-trois centièmes de la population. M. D'Angeville (*Essai sur la statistique de la population française*, 1836), évalue à un peu plus de 50 sur 100 habitans le nombre de nos cultivateurs (17 millions). Il prend pour base de ses calculs, les déclarations que les conscrits font de leurs métiers ou professions aux conseils de révision. Cette base n'est pas certaine; mais on n'a pas de recensement régulier à lui opposer. Si l'on consulte ces déclarations pour des temps antérieurs, on voit qu'il y a vingt ans, le nombre des agriculteurs était de soixante pour cent dans notre population totale.

(2) *Voyez* une note de Garnier, traduction de Smith, t. vi, p. 277.

commerciale a quelque chose de brillant et d'indé-
fini que n'a point l'industrie agricole; mais elle est
bien plus sujette à ces revers, à ces crises qui bou-
leversent la fortune d'une foule d'individus. Remarquons aussi, et j'appelle l'attention du lecteur sur
cette observation importante, remarquons, dis-je,
que, grâce aux progrès de l'industrie, au perfectionnement des outils et des machines, il n'est point nécessaire que la population manufacturière soit très
nombreuse pour donner d'abondantes richesses.

La théorie anglaise promet une haute prospérité;
mais je considère les faits, et je vois qu'une partie
de la population de l'Angleterre est horriblement
misérable : la terre l'a repoussée, et les fabriques
ont peine à la contenir. En France, la misère est res-
serrée dans des bornes plus étroites, l'aisance est
bien plus générale. Assurément les grandes fermes
ont, pour les progrès de l'agriculture, des avantages
précieux; et je crois aussi nécessaire l'existence d'un
certain nombre de ces fermes, que je croirais funeste
la destruction des petites propriétés. Mais, n'exagé-
rons pas les avantages que je reconnais. Si l'art de
cultiver n'est point parvenu chez nous au même
degré de perfection que chez les Anglais, notre
agriculture a cependant fait des progrès remarquables; elle en fera de nouveaux chaque jour, et certes

il vaudrait mieux les voir s'opérer avec lenteur, que de les acheter au prix du bien-être d'une partie de la population.

Plus d'une fois, des écrivains se sont livrés à leur imagination pour peindre les avantages attachés aux petites propriétés; ils semblaient oublier que l'art d'observer en économie politique est très différent de l'art de composer des idylles. On a tracé le tableau des merveilles d'industrie dues à de petits propriétaires, qui fertilisent jusqu'aux crêtes des rochers voisins de leurs modestes demeures. A ce tableau on n'a pas manqué d'opposer celui que présentent d'immenses domaines négligés pas d'insoucians possesseurs, ou frappés de stérilité par le luxe qui les transforme en parcs, en jardins d'agrément. Les deux tableaux sont vrais; mais, quelles conséquences veut-on en tirer? Ils sont rares ces terrains nus, d'un difficile abord, dont l'aridité ne peut être vaincue que par la persévérante adresse qu'excite le besoin; et l'on ne peut rien en conclure de général en faveur de la petite propriété. Si d'opulens propriétaires négligent leurs domaines, ou préfèrent l'agréable à l'utile, cela n'autorise nullement à dire que la grande propriété repousse les travaux qui fécondent la terre.

Sans énoncer des idées fades et fausses, on peut

faire valoir des considérations morales en faveur des petites propriétés. J'admets que si l'on réunit vingt de ces propriétés en une seule, il y aura plus de *produit net*; j'accorde même qu'on exploitera la grande ferme de manière à récolter plus de *produit brut* (1). Mais, ne créons pas les richesses pour les richesses, et songeons au bonheur. Les vingt petits propriétaires qui travaillaient pour eux-mêmes, et qui désormais travailleront pour autrui, seront-ils plus heureux? Cette question n'est pas de celles qu'on résout uniquement par des chiffres. Sans doute, un petit propriétaire gêné pourrait devenir un fermier à son aise, au moyen des avances que lui procurerait la vente de son champ. Sans doute, un père doit embrasser le genre de vie qui lui promet l'aisance nécessaire pour élever sa famille. De telles considérations méritent bien qu'on s'en occupe. Mais on voit, surtout en France, des gens presque pauvres se plaire sur leurs chétives propriétés. Ils seraient mieux en les quittant; c'est-à-dire ils auraient ailleurs moins de fatigue et plus d'argent : ils préfèrent, ce—

_____

(1) Le produit brut est la totalité des fruits du domaine ; le produit net est ce qui reste, lorsqu'on a fait la reprise de toutes les avances.

On s'abuse si l'on ne voit la richesse que dans le produit net. La totalité des produits se consomme, et contribue à satisfaire nos besoins.

pendant, rester sous le toit de leurs pères ; ils y jouissent de souvenirs qui seraient ailleurs des regrets. Faut-il combattre ce sentiment que les progrès de l'industrie affaiblissent chaque jour, en répandant l'ardeur de spéculer et la soif de s'enrichir (1)?

La diversité dans l'étendue des propriétés est nécessaire. Si le territoire d'un État était divisé en vastes domaines, indépendamment des inconvéniens

(1) Faisons des vœux pour que la plus grande partie de notre population soit toujours agricole. L'air des champs fortifie les hommes qui, trop souvent, s'étiolent et se rabougrissent dans les fabriques. La corruption des mœurs peut pénétrer au village ; cependant, le séjour de la campagne ne cessera jamais d'être le plus favorable aux idées morales, aux sentimens religieux. L'agriculteur est environné des merveilles de la nature, tout lui rappelle une puissance supérieure à la sienne ; si l'orage dévaste ses champs, il ne peut essayer de lutter ; il s'incline, il prie. L'ouvrier des fabriques vit entre quatre murs, il n'est entouré que d'objets façonnés par les hommes ; s'il rompt ses fils ou gâte son tissu, il s'irrite de sa maladresse ; et, par fois, murmure des juremens.

Je crois très fâcheux qu'un si grand nombre de manufactures soient établies dans les villes. Les ouvriers se trouvent agglomérés sur les points où les vivres sont le plus chers, et où l'on rencontre le plus d'occasions de débauche. J'aime à voir la fabrication diminuer dans les villes et s'étendre au dehors : l'aisance se répand parmi les cultivateurs ; en même temps, le bas prix de la main d'œuvre favorise les consommateurs et les fabricans. Il y aurait de graves inconvéniens pour les mœurs à jeter sur les campagnes des masses d'ouvriers corrompus ; mais on obtient des effets opposés, si les ouvriers sont pris dans les familles agricoles ; soit qu'on les fasse travailler chez eux, comme aux environs de Lyon, à Tarare et dans le Forez, soit qu'un même bâtiment les rassemble en grand nombre, comme en Alsace, dans l'admirable manufacture de Wesserling.

que nous avons observés, il serait trop facile aux
possesseurs de ces domaines de hausser le prix des
denrées, du moins avec le secours que leur prêterait
le tarif des douanes. S'il n'existait, au contraire, que
des propriétés d'une trop médiocre étendue, les cultivateurs, pressés de vendre leurs récoltes, aviliraient
le prix des denrées; il y aurait une abondance factice qui rendrait la consommation plus rapide, et les
disettes plus fréquentes.

On peut se représenter le morcellement de la propriété territoriale porté à tel point qu'il en résulterait
l'indigence universelle. C'est avec l'excédant des
produits de leurs champs que les propriétaires et les
fermiers se procurent les objets qui leur sont utiles
ou agréables, et qu'ils font vivre les hommes occupés de l'industrie manufacturière et commerciale. Si
le sol était tellement subdivisé que chaque famille de
cultivateur ne pût tirer que sa subsistance de son
étroit domaine, elle serait obligée de pourvoir elle-
même à tous ses besoins, et sa misère serait extrême.
La détresse serait plus grande encore parmi les habitans qui n'auraient point de terres, et qui ne trouveraient plus à échanger contre des denrées les produits de leurs métiers. Ainsi, une partie des hommes
aurait une existence toute physique, une vie animale,
et l'autre mourrait de faim.

Mais ce tableau nous fait voir une hypothèse impossible à réaliser. Deux causes, l'intérêt du riche et l'intérêt du pauvre, s'opposeront toujours à l'excès de subdivision redouté par des observateurs superficiels. Le propriétaire qui vit dans l'opulence veut agrandir ses domaines, et celui qui se trouve dans l'aisance veut arrondir le sien. Il y a une attraction qui fait graviter les champs épars vers les corps de ferme. Une année de disette anéantit un nombre considérable de petites propriétés. Sans qu'il y ait des circonstances extraordinaires, tous les jours la difficulté de partager de faibles successions, et l'intérêt des héritiers s'opposent à ce que le morcellement des terres ait lieu à l'infini. Une trop grande division des propriétés peut momentanément exister sur tel point d'un État ; mais ce mal qui ne saurait s'étendre, que le temps fait disparaître, et qui trouve des compensations, est à peu près nul dans la masse des intérêts sociaux.

La nature pourvoit de même à ce que les propriétés ne se concentrent pas dans un très petit nombre de mains. Cette agglomération ne saurait avoir lieu quand le partage de la fortune des pères est égal, ou à peu près égal, entre tous les enfans.

Il est une observation essentielle à faire sur les deux excès qu'on peut supposer dans la division des terres. Le morcellement porté trop loin, je le répète, est impossible. Si on l'effectuait, on ne pourrait le maintenir, quelque moyen qu'on voulût employer, à moins que le législateur n'agît sur un espace très circonscrit, et ne formât un couvent politique pareil à celui de Lycurgue. Nos États industrieux et vastes repoussent de telles institutions; et l'abus du morcellement des terres se corrige de lui-même. Il n'en est pas ainsi de leur concentration. Cet abus ou, pour parler plus exactement, ce fléau peut certainement exister. Le droit d'aînesse, les majorats, les substitutions, en se renouvelant, peuvent finir par donner au territoire un très petit nombre de maîtres. Il est à remarquer que les progrès de l'industrie, et l'accumulation des capitaux, tendent à réunir les terres, excitent à détruire les petites propriétés pour en former de grandes. Cette cause, quand elle agit seule, est sans danger, parce qu'elle n'empêche point les domaines réunis d'être ensuite divisés; et comme elle naît du développement de l'industrie, de l'accroissement des moyens d'animer le travail, elle porte en soi des compensations nombreuses. Mais le droit d'aînesse, les majorats, les substitutions dépouillent sans compensation. Sous leur régime, il peut y avoir une foule d'habitans dépossédés, et pas une grande ferme de plus dans l'État.

Ces institutions, je le sais, peuvent être considérées sous un point de vue purement politique; et
j'accorde que ce n'est pas avec les seuls principes de
la science des richesses qu'on doit juger toujours ce
qui se passe dans ce monde. A l'époque de l'anarchie
féodale, il fallait être en état de résister aux agres-
sions de ses voisins; diviser sa propriété, c'eût été
l'anéantir; le droit d'aînesse était fondé sur la nécessité. Lorsque, dans un État, on reconnaît les avantages politiques de la pairie héréditaire, on doit également reconnaître que pour assurer l'indépendance
et la dignité du corps modérateur, il faut que chacun
de ses membres possède, en propriétés territoriales,
une fortune inaliénable. D'ailleurs, si ce privilége est
sagement réglé, il ôte à la circulation trop peu de
terres pour avoir un résultat funeste.

Quelques faits qui s'expliquent, soit par des circonstances impérieuses, soit par des vues législati-
ves, n'ébranlent point un principe général. Concluons
que si l'on abandonne à son cours naturel la division
des terres, on obtiendra ce que demandent une abondante formation et une sage distribution des richesses.
On aura de petites, de moyennes et de grandes propriétés; on se trouvera garanti de l'excès du morcellement, et de celui de l'agglomération.

CHAPITRE IV.

De la Liberté de l'industrie.

La France a souffert cruellement de ses guerres lointaines et de ses guerres intestines; les plus riches familles s'étaient enfuies ; le papier monnaie, la loi du *maximum*, les réquisitions, les emprisonnemens arbitraires, les assassinats juridiques, deux invasions, des impôts énormes, semblaient avoir épuisé ses forces; et c'est après tant de calamités, c'est lorsqu'une partie de ces causes de ruine pesaient encore sur elle, qu'on a vu son industrie prendre un essor nouveau, et frapper d'admiration l'Europe étonnée. Les ouvriers habiles se sont multipliés; la quantité de nos produits est plus que triplée; nous cultivons des branches d'industrie qui nous furent longtemps étrangères ; la plupart de celles que nous possédions ont reçu des perfectionnemens, et peut-être n'en est-il aucune dont on puisse dire qu'elle a dégénéré (1).

___

(1) C'est pitié d'entendre des gens d'un esprit chagrin soutenir le contraire, et dire, par exemple, qu'on ne fait plus des étoffes aussi solides qu'autrefois. Cela peut être vrai de certaines étoffes

Le premier résultat de ces progrès inattendus est l'aisance plus répandue; un grand nombre d'hommes sont aujourd'hui mieux nourris, mieux vêtus, mieux logés qu'autrefois. Le second résultat est la richesse du trésor public : les impôts sont considérables, et jamais ils ne furent payés avec autant d'exactitude. La situation de la France est telle que ses habitans n'ont besoin que d'un seul bien, la sécurité, pour acquérir, en moins d'un demi-siècle, une prospérité dont peut-être aucun peuple n'offrit encore le modèle.

La principale cause de tant de progrès, au milieu de circonstances si défavorables, c'est la liberté donnée à l'industrie dans l'intérieur de l'État. Les arts étaient surchargés, en France, d'une multitude d'entraves. Les maîtrises, les jurandes, les communautés repoussaient des gens habiles, restreignaient les moyens d'accroître et de perfectionner les produits. Des règlemens oppressifs, des vexations multipliées dé solaient les fabriques et protégeaient la routine. Des

qui jadis se transmettaient de génération en génération. Si l'on n'en fabrique pas, c'est qu'elles ont cessé d'être du goût des consommateurs. Les femmes, sans doute pour mettre plus de variété dans leur toilette, préfèrent des soieries légères à des soieries d'une éternelle durée; on est libre de les blâmer, bien que je ne voie point de reproche à leur faire; mais ce n'est pas aux manufacturiers qu'il faut s'en prendre. Plusieurs d'entre eux fabriqueraient très bien les étoffes regrettées par quelques personnes, car ils ont autant et plus d'habileté que leurs devanciers.

barrières séparaient les provinces : un chariot de
marchandises, allant de Bretagne en Provence, était
visité huit fois, et payait sept droits différens. Lorsqu'on parcourt l'amas de règlemens, de prohibitions,
de priviléges qui pesaient sur notre industrie, il est
difficile de concevoir comment de tels fléaux ne l'a-
néantissaient pas.

On croirait qu'à la vue des prodiges obtenus de
nos jours, un hommage unanime s'élève pour célébrer la liberté de l'industrie. Il n'en est pas ainsi :
la plupart des hommes oublient aisément les souffrances qu'ont endurées leurs pères, et les seules qui
leur paraissent redoutables sont celles qu'ils éprouvent. Sous le joug des priviléges, on demandait la
concurrence; et des voix bruyantes crient aujour-
d'hui contre la liberté.

Les progrès dont j'ai parlé, la passion les nie, en
fermant les yeux à l'évidence; jamais on n'a tracé
des tableaux plus sombres de la misère publique.
Telle plaie particulière à telle branche de l'industrie
anglaise, à tel quartier de Londres, on nous la représente comme si elle existait en France, comme si
elle dévorait l'Europe et le globe. Partout il reste à
opérer de grandes améliorations, et partout les amis
de l'humanité doivent y concourir avec persévérance et dévouement. Mais, pourquoi la plupart des

hommes qui retracent des faits affligeans, ont-ils contracté la manie de les exagérer? Les uns, avec des intentions droites et des lumières, s'alarment trop de maux qui sont réels, mais non pas sans remède. D'autres, entraînés par le désir de réaliser quelque utopie, se plaisent à faire des récits qu'ils croient propres à provoquer ce qu'ils appellent une réorganisation sociale. D'autres enfin, seraient charmés d'agiter l'État, parce que toujours les troubles civils offrent des chances favorables aux ambitieux qui s'ennuient de n'être rien.

Après avoir excité l'effroi par des tableaux exagérés de nos misères, on exagère ce que nous possédons de liberté. En écoutant certaines déclamations, on croirait que notre indépendance est illimitée, absolue. Beaucoup d'entraves ont été détruites, et le public en recueille d'heureux avantages; mais l'industrie éprouve encore plus d'une restriction gênante dans l'intérieur de l'État, et que d'obstacles embarrassent, troublent, arrêtent le commerce extérieur! Quand les frontières de tous les pays sont couvertes d'agens qui signifient aux passans des prohibitions ou des droits, les hommes sérieusement occupés d'économie politique, ne sauraient dire que l'industrie est libre. Ainsi, à proprement parler, nous n'avons pas la liberté; et c'est elle qu'on accuse de tous les mécomptes qu'éprouve l'industrie !

Pour examiner sans partialité les questions que fait naître notre situation sous le rapport du travail, évitons le tort des gens qui semblent ignorer cette vérité triviale que tout a ses inconvéniens ici bas. La concurrence a les siens. Prenons un de ces exemples que chacun peut avoir sous les yeux. Un homme a fait une entreprise de voitures, pour transporter des voyageurs et des marchandises de telle ville à telle autre. Plusieurs années se sont écoulées ; son établissement prospère ; sa famille est heureuse. Un concurrent vient tout-à-coup lui enlever ses bénéfices, et mettre sa fortune en péril. On plaint cet homme à qui l'on s'intéresse, et dont le bien-être est compromis. Cependant, si le nouvel entrepreneur l'emporte sur l'ancien, malgré la supériorité que donnent les relations formées dès longtemps, c'est sans doute qu'il sert le public d'une manière plus rapide, ou plus commode, ou moins chère. Toutes ces conditions se trouvent peut-être réunies. Combien de voyageurs, de marchands, de consommateurs en profiteront ! Fallait-il les priver de nombreux avantages, empêcher le nouvel entrepreneur de gagner sa vie et celle de sa famille ? Fallait-il s'opposer aux progrès d'un genre d'industrie, à la facilité des communications ; et tout cela, pour que l'ancien entrepreneur pût à son aise continuer de s'enrichir, sans améliorer son établissement ? On n'aurait pas à le plaindre, s'il eût joui d'un privilége ; mais il faudrait plaindre d'autres hommes qu'il empêcherait de travailler ou forcerait à travailler pour lui. Dans les pays où la concurrence est interdite, on condamne l'intelligence et l'activité au profit de l'ignorance et de la paresse. J'ai raisonné dans l'hypothèse où le premier entrepreneur succombe ; cependant, il n'en est pas nécessairement ainsi. Les bénéfices de l'homme qui n'avait pas de concurrent, étaient élevés ; il baisse ses prix, il améliore son service, la facilité des communications multiplie les voyageurs, les deux entreprises prospèreront, et le public y gagnera.

Mais, l'encombrement des marchés où s'entassent des marchandises surabondantes, les crises commerciales qui en résultent, ne sont-ce pas les déplorables effets d'une liberté sans frein qui n'est que la licence?

Cette question appelle un sérieux examen. Pour raisonner avec justesse, ne discutez pas sous l'influence de la peur et du trouble ; ayez le sang froid du médecin qui observe la maladie dont il cherche le remède.

Je ne veux ni des *crises commerciales,* ni du *régime des communautés et des règlemens* : on n'est pas contraint d'opter entre ces deux fléaux.

Je ne m'étonnerai point si certains esprits, un peu routiniers malgré leurs connaissances, rendus timides par des déclamations, et même par leur amour du bien, s'alarment plus à l'idée de crises commerciales, qu'à l'idée d'entraves imposées à l'industrie. Non-seulement le premier de ces fléaux rappelle des souffrances récentes, mais encore il est de sa nature le plus propre à frapper l'imagination. Les communautés se présentent avec une apparence d'ordre; le monopole établit un malaise permanent, et pour ainsi dire régulier, qui pèse uniformément sur la vie entière. Les crises, au contraire, semblent arriver tout-à-coup; et troublent d'autant plus les esprits qu'ordinairement elles succèdent à des époques brillantes, où l'on rêvait une prospérité sans fin.

Ne cédons à aucun entraînement, et continuons d'observer: je ne compose pas, je décris. Il est évident qu'on ne parviendra jamais à proportionner exactement la fabrication aux besoins du marché, qu'elle sera toujours au-dessus ou au-dessous des besoins, et que la différence peut être légère ou considérable. Il est tout aussi clairement démontré à l'observateur impartial que, si la surabondance des marchandises ne dépasse pas certaines bornes, ses inconvéniens sont beaucoup moins préjudiciables que ceux d'une fabrication trop restreinte. Si les produits sont au-dessous des besoins, les ouvriers n'ont pas été occupés autant qu'ils auraient dû l'être ; la difficulté et la nécessité d'avoir du travail ont amené des réductions de salaires; la rareté des marchandises en a augmenté le prix, aux dépens des consommateurs, dont les uns payent trop cher, et dont les autres ne peuvent acheter. Quelques hommes, délivrés de la concurrence, gagnent seuls à ce désordre ; et, si l'on considère la masse des profits, on la trouve au-dessous de ce qu'elle devrait être. Lorsque au contraire la fabrication excède peu les besoins du marché, les pertes se réduisent à une faible diminution des profits qu'espéraient les manufacturiers et les commerçans.

Mais, lorsque la surabondance est folle, il en résulte des perturbations, qu'on ne doit pas cependant s'exagérer au point de supposer que tout remède soit préférable au mal qu'il s'agit d'éviter. Sans doute on parviendrait à prévenir tout encombrement des marchés, à force de réduire le nombre des producteurs et de comprimer l'industrie. Les partisans de ce système nous diraient alors : vous voilà garantis du fléau de la surabondance; ne craignez plus de spéculation imprudente, nos producteurs sauront bien éviter des encombremens qui compromettraient leur fortune. Ce langage ressemble beaucoup à celui-ci :

empêchons cette foule d'hommes de travailler, parce que leurs travaux pourraient n'avoir pas constamment la même activité. Ainsi, pour les empêcher de se mettre un jour dans l'embarras, vous les y jetez vous-mêmes dès aujourd'hui.

Diminution de l'approvisionnement, élévation des prix, voilà les effets du monopole. Ces effets sont un mal général qui frappe la société entière, tandis qu'il est impossible que des spéculations imprudentes mettent à la fois en souffrance, sur tous les points de l'État, toutes les branches d'industrie. Non-seulement ce mal est le plus général, il est encore le plus durable. Quand les entraves existent, rien n'est plus difficile que de s'en délivrer. Aussitôt qu'un administrateur annonce des vues favorables à la liberté du travail, il est assailli par les réclamations de tous les hommes intéressés à maintenir le privilége et la routine. Les membres des corporations se concertent, se liguent; ils appellent à leur aide les commis de bureau, et tout ce peuple de protecteurs, grands ou petits, qui sont bien aises d'avoir de l'influence. Les profits des abus servent à perpétuer les abus. Les esprits bornés, toujours prêts à croire que ce qui est doit être, et que les idées d'améliorations sont des rêveries, se livrent d'autant plus aux terreurs répandues par les membres des communautés, que ceux-ci se montrent convaincus que leur intérêt est l'intérêt général, qu'ils font valoir leurs connaissances mercantiles, leur longue expérience, et qu'ils sont habiles à grossir les inconvéniens inséparables des changemens même les plus utiles.

Pour avoir une idée de la violence des monopoleurs, lorsqu'ils s'imaginent qu'on attente à leurs droits, écoutons ce que disait de leurs réclamations, un inspecteur général des manufactures.

«... Est-il question d'autoriser à fabriquer les toiles peintes, dont un siècle d'atrocités n'avait pu ni empêcher l'introduction ni diminuer la consommation? Les privilégiés voient dans ce projet la subversion de toutes les lois, l'anéantissement du commerce, la dépopulation du royaume. De toutes parts ce ne sont que convocations, délibérations, députations, mémoires, cotisations, argent répandu, sollicitations de toute espèce.

« Rouen fait valoir la prospérité due à ses manufactures de cotonnades (1); et voit, si l'on permet les toiles peintes, son commerce désolé, ses métiers abandonnés, *les femmes, les enfans, les vieillards, plongés dans la misère, les terres les mieux cultivées*

_____

(1) Il est à remarquer que l'établissement de ces manufactures avait, quelques années auparavant, excité une opposition très vive.

retomber en friche, et la Normandie, cette belle et riche province, devenir déserte.

« La ville de Tours montre *les députés de tout le royaume gémissans, et voit une commotion qui occasione une convulsion dans le genre nerveux politique.* Reims présente sa requête signée de plus de cinquante marchands, qui disent nettement qu'on *veut leur ôter leur pain.* Lyon ne saurait se taire sur un projet *qui a répandu la terreur dans toutes les fabriques.* Paris *ne s'est jamais présenté pour une affaire aussi importante au pied du trône, que le commerce arrose de ses larmes.* Amiens *regarde la permission du port et usage des toiles peintes ou teintes, comme le tombeau dans lequel toutes les manufactures du royaume doivent être anéanties.* Ce mémoire, délibéré au bureau des marchands des trois corps réunis, également nourri de choses et soutenu dans le style, est ainsi terminé : *Au reste, il suffit pour proscrire à jamais le port et usage des toiles peintes ou teintes que tout le royaume frémisse d'horreur quand il entend annoncer qu'elles vont être permises... Vox populi, vox Dei !*

« On ne peut, sans pitié ou sans indignation, lire ce fatras, dont l'ignorance et l'audace forgeaient des volumes et remplissaient la France. Existe-t-il maintenant un homme assez insensé pour dire que les manufactures de toiles peintes n'ont pas répandu une main-d'œuvre prodigieuse, etc., etc. ? » (1).

Sous le régime de la liberté, aussitôt que l'industrie éprouve un revers, chacun en cherche le remède; et comme les esprits ont de l'activité, comme on est maître d'employer toutes les ressources qu'on parvient à découvrir, les obstacles sont surmontés et les malheurs réparés aussi promptement qu'il est possible. Mais quand les corps et leurs priviléges sont établis, ces fléaux pèsent longtemps sur la société; on en gémit sans pouvoir les détruire. Ainsi, dans un système, je vois des maux partiels et momentanés; dans l'autre, je vois un mal général et permanent. Tout, assurément, a ses dangers ; mais plus j'y réfléchis, plus je suis frappé des désordres auxquels on livre la société, lorsqu'on préfère les maux qu'enfantent les priviléges à ceux qu'entraîne la concurrence.

Les contrées soumises au monopole et celles où l'industrie est libre, présentent une différence analogue à celle qui existe entre ces pays malsains, où l'homme, sans cesse en lutte avec le climat, soutient péniblement sa vie, et ces contrées dont l'air salubre fortifie leurs habitans, qui seraient presque exempts

(1) *Encyclopédie méthodique,* partie *Manufactures, arts et métiers ;* au mot *Inspecteurs.*

de souffrances, s'ils avaient plus de sagesse et de lumières.

Sans doute, les observations précédentes ne feront supposer à aucun économiste que je ferme les yeux sur les désastres qu'entraînent les crises commerciales. Des esprits légers, superficiels, prétendent que les fausses spéculations qui ruinent des négocians, ont une grande utilité. « On ne jette pas, disent-ils, des marchandises qui surabondent, ou dont les frais ont été trop considérables pour qu'on puisse en être remboursé. Plutôt que de perdre tout, on vend à vil prix ; et ce qui fait la désolation des marchands profite à la multitude. Ce que les uns perdent, les autres le gagnent; et ceux-ci étant fort nombreux, il y a plus que compensation pour la société.» Sophisme odieux ou ridicule ! Une baisse de prix, naturellement amenée par les progrès de l'industrie, est très utile, chacun y gagne ; mais les catastrophes du commerce ont des effets bien différens. Les travaux dirigés avec sagesse sont les seuls qui fondent la prospérité publique ; et c'est s'abuser étrangement que de faire l'apologie de la témérité ou de la dissipation, en montrant les avantages qu'en retirent quelques personnes ; de tels avantages prouvent seulement qu'un mal n'est jamais absolu. Quand l'ignorance et l'avidité multiplient les fausses spéculations, bientôt des branches de commerce languissent, des ateliers se ferment, un grand nombre d'ouvriers se trouvent sans travail et sans pain : comment des maux si graves seraient-ils compensés par quelques encans à bas prix ?

Ces vérités sont de tous les temps, et plus que jamais nécessaires à rappeler, maintenant qu'une forte impulsion est donnée aux esprits, et que le défaut de beaucoup de gens est une aveugle confiance en eux-mêmes. L'impulsion dont je parle est précieuse; mais, pour qu'elle soit féconde et durable, il faut que la sagesse et les lumières la dirigent : c'est surtout lorsque de nombreux navires sont lancés sur les mers qu'il importe d'allumer les fanaux.

Tous les hommes sensés reconnaissent ces vérités ; mais ils diffèrent d'opinion sur les moyens de les mettre en pratique. Je vois dans les corporations un remède pire que le mal dont il s'agit de se garantir ; cependant, elles ont des apologistes qui les croient nécessaires pour former d'habiles ouvriers , pour empêcher les fraudes commerciales, pour mettre l'ordre dans la classe ouvrière, pour prévenir l'excès de fabrication. Je vais, d'abord , rappeler ce qu'étaient nos communautés, leurs priviléges et leurs règlemens; ensuite j'examinerai si les hommes qui se flattent de nous les rendre dégagées de tout ce qu'elles avaient d'oppressif, ne se font point illusion ; enfin , je chercherai quels moyens préviendraient les dangers qui se mêlent aux avantages de notre situation.

CHAPITRE V.

Des lois qui imposent des conditions pour être admis à travailler.

Sous le régime des corporations la durée de l'apprentissage était fixée ; le nombre des apprentis était limité ; on ne pouvait choisir son maître, il fallait entrer dans un des ateliers privilégiés où se trouvait une place vide ; heureux encore si l'on n'était pas forcé d'attendre. Que d'obstacles entre la main du pauvre, et le salaire qu'il a besoin d'apprendre à gagner !

J'éviterai de répéter ce que, dans d'autres ouvrages, j'ai dit sur l'instruction populaire (1). Les enfans prennent, dans les écoles, des habitudes d'ordre et de travail, dont l'influence peut s'étendre sur leur vie entière. Un certain développement de l'intelligence est nécessaire à la bonne conduite, aux mœurs de la classe ouvrière, non moins qu'au perfectionnement de l'industrie.

Il est des gens qui parlent de l'instruction d'une manière vague, et qui voudraient la répandre sans

(1) *De la Philosophie morale*, chap. xix. *Applications de la morale à la politique*, chap. viii.

5

mesure et sans but. Assurément, ils ont du zèle;
mais leur ignorance des intérêts de la société en fait
de véritables fléaux. Pour juger ce qu'il convient d'enseigner à des élèves, on doit se rendre compte de la
destination à laquelle il s'agit de les préparer. Bientôt, en procédant ainsi, on juge que, donner à la
classe ouvrière une instruction étendue, variée, ce
serait enlever des hommes à l'industrie, loin d'en
former pour elle. On causerait un grand préjudice
à la société, si l'on entraînait vers les colléges tous
les enfans dont les dispositions paraissent remarquables. Combien les progrès des arts usuels ne seraient-
ils pas retardés, si tous les jeunes gens intelligens
dédaignaient d'exercer des métiers et de travailler
dans les fabriques? Ajoutons que beaucoup de ces
jeunes gens auraient une existence misérable, car ils
ne pourraient ni se procurer des emplois, ni retourner à des travaux manuels. La société, après avoir
perdu les avantages qu'ils lui auraient procurés en
se livrant à des arts utiles, souffrirait encore des désordres auxquels se livreraient ceux qui resteraient
sans état, et sans ressources honnêtes pour gagner
leur vie.

Le pays où les lumières seraient vraiment répandues, serait celui où chacun aurait appris ce qu'il a
besoin de savoir pour remplir tous ses devoirs ici-bas.

Que l'enfant du pauvre reçoive des idées morales, que la religion les inculque dans son âme ; qu'il apprenne à lire, à écrire, à compter ; et, s'il n'est pas destiné aux travaux de la campagne, qu'on lui enseigne les élémens du dessin. Ces études le mettent plus en état d'apprendre un métier. Pour un assez grand nombre de travaux, un apprentissage régulier n'est point nécessaire ; pour les arts, dont les difficultés exigent un véritable apprentissage, les conditions doivent en être libres.

Des ouvriers, plus intelligens que les autres, veulent se perfectionner dans leur état. Les leçons gratuites de géométrie et de chimie appliquées aux arts, les cours spéciaux près de grands établissemens d'industrie, les écoles d'arts et métiers offrent des secours d'une haute utilité.

Quand l'ouvrier est habile et probe, si la législation lui permet d'exercer son métier comme il veut, d'en changer, d'en réunir plusieurs, d'aller partout où les besoins du consommateur l'appellent, il trouve à gagner sa vie : en même temps, la concurrence l'oblige à ne rien négliger pour offrir, à bas prix, des ouvrages bien faits.

Dans beaucoup de pays, cependant, on conserve les apprentissages forcés, les maîtrises, les jurandes ; et, comme autrefois en France, les marchands sont aussi, selon leurs genres de négoce, divisés en communautés privilégiées. Je ne crois pas même que de telles institutions furent indispensables pour guider les premiers pas de l'industrie. On a souvent donné des éloges aux règlemens de saint Louis. En effet, ils ne sont point dictés par un esprit fiscal, ils ont évidemment pour but de former d'honnêtes et bons ouvriers. Toutefois, on peut douter que les vrais moyens d'encourager les arts fussent connus à cette époque reculée. Ensuite, il serait démontré que ces règlemens ont contribué de la manière la plus heureuse à développer l'industrie naissante, devrait-on en conclure qu'ils sont également utiles quand l'industrie a pris l'essor ? L'homme fait ne peut plus reposer dans le berceau qui fut nécessaire à son enfance.

Louis IX avait trouvé les corporations établies ; elles s'étaient formées pour résister à l'oppression qu'exerçaient les seigneurs et les gens de guerre. On conçoit que les artisans réunis avaient plus de moyens, soit pour repousser les vexations, soit pour faire entendre leurs plaintes ; mais, quand les lois règnent, quand on n'a point à craindre la violence, les corporations ne font plus qu'opposer des obstacles à ceux qui voudraient, en travaillant, partager leurs gains; et, de protectrices qu'elles étaient, elles deviennent oppressives.

Prétendre que, dans les temps plus rapprochés de nous, les corporations ont été conservées ou formées dans des vues protectrices de l'industrie, ce serait substituer un roman à l'histoire. Henri III ne chercha que des ressources fiscales dans les maîtrises et les communautés dont il couvrit la France. Louis XIV obéré eut recours à des moyens du même genre : plus de soixante mille offices, tous onéreux pour l'industrie, furent vendus sous son règne.

Le gouvernement hésitait d'autant moins à multiplier de pareilles ressources, qu'il avait d'étranges idées de ses droits. Les modifications successives que ces idées ont reçues, sont assez curieuses. Henri III, dans un édit de 1581, profère ces mots épouvantables : permettre de travailler *est un droit domanial et royal*. Louis XIV restreint cette prétention révoltante : *il n'appartient qu'aux rois* , dit-il, *de faire des maîtres des arts et métiers* (édit de 1691). Louis XVI, dans un édit de 1776, rappelle les paroles de Henri III, sans les attribuer à un roi, et dit : *Nous nous hâtons de rejeter une pareille maxime.*

Opprimer l'industrie pour avoir de l'argent, c'est, comme on l'a dit avec justesse, dévorer les semences qui devaient produire la récolte. Cependant, lorsqu'un ministre veut asservir l'industrie, si les lumières ne sont pas très répandues, il trouve aisément des complices parmi les hommes industrieux. Des entrepreneurs jugent que, s'ils possédaient le privilége exclusif de tel genre de travail, ils auraient moins de peine et plus de profit : ils consentent à payer ce double avantage ; et l'autorité leur vend un monopole qu'ils exercent contre la classe laborieuse et contre le public.

Alors les ouvriers ne peuvent arriver à la maîtrise, s'ils manquent d'argent, ou si leur habileté inquiète les chefs des corporations. Combien d'hommes capables de se distinguer dans leur état sont ainsi condamnés à travailler, toute leur vie, au bénéfice d'autrui ! Observons encore que le nombre des entrepreneurs étant restreint, il devient plus difficile aux ouvriers de se procurer du travail, et plus facile aux maîtres de baisser les salaires : quelle complication d'iniquités !

Le public n'est pas moins victime du monopole. Il faut bien recouvrer sur les consommateurs l'argent payé à l'autorité. Supposons qu'elle n'en exige pas, qu'elle établisse les corporations dans des vues toutes paternelles, il y aurait encore à se faire rembourser les frais d'administration. La dépense qu'entraînaient les procès des communautés s'élevait, pour Paris, à plus de 800,000 fr. par an (1).

_____

(1) *Observations sur les maîtrises et les jurandes,* par M. Vital Roux, page 24.

Supprimons, si l'on veut, ces frais : les gens investis d'un privilége exclusif, ne sont-ils pas libres d'élever le prix de leurs ouvrages ainsi qu'il leur convient ?

Ces ouvrages plus chers sont moins bien faits que sous un régime de liberté. Pourquoi des monopoleurs s'efforceraient-ils de bien travailler ? c'est d'eux seuls qu'on peut acheter. Vainement dirait-on qu'il y a concurrence entre eux. L'industrie languissait , faute d'émulation, dans nos villes assujetties aux communautés. Les meilleurs ouvriers se trouvaient dans des faubourgs, sur lesquels ne s'étendait pas l'autorité des jurandes.

Observons que les membres des communautés se portent entre eux un préjudice réciproque. Les objets qu'ils achètent sont renchéris aussi bien que ceux qu'ils vendent, en sorte que les privilégiés sont, en dernier résultat, rançonnés les uns par les autres. Chaque marchand qui sollicite un monopole, ne voudrait d'exception à la liberté que pour son commerce, et prouve ainsi que la concurrence est dans l'intérêt universel.

On ne peut établir des corporations sans diviser les branches d'industrie. Cette séparation est trop contraire à la nature des choses pour ne pas entraîner une multitude d'abus. Il faut des inspections , des visites, des perquisitions, d'où résultent perte de temps, vexations, débats, procès. Souvent le consommateur est obligé d'employer plusieurs ouvriers, lorsqu'un seul ferait mieux, plus vite, à plus bas prix. Quelquefois même il est impossible de faire exécuter les ouvrages qu'on désire. La France fut longtemps privée d'inventions ou de perfectionnemens relatifs à l'art de vernir, à la fabrication des papiers peints, à celle des instrumens de physique et de mathématiques, etc., parce que des hommes pleins de mérite étaient poursuivis par des corporations ardentes à soutenir qu'ils empiétaient sur leurs droits.

L'administrateur qui divise les branches d'industrie entre un certain nombre de privilégiés, ne saurait éviter d'être mauvais distributeur du travail. Les circonstances, les besoins, les goûts changent : aussi n'est-il pas rare que, sous le joug des corporations, un genre d'industrie manque d'ouvriers, tandis qu'un autre en est surchargé. Avec la liberté, les ouvriers intelligens changeraient d'occupation ; mais quand les hommes sont parqués, il peuvent être contraints de rester oisifs et souffrans, à côté de travaux qui les appellent. Vainement le public mal servi se plaint-il ; ce n'est pas pour lui qu'existe l'industrie, elle est le patrimoine de quelques monopoleurs.

Souvent on a cité l'Angleterre où les arts florissent, et cependant où les anciennes villes conservent leurs corporations. Le pseudonyme John Nickolls connaissait bien l'Angleterre, il dit : « On remarque que les pauvres sont plus nombreux dans les villes où les manufactures sont incorporées, que dans les villes libres ; la taxe des pauvres y est d'un tiers plus considérable...... Notre commerce aurait eu des progrès bien lents si partout on eût gêné l'industrie. Manchester, Leeds, Birmingham, où il n'y a point de corporation, ont le premier rang parmi nos villes de manufactures. La paroisse de Halifax a, depuis quarante ans, vu quadrupler le nombre de ses habi-tans ; et plusieurs villes, sujettes aux corporations, ont éprouvé des diminutions sensibles... Les mai-sons situées dans l'enceinte de Londres se louent mal, tandis que Westminster, Southwark et les au-tres faubourgs prennent un accroissement continuel : ils sont libres ; et Londres a quatre-vingt douze de ces compagnies exclusives de tous genres, dont on voit les membres orner, tous les ans, d'une pompe dé-sordonnée le triomphe du lord-maire(1). »

Le monopole réduisant le nombre des entrepre-neurs, il est possible qu'on voie moins de faillites que si chacun était libre de tenter la fortune. C'est à

---

(1) *Remarques sur les avantages et les désavantages de la France et de la Grande-Bretagne,* etc., pages 210 et 212.

peu près comme si l'on faisait observer que la mortalité doit être moins grande sur dix individus que
sur trente.

J'accorde cependant que ce régime peut éloigner
des affaires un certain nombre de gens tarés, d'imprudens et même d'ignorans, qu'il peut donc empêcher quelques hommes de courir à leur perte. Mais,
quelle foule d'autres hommes il met dans l'impossibilité de gagner leur vie ou d'accroître leur bien-être !
Que de victimes, depuis ces pauvres ouvriers auxquels on interdit le travail, ou qu'on réduit à vivre
d'un trop faible salaire, jusqu'à ces riches capitalistes et ces ingénieux inventeurs, qui ne peuvent se
livrer à des travaux dont la société entière recueillerait avec eux les fruits ! Un pareil régime empêche
quelques individus sans probité de spéculer, et de
voler des commerçans honnêtes ; mais c'est en donnant à d'autres hommes le privilége de dépouiller ou
de rançonner la société entière. Pour la garantir de
quelques délits, qu'on préviendrait ou qu'on répri-
merait par de sages lois sur les faillites et les ban-
queroutes, combien les obstacles opposés à l'exercice
de l'industrie ne répandent-ils pas de misère et de
vices ?

On parle de veiller à la bonne foi des vendeurs. Je
ne rappellerai pas que souvent les chefs des commu-

nautés employèrent pour faire impunément la fraude, l'autorité qui leur était confiée pour la réprimer ; mais je demande si ce n'est pas une fraude permanente que le surhaussement de tous les prix qui résulte du monopole. On craint que les fabricans, les ouvriers ne trompent quelquefois le public ; et on leur donne les moyens de le tromper sans cesse, en les débarrassant de la concurrence.

Quelques personnes prétendent que les communautés sont nécessaires pour maintenir l'ordre parmi les ouvriers. Si je considère l'ordre dans ses rapports avec le travail, puis avec la tranquillité publique, je vois que les communautés sont tantôt inutiles et tantôt dangereuses.

Les bases de notre législation relative à l'industrie sont très bonnes ; elles ont été posées, sous le Consulat, par des hommes fort éclairés, qu'un excellent esprit animait ; ils voulaient l'ordre et savaient respecter la liberté (1). La loi intervint dans les apprentissages, pour assurer la fidélité due aux contrats, et pour annuler les clauses abusives. L'obligation imposée à chaque ouvrier d'être porteur d'un livret, est une mesure très sage. Les droits des fabricans sur

(1) C'étaient MM. Chaptal, Vincent, Costaz aîné, Anthelme Costaz, B. Delessert, Scipion Périer, Joseph Montgolfier, Molard, Conté, etc.

leurs marques furent garantis; on créa l'institution des prud'hommes que la France possède seule ; une loi sévère, mais juste, fut portée contre les coalitions des ouvriers et contre celles des maîtres etc., etc. Si comme je n'en doute pas, plusieurs parties de cette législation ont besoin d'être complétées ou rectifiées, on doit y pourvoir ; mais formons des vœux pour que les hommes qui s'en occupent, soient toujours guidés par les principes qui dirigeaient ceux auxquels je viens de rendre hommage.

Ce n'est pas un sûr moyen de rendre les hommes faciles à conduire que de leur donner l'esprit de corps. Le débris le plus remarquable qui nous reste de l'ancien régime de l'industrie, est le compagnonage. On sait combien il est fécond en scènes hideuses et déplorables. Les compagnons d'un même métier forment diverses associations, qui portent des noms bizarres, dont ils croient savoir l'origine. Les membres de chaque association exècrent les autres ; ils ont, pour se reconnaître, des espèces de signes maçonniques ; s'ils se rencontrent sur une route, ils se battent avec férocité ; ils se poursuivent dans les villes, et voudraient s'exclure les uns les autres du travail. Rien ne rappelle autant la barbarie des temps d'ignorance. Ni la police, ni les tribunaux, ne sont encore parvenus à prévenir ou à réprimer ces rixes sanglantes. De folles haines continuent de s'envenimer, malgré les efforts que des compagnons très estimables font avec zèle, pour changer les fatales et basses habitudes que d'autres s'obstinent à conserver.

Plus d'une page de notre histoire prouve que, dans les temps agités, les corporations peuvent devenir des foyers de troubles. Marcel leva trois mille hommes dans les corps d'arts et métiers. Charles VII, menacé par les communautés, prit le parti de les dissoudre; mais leur suppression ne fut que momentanée; on les voit reparaître en armes, dans la Ligue et dans la Fronde.

Je compléterai ce chapitre, en indiquant quelques restrictions que doit admettre la liberté du travail : je les crois très rares. Observons que bien des personnes, faute d'avoir des idées nettes, imputent à la liberté tels abus réels ou possibles, contre lesquels il faudrait l'invoquer. Le principe, *laissez faire, laissez passer*, est souvent attaqué par des gens qui ne le comprennent même pas. Il y a peu d'années, un homme voulut s'emparer de tout le roulage de France; il eut le sort ordinaire des faiseurs d'entreprises gigantesques, il se ruina. Mais, s'il se formait des coalitions redoutables, si les grands capitaux venaient à dévorer les petits, et qu'il fallût réclamer le secours des lois contre les accaparemens et le monopole, que dirait-on aux grands capitalistes? Les mêmes paroles que, sous Louis XV, les premiers économistes disaient aux chefs des corporations : *N'empêchez pas les gens moins riches que vous de gagner leur vie; laissez faire, laissez-passer.*

La loi qui protége les enfans dans les manufactures, ne blesse ni l'autorité légitime des pères, ni la liberté des conventions mercantiles. Le législateur laisse débattre librement les conditions du travail; mais il proclame ce fait, que la vie et la santé des enfans ne sont pas des objets de trafic.

L'économiste s'abuserait en prenant la liberté pour un but; elle est un moyen, le but c'est le bonheur social. Si donc la liberté compromet en quelques points, la morale ou la sûreté publique, on doit la soumettre à des restrictions. Mais, comme il est évident que l'industrie est une des grandes sources de prospérité, et qu'elle ne peut se développer que sous un régime libre, il faut que la nécessité des exceptions ait de même un caractère d'évidence.

Par exemple, il est évident qu'on ne peut laisser libre une profession qui consiste à préparer des médicamens, et qui permet de vendre des poisons. Ceux qui veulent l'exercer doivent à la société une garantie de leurs lumières et de leur probité.

La législation a rendu plus ou moins difficile l'accès de plusieurs professions. Les unes (celles d'avocat, de médecin), reçoivent tous les hommes qui se présentent et qui remplissent les conditions prescrites. D'autres, (celles de notaire, d'avoué, d'agent de change), n'admettent qu'un certain nombre de membres déterminé par la loi. On a craint que si les bénéfices se divisaient trop, quelques individus ne recourussent pour les accroître, à des moyens illicites. On est allé plus loin ; on a permis aux titulaires des places dont je parle de les transmettre, de les vendre, on a créé des charges dont le prix devient exorbitant. Alors, que d'intrigues pour se procurer les sommes nécessaires à leur acquisition ! Combien de spéculations sur l'acte de la vie qui devrait le moins en être une ! S'il a fallu emprunter, c'est aux cliens à rembourser les créanciers. Si l'on possédait la somme exigée, il faut que le public en paie chèrement l'intérêt. Ces avances énormes annoncent une fortune qui permet, qui semble commander de grandes dépenses. Que de piéges tendus aux titulaires ! De quels moyens plus actifs pourrait-on faire usage, si l'on voulait exciter des hommes à devenir avides, à mépriser le désintéressement, à fermer leur âme à la délicatesse ? Cependant, lorsque la vente de ces charges a été autorisée, le mal est presque sans remède ; ces charges sont,

pour ceux qui les ont acquises, de véritables propriétés; et le gouvernement ne pourrait les dépouiller
de ce caractère, sans se résoudre à d'énormes sacrifices.

Il y a des grandes villes où quelques genres de
commerce, nécessaires à leur approvisionnement,
ne sont pas libres; l'autorité en confie l'exploitation
à un certain nombre de marchands. Accorde-t-on
ce privilége, pour obliger ceux qui l'obtiennent à
remplir des conditions qu'exigent le bon ordre et
l'intérêt public? Il serait aussi facile, en même temps
plus juste et plus avantageux, de soumettre à ces
conditions tous ceux qui voudraient exercer les genres de commerce dont il s'agit. Ce n'est pas sans
doute pour se procurer, sur tel objet, un revenu mu-
nicipal? La concurrence n'empêcherait point de percevoir une taxe, et la rendrait plus lucrative. Est-ce
par crainte que des approvisionnemens ne viennent
à manquer? On a dit avec justesse : « Les denrées
se portent d'elles-mêmes, pour ainsi dire, sur un
marché d'un million de consommateurs; il suffirait
presque à l'autorité de ne pas les repousser (1). » Des
administrateurs, pleins d'expérience, sont convaincus de cette vérité; mais ils craindraient d'exciter

---

(1) *Etudes administratives*, par M. Vivien, p. 389.

des alarmes, s'ils rejetaient les précautions en usage; ils se bornent à donner des adoucissemens au monopole, à faire des exceptions utiles ; et sans doute ils élargiront de plus en plus la voie qui mène à deux grands bienfaits de la liberté : l'abondance et le bon marché.

En général, les gouvernemens se réservent quelques fabrications. Je n'en aperçois qu'une seule qui, dans l'intérêt public, doive nécessairement appartenir à l'État : c'est celle des monnaies. Quoique plus d'un prince en ait abusé d'une manière honteusement criminelle, l'État donne une garantie plus sûre que ne pourraient le faire des particuliers, lorsqu'il appose sur les monnaies l'empreinte destinée à constater leur valeur.

Quand les gouvernemens s'emparent d'une fabrication, ils dépouillent les producteurs; et, trop souvent, ils servent mal les consommateurs. Pourquoi, en France, l'autorité fait-elle seule fabriquer la poudre? Ma question ne peut surprendre que ces gens toujours persuadés que les choses ne sauraient se passer autrement qu'elles se passent sous leurs yeux. En laissant libre ce genre d'industrie, on aurait de la poudre en plus grande abondance, moins chère et meilleure. Il suffirait de prévenir les dangers de cette fabrication, en la soumettant à des règle-

mens, de même qu'il en existe pour les manufactures insalubres ou incommodes. Si, pour refuser de
rendre libre cette industrie, l'administration fait valoir
des motifs politiques de tranquillité intérieure, je reconnais qu'il est des questions dont l'autorité seule
est juge, et sur lesquelles n'a point à prononcer la
science qui nous occupe.

Lorsque l'autorité se mêle d'un genre de fabrication, j'excepte les monnaies et ce qu'exige la sûreté
publique, elle doit laisser du moins la liberté d'entrer en concurrence avec elle. La France a ses ingénieurs des Ponts-et-chaussées ; mais les particuliers, les compagnies peuvent charger de leurs travaux des hommes étrangers à ce corps. Il y a des
ingénieurs libres ainsi que des ingénieurs de l'État ;
l'émulation s'établit, et tous les talens se développent.

Les hommes qui nous apportent des produits ou
des procédés nouveaux, ont le droit de recueillir le
fruit de leur talent ou même d'un heureux hasard.
Quelques personnes voudraient que le gouvernement
achetât les inventions utiles, pour les répandre sans
retard. C'est une de ces idées spécieuses qui ne peuvent se réaliser. En général, ou le gouvernement
donnerait trop, ou l'inventeur recevrait trop peu ;
une des deux parties serait lésée. D'autres personnes

voudraient qu'une invention ne cessât jamais d'appartenir à son auteur. Mais il n'est pas le seul qui pouvait s'élever à cette découverte ; et le champ que parcourt l'intelligence ne doit pas se diviser en propriétés particulières. Les lois concilient sagement les divers intérêts, en accordant aux auteurs de découvertes un privilége exclusif, mais temporaire. On donne aussi des brevets de perfectionnement et d'importation. Ces derniers sont peut-être plus nuisibles qu'utiles lorsque les communications sont devenues faciles, que les capitaux sont abondans, et que les esprits ont une grande activité.

Je reviens à mon sujet principal, aux vexations que notre industrie subissait ; j'en ai retracé beaucoup, et je n'en ai fait voir encore qu'une partie.

CHAPITRE VI.

Des Règlemens de fabrication.

L'autorité imposait des règlemens pour assurer *la bonne fabrication*. Quel sens faut-il attacher à ces mots? On peut considérer la fabrication en elle-même, et chercher de quelles qualités résulterait sa bonté absolue; on peut la considérer dans ses rapports avec les goûts des consommateurs, et s'occuper des qualités qui lui donnent une bonté relative.

L'administrateur choisit-il le premier point de vue? Prétend-il indiquer la meilleure fabrication possible? D'où la connaît-il? Qui la lui a révélée? La bonté qui nous paraît absolue est elle-même relative. La fabrication la moins imparfaite aujourd'hui peut être demain surpassée. Singulier moyen de perfectionner les arts que de leur interdire les perfectionnemens!

Pour qu'il naisse de très beaux produits, il faut que l'instruction se répande, et que le talent s'exerce en liberté. Les règlemens agissent en sens contraire de l'instruction et du talent. Observons aussi qu'on ne doit pas attacher à la beauté des marchandises une trop haute importance. Il est utile d'avoir une certaine quantité de très beaux produits ; ces merveilles de l'industrie appellent l'attention de l'étranger sur le pays qui les fait naître. Ajoutons qu'une manufacture perfectionnée en améliore beaucoup d'autres. L'imitation fait parvenir, de proche en proche, dans les manufactures inférieures, les procédés qui rendent leurs ouvrages plus utiles ou plus agréables. On finit par offrir aux classes les moins riches des étoffes mieux faites, des meubles de meilleur goût ; et l'air d'aisance qui flatte de plus en plus les regards, atteste le bien-être d'une population nombreuse. Non-seulement il faut de la liberté pour obtenir des produits très beaux, mais, pour qu'on le imite, il faut encore de la liberté. Sans l'influence que ces produits très perfectionnés exercent sur les autres, ils ne mériteraient pas un grand intérêt ; ils servent à peu de personnes, et leur valeur est faible dans la masse des richesses. Les chefs-d'œuvre de la typographie, par exemple, sont des monumens élevés à la gloire d'écrivains illustres ; une pareille destination suffirait pour les rendre précieux, et ce sont aussi des modèles qui servent à perfectionner un des arts les plus dignes d'intérêt et d'encouragement. Mais, sous d'autres rapports, ces magnifiques volumes sont presque inutiles. On imprime des livres pour répandre l'instruction et pour accroître la richesse commerciale. Sous ce double point de vue, les chefs-d'œuvre typographiques ont bien peu d'importance, comparés à cette multitude de volumes qui circulent dans un si grand nombre de mains, et qui font vivre tant de milliers d'ouvriers.

Au lieu de chercher la perfection des produits, l'administrateur qui fait des règlemens veut-il mettre la fabrication en rapport avec les goûts des consommateurs? Comment peut-il savoir les goûts que nous aurons? il ne sait pas même ceux que nous avons. L'éclat, la solidité, le bas prix sont trois qualités des produits, dont chacune doit, aux yeux d'un certain nombre d'acheteurs, l'emporter sur les deux autres.

Un pays bien approvisionné est celui où l'on trouve des marchandises tellement variées, qu'il en existe pour tous les goûts et pour tous les degrés de fortune. Lorsqu'il s'agit de connaître les besoins, d'en éveiller de nouveaux, rien ne supplée à l'intérêt des manufacturiers et des commerçans. On ne peut concilier, avec des goûts changeans, des règlemens immobiles.

Dire que l'autorité fera des règlemens nouveaux, selon les besoins du commerce, ce serait dire une absurdité. Des modifications continuelles sont nécessaires dans un grand nombre de fabriques. L'administration ne peut agir qu'après avoir recueilli des renseignemens nombreux, qu'il faut examiner, puis discuter ; et quand les opinions opposées ont été débattues, quand on prononce qu'un règlement nouveau remplacera l'ancien, les goûts qu'il fallait satisfaire n'existent plus, ou le commerce a dirigé ses demandes vers une autre contrée.

Le nom de Colbert couvrit longtemps, aux yeux de beaucoup de personnes, les vices des règlemens. Gardons-nous d'accuser avec légèreté ce grand homme ; n'oublions pas qu'il a créé l'industrie en France, puisque nous n'avions avant lui que de grossières fabriques. La population à laquelle s'adressait le ministre de Louis XIV, était très différente de celle qui nous entoure ; son intelligence était bien moins développée, l'instruction était bien plus difficile à répandre. Colbert se proposa deux objets : il voulut enseigner la fabrication aux Français, et faire connaître à l'étranger les produits de leurs manufactures nouvelles. Ses règlemens, qui depuis ont retenu l'industrie sous le joug de la routine, combattaient alors la routine. Toutefois, était-il impossible de développer l'industrie par des moyens plus sages que ceux dont se servit Colbert ? Ses enthousiastes l'affirment ; je suis loin de l'assurer. Son erreur fut, je crois, d'être trop frappé de l'idée que, pour inspirer aux étrangers une pleine confiance dans nos talens et notre bonne foi, il fallait que nos produits fussent toujours uniformes. Cette idée fausse l'empêcha de remédier aux vices du régime réglementaire, soit en admettant la concurrence de la fabrication libre, soit en n'attachant à ses prescriptions que l'importance qu'on accorde à des mesures transitoires. Peut-être aussi le plus grand mal est-il que ce ministre n'ait pas assez vécu pour achever ses travaux. Son instruction de 1669, annonce qu'il n'avait point une aveugle confiance dans la lettre des règlemens. L'homme d'État qui voulut toujours donner des véhicules à l'industrie, n'eût pas conservé ceux qu'il aurait vus se transformer en entraves ; et peut-être les arts auraient-ils obtenu de son génie la liberté, comme ils en avaient reçu les premières instructions.

Les successeurs de Colbert, loin d'être ses dignes héritiers, exploitèrent l'industrie dans des vues fiscales. Cependant, à mesure que les lumières se répandaient, les réclamations devenaient plus nombreuses. En 1779, le gouvernement autorisa la fabrication libre, en réservant une marque aux marchandises conformes aux règlemens. La fabrication libre fut généralement préférée ; mais l'intérêt d'un certain nombre d'individus, leur crédit et leurs intrigues, firent bientôt replonger l'industrie dans le chaos des règlemens (1780 et 1781).

Les succès d'un peuple voisin auraient dû, cependant, éclairer l'administration française. Une des grandes causes de la prospérité des Anglais, c'est qu'ils ont joui, bien avant nous, de la libre fabrication. Au dix-septième siècle, leur révolution fit disparaître les règlemens ; leurs manufacturiers n'eurent à consulter que le goût des acheteurs ; et nous les avons vus s'emparer de nombreux débouchés que nous fermait la routine. Nos fabricans ont été comparés à des hommes qu'on chargerait de fers, et qu'on enverrait disputer le prix de la course.

Pour veiller à l'exécution de nombreux et minutieux règlemens, pour prévenir, disait-on, les fraudes, chaque communauté avait des maîtres-gardes, des grands jurés et des petits jurés, des jurés généraux et des jurés particuliers, des visiteurs, des contrôleurs, des marqueurs, etc. La génération actuelle conserve à peine une idée de l'oppression qui pesait sur l'industrie française. « J'ai vu, dit un inspecteur général des manufactures, j'ai vu couper par morceaux, dans une seule matinée, quatre-vingts, quatre-vingt-dix et jusqu'à cent pièces d'étoffes. J'ai vu enouveler cette scène, chaque semaine, pendant

6

nombre d'années. J'ai vu confisquer plus ou moins
de marchandises, avec amendes ; j'en ai vu brûler
en place publique, les jours de marché ; j'en ai vu
attacher au carcan, avec le nom du fabricant, et
menacer celui-ci de l'y attacher lui-même, en cas
de récidive. J'ai vu tout cela à Rouen ; et tout cela
était voulu par les règlemens, ou ordonné ministé-
riellement ; et pourquoi ? Uniquement pour une matière inégale, ou pour un tissage irrégulier, ou pour
le défaut de quelque fil en chaîne, ou pour celui de
l'application d'un nom, quoique cela provînt d'inat-
tention, ou enfin pour une couleur de faux teint,
quoique donnée pour telle.....

« J'ai vu faire des descentes chez des fabricans,
avec une bande de satellites, bouleverser leurs ateliers, répandre l'effroi dans leurs familles, couper
des chaînes sur le métier, les enlever, les saisir ; as-
signer, ajourner, faire subir des interrogatoires, confisquer, amender, les sentences affichées, et tout ce
qui s'ensuit, tourmens, disgrâces, honte, frais, discrédit, et pourquoi ? Pour avoir fait des pannes en
laine, qu'on faisait en Angleterre, et que les Anglais
vendaient partout, même en France ; et cela, parce
que nos règlemens ne faisaient mention que des
pannes en poil. J'en ai vu user ainsi pour avoir fait
des camelots en largeurs très usitées en Angleterre,

en Allemagne, etc., et d'une abondante consommation en Espagne, en Portugal et ailleurs, demandées
en France par nombre de lettres vues et connues ; et
cela parce que les règlemens prescrivaient d'autres
largeurs... J'ai vu tout cela et bien pis, etc. (1). »

Le nombre et la continuité de ces vexations prouvent que les règlemens, leurs sbires et leur justice
arbitraire, ne garantissent pas des fraudes et des
bévues. Je dis plus ; si cette guerre de l'administration contre l'industrie prévient ou réprime quelques
fraudes, elle en fait naître d'autres. Un régime sous
lequel les hommes industrieux sont traités avec in-
dignité, ne saurait les disposer à la délicatesse. Pour
répandre la probité parmi les hommes, ce sera toujours un mauvais moyen que de les dégrader. Cette
inquisition excite le désir de s'y soustraire ; elle en
prépare elle-même les moyens : ses agens ne font
pas un métier assez honorable, assez lucratif, pour les
mettre à l'abri de la séduction ; et tout cet appareil
de surveillance donne aux acheteurs une sécurité qui
rend ceux-ci plus faciles à tromper.

La fraude qui résultait de la violation des règlemens était un délit créé par les lois. Qu'un homme
fabrique de la manière qu'il sait convenir aux goûts

_____

(1) *Encyclopédie méthodique*, au mot *Manufactures*.

des consommateurs et à ses intérêts, il agit sagement;
il ne devient un fraudeur que dans le cas où il veut
faire passer ses produits pour différens de ce qu'ils
sont en réalité. Ce principe incontestable amène
très naturellement à penser que, pour réunir tous les
avantages, il faudrait laisser une entière liberté de
fabrication et s'assurer, par une juste surveillance,
de la bonne foi des vendeurs.

A Dieu ne plaise que je parle avec légèreté de la
fraude, telle que l'explication précédente nous la fait
concevoir! La fraude dégrade ceux qui s'y livrent,
nuit aux consommateurs, et porte préjudice aux
commerçans honnêtes, dont les marchandises peuvent rester en magasin, tandis que des fripons atti-
rent le public par des prix modiques en apparence,
ou par d'autres appâts mensongers. Cependant, il y
aurait une insigne folie à tenter de prévenir toutes
les fraudes par des actes de surveillance ; ce serait,
sans atteindre le but, désoler l'industrie. Si les ca-
baretiers, gens qui par état servent des ivrognes, ré-
pugnent aux visites des agens du pouvoir, que serait-
ce des commerçans les plus honorables? N'allons pas
les opprimer, sous prétexte de leur porter secours.

Il existe une surveillance naturelle de l'acheteur
sur le vendeur. Quand l'industrie est libre, cette surveillance s'exerce mieux ; les acheteurs donnent plus

d'attention aux produits, ils ont généralement plus
de connaissances que sous une administration qui se
charge de tout prévoir, de tout régler et de tout garantir. Un moyen de surveillance, et certes le meilleur, est de ne choisir ses marchands et ses ouvriers
qu'après avoir pris des informations suffisantes
sur leur bonne foi, sur leur probité. La principale
source du bon ordre dans la société, naît du soin
que le père de famille met à régler sa maison. Il
doit conserver, autant qu'il le peut, les mêmes marchands, les mêmes ouvriers ; il doit chercher à se les
attacher par de bons procédés, par quelques services
obligeamment rendus. Si, cependant, un d'eux ne
mérite pas la confiance, non-seulement il faut le quitter, mais il faut prévenir les personnes qui, dupes
elles-mêmes, ont donné des renseignemens inexacts.
On aurait tort de se taire par une indulgence mal entendue ou par une vaniteuse indifférence. Il doit
exister plus de franchise et de fermeté, plus de soins
des particuliers pour le public sous un régime de liberté, que sous celui où l'on craindrait, en se plai-
gnant, de paraître seconder les recherches d'une
police vexatoire. Les hommes qui veulent répandre
la morale, sont obligés de prouver, en toute occasion,
à la classe industrieuse, que la mauvaise foi fait gagner peu et perdre beaucoup. C'est une de ces

vérités que l'instruction devrait rendre populaires :
qu'enseigne-t-on, si on les néglige ?

La surveillance naturelle ne remédie pas à toutes
les fraudes ; et l'on a demandé si le manufacturier
ne pourrait, en conservant toute liberté dans ses travaux, donner une garantie de bonne foi dans ses
ventes. Ce sujet est plus délicat qu'on ne le suppose
au premier coup-d'œil. Si, par exemple, on veut rendre obligatoires des marques qui seront appliquées
par le fabricant lui-même sur ses produits, en signe
de leur bonne confection, ce qu'il y a de plus simple et
de plus inoffensif assurément, c'est d'exiger que tout
manufacturier mette son nom et celui de sa fabrique
sur les marchandises qui sortent de ses ateliers ; c'est
lui dire : faites estimer votre nom ; il attirera ou re-
poussera les acheteurs, selon que vos produits les auront ou ne les auront pas satisfaits. Cette disposition
semble ne présenter aucun inconvénient. Eh bien, si
j'apprenais qu'elle est impérative, et que nos fabricans les plus distingués s'y soumettent sans répugnance, j'éprouverais de l'étonnement et de la honte.
Une négligence, l'ignorance ou la maladresse d'un
ouvrier, des causes fortuites qu'on ne saurait prévenir, peuvent rendre la fabrication mauvaise ou infé-
rieure à ce qu'elle est ordinairement. Le manufacturier
jaloux de sa réputation, plutôt que d'attacher son nom

à de tels produits, préférerait les détruire; il les vend sans y mettre sa marque; il fait au marchand qui les achète, une baisse de prix dont certains consommateurs sont fort aises de profiter : il n'y a point là de fraude, et tous les intérêts sont conservés.

S'il est une circonstance où l'intérêt public paraisse exiger que le gouvernement appose sur des marchandises sa garantie de leurs qualités, c'est lorsqu'il s'agit d'un commerce lointain que compromettraient ceux qui n'apporteraient pas une grande fidélité dans leurs envois ; les fraudes de quelques-uns entraîneraient des pertes pour tous. Cependant, même dans ce cas, si l'administration ne sait point concilier avec la liberté les précautions jugées nécessaires, elle produira souvent des effets opposés à ceux qu'elle espère. On ferait une longue nomenclature des branches de négoce que l'industrie française perdit, ou ne put acquérir, lorsqu'elle était soumise aux règlemens. Nos commerçans envoyaient des ciseaux non trempés au Levant et dans la Perse. Plusieurs villages du Forez devaient l'aisance à cette industrie qui leur fut interdite, parce que, disait-on, la coutellerie trempée est la seule qui soit bonne. Non-seulement les ciseaux trempés parurent trop chers aux Orientaux; mais, comme ils étaient plus cassans, ils étaient réellement moins bien fabriqués

pour eux. Des ingrédiens de *petit teint* étaient nécessaires pour donner, à des étoffes du Languedoc,
les couleurs tendres qui plaisaient aux Lévantins : nos
règlemens défendaient ce genre de teinture ; les Anglais l'employèrent et vendirent. Nous ne pouvions
fabriquer des *pannes* qu'en poil de chèvre ; les Anglais en fabriquèrent de laine, à trente pour cent
meilleur marché ; ils eurent seuls du débit à l'étranger. Les Espagnols demandèrent à nos manufactures des draps et des velours, dans des dimensions
qui n'étaient pas celles que prescrivaient les règlemens. Il fallut renvoyer ces demandes : les Espagnols les portèrent aux Anglais, qui se trouvaient
toujours là pour profiter des fautes de nos ministres.

On a beaucoup parlé des pertes éprouvées, depuis
la révolution, par notre commerce de draperie avec
le Levant : sa décadence est antérieure de plusieurs
années à 1789, et nos règlemens en furent la première cause. Tandis qu'on nous répétait sans cesse
que les Lévantins ont des goûts invariables, les fabricans d'Aix-la-Chapelle et de Verviers l'emportè-
rent sur nous en expédiant des produits qui avaient
plus d'éclat et qui étaient à meilleur marché que les
nôtres. Après la tourmente révolutionnaire, qui
acheva la ruine de notre commerce, par le déborde-
ment de la mauvaise foi, lorsque le gouvernement

porta ses regards sur la situation de l'industrie, beaucoup de négocians du Midi demandèrent que les règlemens fussent rétablis pour les draps destinés au Levant. Aix-la-Chapelle et Verviers faisaient alors partie de la France ; leurs représentans expliquèrent très bien que cette branche de commerce n'était point perdue pour l'Occident, mais qu'elle avait passé, des fabricans routiniers, à ceux qui satisfaisaient le mieux et au moindre prix les consommateurs lointains. Le gouvernement jugea convenable de ne heurter aucune opinion : sans gêner la fabrication libre, il autorisa ceux qui croiraient plus avantageux de suivre les anciens règlemens, à présenter leurs produits à des commissaires qui, après vérification, apposeraient une estampille.

Les fabricans doivent avoir la liberté de mettre sur leurs produits les indications qu'ils jugent utiles, pour en faire connaître l'origine ou certaines qualités. Honneur aux chefs d'industrie dont le nom suffit pour garantir une bonne fabrication ! C'est la juste récompense d'une réputation laborieusement acquise par le talent et l'intégrité. Les marques particulières d'un fabricant sont pour lui une importante propriété ; les contrefaire, c'est se rendre coupable d'un délit très grave, c'est commettre un faux.

Le manufacturier peut, à son gré, employer ou ne

6.

pas employer ces marques : l'intérêt public exige-t-il qu'on lui en impose d'obligatoires? Lorsque deux circonstances se trouvent réunies, lorsqu'une qualité est essentielle à une marchandise, et qu'il est impossible à l'acheteur de reconnaître lui-même l'existence de cette qualité, je trouve naturel qu'on recoure à l'autorité publique, pour obtenir une garantie contre la fraude : ainsi, la marque des ouvrages d'or et d'argent est nécessaire. La véritable question est celle de savoir si les circonstances qui appellent l'intervention de l'autorité sont fréquentes.

Chaptal unissait les connaissances du fabricant aux lumières du savant et à celles de l'administrateur; il adoptait, sur les marques obligatoires, le principe que je viens de rappeler; mais ses observations le rendaient convaincu que les applications utiles en sont très rares. Il avait fait prescrire des marques pour différentes espèces de savon. Il avait proposé deux autres applications du principe admis. L'une aurait obligé les fabricans à distinguer par des lisières les étoffes de *bon teint* de celles de *faux teint,* et du mélange de *bon teint* et de *petit teint.* L'autre était destinée à prévenir le défaut des draps qu'en termes de commerce, on nomme *ribotés* ou *fraisés.* De ces trois applications, la première est tombée en désué-

tude (1) ; les deux autres parurent avoir plus d'inconvéniens que d'avantages, et ne furent pas imposées par l'autorité.

Les observateurs impartiaux des intérêts de l'industrie et des consommateurs, en admettant les marques obligatoires dans des cas exceptionnels, re-
pousseront toujours le système que, depuis peu de
temps, un certain nombre de personnes s'efforcent
de faire prévaloir, et qui consisterait à marquer tous
les produits fabriqués. Ceux qui tenteront de réaliser
ce système, entreront dans un dédale, d'où ils ne
sortiront pas.

D'abord, une objection se présente : il y a beaucoup
de produits des fabriques, impossibles à marquer
sans les détériorer. Cette objection qui, sans doute,
frappe la plupart des lecteurs, n'inquiète nullement
les partisans du système que nous discutons. Ils ré-
pondent que ces produits auront des enveloppes,
sur lesquelles on inscrira toutes les indications utiles
à donner. Ce sont là des marques faciles à séparer des

(1) Je lis dans l'exposé des motifs du projet de loi sur les marques présenté aux Chambres, en 1845 : « L'industrie, à l'aide de la
liberté qu'on lui avait laissée, a perfectionné et changé ses procédés ; elle a cessé de fabriquer les savons auxquels s'appliquaient
les marques obligatoires ; et si ces marques ne sont pas actuelle-
ment pour le commerce, une source d'embarras sérieux, c'est qu'à
défaut de la loi, la force des choses en a amené l'abrogation. »

objets qu'elles doivent garantir ; et ce prétendu moyen d'empêcher la fraude me paraît très propre à la favoriser. Passons aux marques sérieuses.

Sans doute, on ne se bornera pas à ordonner, d'une manière générale, que les produits fabriqués porteront des marques indicatives ; on s'exposerait à n'avoir que des indications vagues, par conséquent insignifiantes, et propres seulement à faire des dupes. On veut garantir des fraudes l'acheteur, en mettant à sa disposition des preuves contre ceux qui l'auraient trompé par des déclarations mensongères. Pour atteindre ce but, il est nécessaire d'attacher à chaque marchandise, une espèce de facture explicative, aussi complète qu'il sera possible. Ce travail me paraît difficile, pour ne pas dire plus, lorsque les succès de l'industrie très développée reposent sur l'admirable variété des matières premières, de la main-d'œuvre et des produits. Autrefois, il y avait des types, choisis par l'autorité, auxquels on se conformait ; maintenant, par suite des progrès que l'industrie doit à la liberté, il ne peut plus y avoir des types reconnus ; il faudrait en changer sans cesse, ou proclamer la déchéance du savoir et du talent. Nous sommes loin de ces temps où l'on croyait que, pour avoir de bon drap, on doit nécessairement prendre telle espèce de laine, et fabriquer de telle façon ;

cette erreur est palpable aujourd'hui que nos laines sont si variées, et que la main-d'œuvre donne avec des laines semblables des produits si divers. Il faudra donc que l'autorité entre en conférence avec chaque fabrique; il faudra décrire et définir toutes les natures et qualités de marchandises, décrire et expliquer toutes les marques. Ce travail prodigieux aura besoin d'être recommencé avant d'être fini. Que de marques aujourd'hui très exactes, ne le seraient plus dans un mois! Qui se reconnaîtra au milieu de cette multitude de détails! La collection des marques de tous les produits fabriqués, sera curieuse; j'essaierai de parcourir les vastes salles qui la contiendront, et qui s'enrichiront tous les jours.

En général, ce qu'un premier règlement a de plus fâcheux, c'est qu'il sert à prouver l'utilité d'un second, et celui-ci la nécessité d'un troisième. Je suppose qu'on a surmonté toutes les difficultés sur lesquelles nous venons de jeter un coup d'œil, voici d'autres embarras qui ne seront pas les moins déplorables. Si les fabricans n'étaient point surveillés, la plupart d'entre eux auraient bientôt négligé, éludé vos recommandations et vos ordres. Ce n'est pas une petite tâche que de surveiller les marques de chaque produit dans toutes les fabriques. Quelle foule d'employés, vérificateurs, contrôleurs, inspecteurs, vont inonder nos ateliers! Le temps est précieux, et combien ces gens-là ne vont-ils pas en dérober aux hommes industrieux! Il faudra les accompagner dans leurs visites, et leur donner des explications; il faudra souffrir des recherches, sans lesquelles ils pourraient dire qu'on ne leur a pas fait voir tout ce qui devait passer sous leurs yeux. Je ne charge point le tableau, et je pourrais entrer dans des détails plus révoltans.

Je ne doute pas que la plupart des défenseurs zélés du système des marques obligatoires, au lieu de s'en former une idée juste, croient qu'il n'entraîne pas nécessairement à sa suite d'indignes vexations; c'est une grande erreur. Je voudrais aussi les détromper d'une autre : ils ont une prétention singulière, ils se persuadent que nous ne voyons que l'intérêt des fabricans; ils viennent, disent-ils, soutenir l'intérêt des consommateurs. Nous cherchons à défendre l'un et l'autre. Une grande calamité serait, pour les consommateurs, la conséquence inévitable du système que je repousse; il amènerait le renchérissement de tous les produits. D'abord, leurs prix s'élèveraient de tout ce que coûterait la solde d'une armée de surveillans, de tous les frais, souvent considérables, qu'entraînent les débats et les procès. Ensuite, les prix s'élèveraient parce que la production deviendrait moins abondante, l'industrie perdant son activité et son habileté sous un régime qui enlève du temps au manufacturier, et qui le lui enlève d'une manière décourageante. Quoi de plus décourageant que d'être forcé d'ouvrir ses ateliers à des perquisitions, et de voir qu'on n'est plus maître chez soi ? Les seuls consommateurs qui se trouveraient très bien de ce régime, ce seraient les agens de surveillance.

Pour notre argent, nous mettrait-on à l'abri des fraudes ? On a vu que sous l'ancien régime de l'industrie, elles étaient fréquentes. Pensez-vous être plus puissans, avec des moyens moins actifs, contre des obstacles infiniment plus nombreux ? Comment vos surveillans examineraient-ils toutes les marques des produits ? Ils jetteront un coup d'œil superficiel sur beaucoup d'objets ; ils seront tantôt rigides et tantôt complaisans. Tout cet appareil de marques nous rassurera ; et nous serons d'autant mieux fraudés que nous le serons officiellement.

La disposition à la fraude est une maladie dont on ne parviendra jamais à guérir tous les hommes. Avant d'employer les remèdes offerts contre ce fléau, il est prudent d'examiner s'ils ne seraient pas pires que le mal. Le système dont je viens de parler, et que certainement on rendrait d'abord le moins gênant qu'il serait possible, mais qui deviendrait toujours plus sévère, plus méticuleux et plus tracassier, finirait par nous jeter sous un régime peu différent de celui des anciens règlemens, sauf la pénalité qui sans doute serait moins draconienne.

Il y a, dans le Code pénal, un article (423) contre ceux qui trompent sur les marchandises. L'administration n'a rien de mieux à faire que de chercher à rendre facile l'exécution de cet article, soit par les moyens que peut employer notre police actuelle, soit en faisant ajouter à la loi quelques dispositions qui ne puissent gêner le travail. La principale source des fraudes n'est pas dans les fabriques; en général, les manufacturiers vendent à des marchands en état de vérifier les qualités de ce qu'il achètent. C'est à mesure qu'on descend dans les rangs des marchands détaillans qu'on voit s'exercer l'art de faire passer les marchandises pour autres qu'elles ne sont, et d'opérer une multitude de falsifications très préjudiciables à la classe nombreuse. Sur les moyens de réprimer ces fraudes, les juges de paix, les commissaires de police, et d'honnêtes marchands retirés, nous en apprendraient plus que les économistes.

CHAPITRE VII.

De l'opinion de ceux qui voudraient rétablir les communautés en leur ôtant ce qu'elles avaient d'oppressif.

Les hommes qui proposent de rétablir les communautés disent qu'ils les rendront conciliables avec la liberté de l'industrie, et qu'ils sauront écarter tous les abus contre lesquels on réclamait avec justice. Partager de telles espérances, ce serait étrangement s'abuser. L'institution dont il s'agit est vicieuse en elle-même; et, quelques précautions qu'on veuille prendre, elle portera toujours dans son sein le germe de funestes abus, que le temps suffirait à développer. J'ai sous les yeux l'écrit où la cause des corporations me paraît soutenue avec le plus d'habileté (1). L'auteur m'inspire dès longtemps une profonde estime; je me porte garant de la droiture de ses intentions, et je suis certain de trouver en lui une réciprocité de sentimens qui m'est chère.

Allons tout d'abord au point important, décisif;

(1) *Plan d'une réorganisation disciplinaire des classes industrielles, en France,* par M. de Lafarelle.

je demande à quelles conditions on sera reçu maître
dans une communauté. L'auteur du projet répond :
Il faudra, dans cinq ans, avoir fait chez un maître
un apprentissage dont la durée sera légalement fixée ;
et, devant une commission de syndics et d'anciens
maîtres, subir un examen ou faire un acte de sa profession. Du moment que, pour être admis à la maîtrise, il faut le consentement de ceux qui l'exercent,
le germe du monopole existe. La plupart des juges
ne pourront être impartiaux, car ils seront placés
entre l'équité et l'intérêt qui les porte à repousser la
concurrence. Les anciens maîtres, ceux qui sont
retirés des affaires, ne présentent pas plus de garantie, puisque les maîtres en exercice seront généralement ou leurs fils, ou leurs élèves ou leurs amis.
L'auteur du projet peut dire qu'il a prévu les refus
injustes, et qu'il permet d'en appeler. L'autorité
devant laquelle il envoie les réclamans est, je le reconnais, dans les conditions d'impartialité ; malheureusement elle n'a point les connaissances nécessaires pour juger par elle-même ; en conséquence, elle
prononcera sur un rapport qui sera demandé à des
confrères des premiers juges.

Je suis surpris qu'on veuille fixer la durée de l'apprentissage, et rendre aux maîtres le privilége d'enseigner seuls à travailler ; j'avais cru que ces idées

étaient abandonnées par tous les esprits justes.
Puisqu'on répète qu'elles sont utiles pour former des
ouvriers, je suis obligé de répéter que nos lois ne
les imposent plus, et que nous n'avons jamais eu autant d'ouvriers habiles. Chacun sait que pour bien
exercer un métier, il faut l'avoir appris : ceux qui,
pour vivre, ont besoin du travail de leurs mains, et
qui ne font pas d'apprentissage, sont des paresseux
ou des mauvais sujets, ou des gens pauvres. Les
lois, en mettant des conditions, c'est-à-dire des obstacles à l'apprentissage, donneront-elles de l'activité
aux paresseux, de la conduite aux débauchés ? Elles
leur fourniront, au contraire, de nouveaux prétextes
pour ne pas apprendre à travailler. Procureront-
elles de l'argent à ceux qui n'en ont pas ? Elles rendront les pauvres encore plus pauvres, puisqu'elles
renchériront l'apprentissage. Observons aussi combien ces dispositions sont propres à servir les desseins
des chefs qui aspireront à recouvrer le monopole de
l'industrie ; s'ils peuvent seuls enseigner leurs métiers, qui les empêchera de s'entendre pour restreindre le nombre des apprentis ? Avant d'être juges
partiaux de ceux qui solliciteront la maîtrise, il leur
sera facile de s'arranger de manière à ce que peu
de gens acquièrent le droit de la demander.

Je me hâte de dire que l'auteur du plan de réorganisation peut prétendre qu'il respecte la liberté de l'industrie. Un des premiers articles de son projet est celui-ci : « Le marchand, artisan ou ouvrier qui ne voudra pas s'affilier à la communauté de sa profession, pourra toujours exercer librement son état, et demeurera placé sous la protection spéciale de l'autorité publique, qui veillera à ce qu'il ne soit victime d'aucune machination ou coalition. »

En lisant cet article, j'ai cru que l'auteur, plein de confiance dans les avantages que les communautés lui paraissent offrir, et désirant arriver sans secousse, sans froissement à son but, voulait mettre en présence l'industrie libre et l'industrie incorporée ; qu'il voulait donner à toutes deux une égale protection, établir entre elles une concurrence loyale, certain que cette épreuve amènerait l'abandon volontaire d'une liberté qu'il juge dangereuse : son projet ainsi conçu, ne me paraîtrait pas plus sage, mais je me trompais complétement. L'auteur recourt aux précautions nécessaires pour jeter dans un état d'infériorité les hommes qui n'accepteront pas son plan disciplinaire, et pour assurer la domination à ceux qui lui sacrifieront leur liberté.

Nul ne pourra prendre la qualification de maître, s'il ne l'a reçue d'une communauté ; je ferai cependant observer que, jusqu'au jour où les communautés auront absorbé toute l'industrie, il y aura de fait des maîtres libres. Défendre à ceux-ci de prendre un titre que leur donnera l'usage, c'est les traiter avec un dédain qui leur inspirera quelque désir de vengeance ; et, plus d'une fois, il en résultera des querelles même entre les ouvriers. Vainement les hommes de l'industrie libre élèveront-ils leurs enfans avec soin, les faveurs du gouvernement sont réservées aux membres des communautés ; les enfans de ceux-ci auront seuls droit aux bourses dans les écoles d'arts et métiers. Les maîtres qui auront exercé le syndicat seront électeurs pour la nomination des officiers municipaux ; ils seront éligibles, etc.

L'auteur du plan disciplinaire parle de son respect pour la liberté de l'industrie ; mais son espérance nettement déclarée est que, « dans un temps donné, un vaste réseau de corporations enserrera et embrassera l'industrie nationale toute entière. » Ne pouvant, par un arrêt, détruire l'industrie libre, il fait tout ce qui dépend de lui pour en préparer l'anéantissement. Ses corporations le seconderont volontiers ; et, comme elles seront composées d'hommes qui n'auront pas tous autant de lumières et d'urbanité que lui, elles sauront trouver des moyens de succès qu'il sera le premier à juger odieux. Que d'intrigues dirigées contre ceux qui voudront continuer de vivre

par le libre travail ! Pour douter que ces intrigues
auront lieu, et qu'elles s'attacheront de préférence
aux gens les plus habiles, il faudrait ignorer les secrets les moins cachés du cœur humain. Que de
propos, de médisances et de calomnies contre ceux
que les sollicitations, ni les menaces, n'auront pu
décider à entrer dans les communautés! Que de
ruses pour enlever des pratiques ou des ouvriers aux
hommes qu'on redoutera ! et que de forces n'a-t-on
pas pour arriver à des fins égoïstes, quand on est
membre d'une corporation! Est-ce avec de tels
moyens qu'on se flatte de répandre l'union dans la
classe industrieuse, et de lui inspirer la morale ?

M. de Lafarelle dit que ses communautés ne res-
sembleront point aux anciennes, parce que celles-ci
étaient *closes*, qu'il fallait acheter ou obtenir le droit
d'y pénétrer ; tandis que les siennes ne seront closes
pour personne, qu'il suffira d'avoir appris le métier
et de prouver qu'on le sait, pour être reconnu maître.
J'ai répondu d'avance à cette assertion illusoire.
N'oublions pas que les communautés sont essen-
tiellement envahissantes. Un certain nombre de ceux
qui les dirigeront, n'auront d'autre but que d'en
tirer parti pour eux-mêmes ; ceux-là seront les plus
actifs et mèneront les autres : ils commenceront par
s'occuper de détruire l'industrie libre. Vous avez

l'espérance et j'ai la crainte de les voir réussir. Alors ils auront accompli la plus difficile partie de leur tâche. Lorsqu'on rétablissait les corporations, ils ne négligeaient rien pour y faire entrer les hommes dont ils redoutaient le talent, l'activité au dehors : délivrés de cette concurrence, ils chercheront à se débarrasser d'une autre ; et, toujours fidèles à leur but, ils s'efforceront de clore ces mêmes corporations. Leurs moyens de succès seront vos dispositions légales sur l'apprentissage, et sur l'admission à la maîtrise, la puissance que donne un premier triomphe, et tout ce qu'ils auront appris des ressources de l'intrigue dans leurs premiers débats. Cependant, on les entendra se plaindre; les plus adroits vous diront : il existe encore bien des abus; mais on n'a ressuscité les communautés que de nom; si nous avions tous les moyens dont elles disposaient autrefois, on verrait quelle sage police nous saurions exercer. Le projet que j'ai sous les yeux, renferme les élémens du monopole, c'est assez ; je m'en rapporte, pour les développer, au zèle interressé des hommes qui seront chargés d'exécuter ce projet. Si vous créez des corporations, vous mettrez le pied sur une pente glissante, et vous ne savez pas où vous vous arrêterez. Peut-être arriverez-vous, de conséquences en conséquences très logiques, à faire peser sur l'industrie un joug plus lourd que celui dont elle est délivrée; et certainement vous aurez, dans peu d'années, fait des concessions qui révolteraient aujourd'hui votre raison et votre conscience.

Ceux qui voudraient, pour corriger des abus, rétablir les communautés, cherchent dans une fausse voie; elle les entraîne à de graves erreurs; le mal de notre situation leur apparaît plus grand, et autre qu'il n'est en réalité. C'est dans la voie de la liberté et du patronage qu'on trouvera les vrais moyens d'amélioration ; j'essaierai de le prouver en parlant des profits et des salaires. Examinons maintenant quelques opinions de M. de Sismondi, qui peuvent se rattacher aux précédentes.

Cet écrivain, doué de sentimens généreux (1), d'un esprit vif qu'il avait enrichi de connaissances variées, s'est occupé de sujets qui, par leur nombre et par leur étendue, ne lui ont pas toujours permis de les approfondir dans toutes leurs parties. Son plus important ouvrage en économie politique contient sur plusieurs principes de Smith et de Say, des critiques qu'il aurait sans doute abandonnées ou fort adoucies, s'il eut cédé moins vite à ses impres-

---

(1) Dans la dernière révolution de son pays, il a couronné dignement sa vie par une admirable mort. Genève doit une statue à ce grand citoyen.

sions. Cet ouvrage mérita la sympathie du public par
l'amour de l'humanité qu'il respire ; les circonstances
aussi contribuèrent à son succès. On venait d'éprouver une crise commerciale, et l'auteur s'élève contre
l'excès de fabrication, contre la témérité en affaires
d'industrie. M. de Sismondi paraît un moment re-
gretter ces corps, ces communautés, dont *le résultat*
dit-il, *était tout ensemble de limiter le nombre des
producteurs et l'activité de chacun d'eux, de sorte
que la production ne surpassât jamais la demande,
ou même* NE L'ÉGALAT JAMAIS (1).

Il est assez remarquable que ces communautés qui
nous furent si longtemps présentées comme essen-
tielles au développement de l'industrie, nous soient
maintenant offertes comme un moyen efficace pour
l'arrêter. Toutefois, on aurait pu les juger ainsi sur
des aveux plus anciens. Les manufacturiers de la ville
du Mans écrivaient au ministre, en 1779 : « Si l'on
fabrique librement, comment pourra-t-on connaître
l'étendue du commerce ? Comment les fabricans
pourront-ils faire entre eux la répartition du commerce et de l'industrie (2) ? » Il est impossible d'entendre des privilégiés dire plus nettement que le

(1) *Nouveaux élémens d'Économie politique*, t. I, p. 424.
(2) *Revue de Législation*, t. XVII, p. 73.

travail est leur propriété. Il y a dans cet aveu un singulier mélange de naïveté et d'audace.

M. de Sismondi, après avoir examiné si l'on pourrait tirer parti des communautés, en leur faisant subir des modifications, voit les conséquences d'un pareil projet, et traite avec dédain les partisans de
cette institution surannée.

La grande cause pour laquelle l'excès de fabrication ne tourmentait pas nos pères, c'est que leur industrie était peu développée. Sans doute, depuis Colbert, ils avaient un certain nombre de belles manufactures; mais on pouvait comparer à des oasis les
villes où le travail déployait une grande activité. Aujourd'hui, des mains hardies ont défriché le sol de
l'industrie, il est partout fécond.

Pour s'assurer maintenant qu'il n'y aura jamais excès de fabrication, les anciennes communautés seraient
un vain secours: il faudrait non-seulement qu'une
administration arbitraire réduisît le nombre des producteurs et limitât l'usage des outils perfectionnés,
il faudrait que le gouvernement se fît entrepreneur
et distribuât le travail entre ses agens privilégiés; il
faudrait imposer à la société un régime tellement
oppressif que le bon sens en serait soulevé.

Déplorons les fautes commises, mais ne nous
étonnons point qu'il y en ait eu beaucoup. Une

grande révolution politique avait donné aux esprits
une activité inconnue jusqu'alors ; cette activité se
porta vers l'industrie au moment où les découvertes
et les applications de plusieurs sciences venaient ajouter prodigieusement aux forces de l'homme. Les
troubles avaient fait pulluler ces gens aventureux,
prompts à se jeter dans les affaires sans y porter
aucune connaissance réelle, très capables de se ruiner avant d'avoir fait fortune. L'inexpérience était
générale, elle égalait presque l'activité. Quand les
hommes, entraînés par de grands changemens dans
leur situation et dans les idées dominantes, ont besoin de parcourir une route nouvelle, il leur faut une
éducation nouvelle aussi : le noviciat est difficile, les
épreuves sont périlleuses.

M. de Sismondi prétend que, de nos jours, un
principe en économie politique, est de *travailler à
produire sans calculer les besoins du marché* (1). C'est
transformer en erreur des économistes, une erreur de
fabricans inconsidérés. Dans les temps où l'industrie
était peu développée, je conçois que des économistes
ont pu concentrer trop exclusivement leurs regards
sur les moyens d'accroître la production : mais, placés
dans une situation plus heureuse , nous avons des

(1) Tome I, page 455.

richesses; leur distribution appelle naturellement les recherches des hommes qui veulent rendre l'aisance générale. Les biens et les maux varient comme les phases de la société. Tous les économistes recommandent la prévoyance aux chefs de l'industrie, et les événemens dont nous avons été victimes ou témoins, donnent la même leçon d'une voix plus sévère et plus retentissante que celle des écrivains.

Il est une distinction importante qui peut-être ne fut pas d'abord assez nette dans l'esprit des théoriciens, c'est celle qui existe entre les besoins des hommes et les besoins du marché. Les besoins des hommes sont toujours nombreux ; tout ce que vous donneriez serait reçu avec reconnaissance, et pourrait être employé utilement et promptement. Mais, les besoins du marché se réduisent à ceux des hommes en état de payer ce qu'on leur propose d'acheter.

Si ces besoins sont mal connus, si l'imagination et la cupidité les exagèrent , les fausses spéculations se multiplient ; il en résulte des encombremens, des désastres. Pour connaître les marchés dont on est voisin, les difficultés peuvent être aisément surmontées ; mais elle grandissent à mesure que les marchés s'éloignent. Cependant, des notions vagues ne suffisent point ; et, lorsqu'on est parvenu à se procurer des renseignemens exacts, que de motifs resfent pour agir avec prudence ! A l'époque où les produits envoyés sur la foi de ces renseignemens arriveront, la situation des consommateurs sera-t-elle encore la même ? Une guerre, des troubles, une maladie contagieuse, peuvent avoir causé de prodigieux changemens. Les besoins peuvent être déjà satisfaits par des étrangers plus actifs ou mieux servis par les vents : ne surviendra-t-il point des concurrens inattendus, qui, par la modicité de leurs prix, obtiendront la préférence? Les tarifs des douanes, ces machines mobiles qui haus sent ou b aissent le prix des marchandises, suffiraient pour déranger tous les calculs du commerce.

Je me défie de la hardiesse dans un négociant ; et ne puis pas plus admirer sa témérité quand elle est heureuse, que je ne puis faire un mérite au joueur du gain périlleux qu'il doit au hasard. Sans doute, il est des tentatives dont la réussite est incertaine, et qui peuvent cependant convenir à de très riches maisons de commerce. Le succès amènerait de grands résultats ; la perte, fut-elle complète, serait peu sensible pour des hommes en état de la supporter. Mais, ce sont là des entreprises exceptionnelles. Le principe général est que non-seulement il faut n'envoyer des produits que sur un marché que l'on connaît suffisamment, mais encore qu'il faut avoir

prévu les ressources qu'on emploierait, si les circonstances venaient à fermer ce marché.

On ne peut trop répéter aux hommes industrieux
que désormais, pour assurer la prospérité des grands
établissemens, beaucoup de lumières sont nécessaires. Le commerce de la banque est celui qui exerce
le plus l'intelligence ; il y a, parmi les banquiers, des
hommes qui rivaliseraient de savoir et de sagacité
avec les diplomates. Maintenant il faut, dans bien
des genres de commerce, avoir des connaissances
analogues à celles du banquier.

Jamais il ne fut plus nécessaire que les consuls
transmettent des renseignemens nombreux, exacts,
qu'ils reçoivent avec célérité les questions qu'ils sont
à portée d'éclaircir. Voilà de ces points sur lesquels
l'intervention du gouvernement est essentielle au
commerce. Les négocians ont aussi divers moyens
qui dépendent d'eux seuls pour diminuer les chances du hasard. Je ne voudrais pas commercer avec
un pays lointain, sans y avoir une maison dirigée
par un autre moi-même.

Luttons contre les obstacles sans les braver, et pro-
fitons de la liberté sans nous dissimuler ses dangers.
Quel temps serait plus mal choisi que le nôtre pour
renoncer au principe de vie que la liberté seule communique au travail? Nous avons acheté, par de lon-

gues tourmentes, l'activité qui se dirige vers les arts utiles; les abus de cette activité, d'abord peu éclairée, ont été d'autant plus grands que des inventions puissantes venaient d'ajouter à nos forces; mais voici que d'autres inventions semblent être envoyées par la Providence pour ajouter à nos lumières. Parmi les grandes découvertes, sans excepter même l'imprimerie, celle qui apportera le plus de changemens sur la terre, c'est la vapeur appliquée aux moyens de communication. L'imprimerie fait circuler des idées, mais la vapeur mettra les hommes en contact les uns avec les autres; ils se verront, ils converseront, que de préjugés tomberont! Il est des vérités que les livres ont mises à l'état de théorie, et que le rapprochement des hommes fera passer dans la pratique. On aura plus de preuves qu'appauvrir les étrangers est un mauvais moyen de leur vendre beaucoup; on verra, jusqu'à l'évidence, qu'en voulant tout produire partout, on emploie mal une partie de son travail et de ses capitaux, et qu'on fait naître des encombremens. Si l'on comprend mieux la solidarité des peuples, les hommes seront plus disposés à s'entendre, à se prêter des secours, dont tous profiteront. Le seul fait de la rapidité des voyages rendra vulgaires des renseignemens, plus ou moins difficiles à se procurer maintenant; et des conversations termineront des affaires que la correspondance livre à d'interminables débats. Il est imposible de prédire tous les changemens, en bien et en mal, que la facilité des communications amènera sur la terre ; mais, sans crainte de se tromper, on peut affirmer que les changemens seront favorables à la bonne direction de l'industrie, au maintien de la paix, à l'affaiblissement des douanes, et qu'ils donneront aux hommes des intérêts plus éclairés.

La liberté de l'industrie aura toujours des dangers sous le rapport de l'excès de fabrication ; mais, comme on peut raisonnablement le penser, si ces dangers finissent par n'amener qu'à de longs intervalles des engorgemens, causés moins par l'ignorance et l'imprudence que par des obstacles impossibles à prévoir, l'industrie sera redevable à la liberté du régime le plus avantageux qu'on doive espérer, puisque l'homme n'a que le pouvoir de choisir entre les inconvéniens, et d'adoucir ceux pour lesquels il se décide.

J'ai longtemps entretenu mes lecteurs de la liberté dans l'intérieur de l'État, parce qu'elle est le meilleur véhicule d'une abondante production et d'une bonne distribution des richesses. Les grandes causes de la prospérité de notre patrie sont la division des propriétés, et la suppression des communautés et des règlemens. Aussi longtemps que la France jouira de ces avantages, il y aura, pour sa population, de l'aisance et du bonheur.

La suppression des entraves de l'industrie dans l'intérieur d'un pays, est d'autant plus précieuse, qu'il est tout autrement difficile, ainsi que nous le verrons bientôt, d'établir la liberté du commerce extérieur. Quand les entraves dont j'ai parlé n'existent plus, les douanes ont moins d'influence sur les prix, toute concurrence n'est pas détruite ; mais quel fardeau pèse sur l'industrie, quand on a les douanes aux frontières et le monopole dans l'intérieur !

CHAPITRE VIII.

Des différens genres de commerce.

Avant d'examiner l'influence de la liberté dans ses rapports avec l'industrie étrangère, je présenterai quelques observations relatives au commerce.

Nous avons vu que si chaque famille essayait de produire tout ce qu'exigent ses besoins, le dénûment serait universel. Quand la division du travail existe, les produits se multiplient ; une puissance bienfaisante, l'*échange*, vient les rapprocher, et les distribuer de manière à satisfaire des besoins variés.

On appelle communément *achats*, *ventes*, les échanges dans lesquels intervient la monnaie. Ces nuances du langage sont utiles ; mais, quel que soit 'objet qu'on donne pour en avoir un autre, on fait toujours un échange.

Un préjugé non moins funeste qu'absurde a fait imaginer que, si deux personnes concluent ensemble un marché, l'une ne peut gagner sans que l'autre perde. Ce préjugé, source de vexations pour l'industrie, et de haines entre les peuples, est né des idées fausses sur les richesses, de l'ignorance ou de l'oubli de ce fait que le mouvement commercial a pour but de satisfaire les besoins des hommes. Lorsque deux personnes font un échange, un intérêt mutuel les a rapprochées; elles ont mis, pour ainsi dire, en présence deux objets, par exemple, un meuble et une pièce d'or; chacune d'elles cède l'objet qui lui convient le moins, pour obtenir celui qu'elle préfère; chacune trouve donc un avantage et gagne à ce marché.

Dans une peuplade, il est possible que chaque individu fasse directement tous ses échanges ; mais lorsque la civilisation se développe, s'il fallait que le consommateur allât dans les diverses manufactures demander les marchandises qui lui sont utiles, le temps qu'il perdrait, les dépenses qu'il ferait pour se transporter d'un lieu à un autre, renchériraient prodigieusement ses achats ; et de quelle foule d'objets il serait trop éloigné pour se les procurer jamais ! Le manufacturier se trouverait de même souvent embarrassé pour ses approvisionnemens et pour ses ventes. La division du travail donne au fabricant, au consommateur, un intermédiaire utile à tous deux : c'est le commerçant.

Les échanges s'opèrent, soit entre les habitans d'un même pays, soit entre eux et les habitans des au-

tres contrées : le commerce est *intérieur* ou *extérieur*. Il se divise encore. Le plus simple est celui
qui se fait en achetant des marchandises dans les fabriques pour les revendre, par petites parties, aux
consommateurs. Quand la production devient plus
active et plus abondante, un nouvel intermédiaire s'établit entre les manufactures et le commerce qui vend leurs produits *en détail* : cet intermédiaire est le commerce *en gros*. Au dehors, il est
de deux espèces : en général, il exporte des marchandises nationales, il importe des marchandises
étrangères ; c'est le commerce *extérieur de consommation* : quelquefois, il achète des produits étrangers pour les vendre dans un autre pays étranger ;
c'est le commerce *extérieur de transport*.

L'esprit de système a fait préconiser tour à tour
aux dépens l'un de l'autre, le commerce intérieur et
le commerce extérieur. Rien n'est moins sensé que
de méconnaître l'importance de tous deux. Cependant ils ne sauraient être égaux en avantages ; il est
donc naturel d'examiner quel est celui qui concourt
le plus directement au but de l'économie politique,
à l'aisance générale.

Un commerce est d'autant plus utile qu'il met en
activité plus de travail, puisque c'est le travail qui
multiplie les objets de consommation et les moyens de

les acquérir. Le commerce qui donne ces résultats au plus haut degré, est incontestablement celui que font entre eux les habitans d'un pays fertile, industrieux et vaste. Les capitaux et le travail employés par le commerce extérieur sont faibles, comparés à ceux que met en mouvement le commerce intérieur. Donnons la preuve mathématique de cette vérité.

Chaptal évalue la totalité des produits de la laine en France, à . . . . 238 millions ,
l'exportation, à . . . . . · . 21
Reste pour la consommation inté-
rieure. . . . . 217 (1). Ainsi, pour cette branche de notre industrie, le travail qu'entretient le commerce intérieur est à celui qu'emploie le commerce extérieur, à peu près comme 11 est à 1. La soie, étant moins nécessaire et plus chère que la laine, a besoin d'un marché plus étendu. Nous consommons des soies dans une proportion moins forte. Cependant les calculs du même auteur (2) prouvent que cette consommation est à l'exportation au delà de ce que $2\frac{1}{2}$ est à 1. On le voit, une con-

---

(1) *De l'industrie française,* t. II, page 133.
Dans ces sortes de calculs qui ne peuvent être qu'approximatifs, je supprime les fractions, puisqu'elles sont nécessairement inexactes.
(2) Tome II, page 120.

trée florissante est, pour elle-même, son marché le plus vaste et le plus important.

Pour démontrer combien le commerce intérieur a plus d'influence sur l'aisance générale que le commerce extérieur, il suffirait de l'observation suivante. Notre commerce extérieur a perdu, dans la révolution, d'importans débouchés, on a vu notre navigation marchande diminuée de moitié; et cependant, notre fabrication a plus que triplé. Combien la comsommation intérieure est-elle donc augmentée! Quel accroissement de travail, de produits et de jouissances! En songeant à ces faits, on pressent que l'aisance doit être bien plus répandue parmi nous, qu'il y a soixante ans : pour s'en convaincre, il suffit de se rappeler comment les ouvriers, les cultivateurs étaient alors nourris, vêtus, logés, et de voir comment ils le sont aujourd'hui. Ce serait donc faire preuve de bien peu de lumières que de vanter le commerce extérieur comme le plus fécond en richesses (1).

_____

(1) Il faut observer, sur le prodigieux accroissement des consommations en France, que les espèces de marchandises fabriquées avec peu de solidité sont plus nombreuses qu'autrefois, et que le goût de la dépense, le bon marché d'une partie des produits, peuvent rendre beaucoup de personnes moins soigneuses de ce qu'elles achètent. Mais si l'on voulait conclure de ces observations, que l'aisance n'est pas plus répandue, que seulement

A l'époque où l'on s'imaginait que les richesses consistent uniquement dans les métaux précieux, on dut regarder avec dédain le commerce intérieur. On partait d'une idée fausse ; mais, cette idée admise, on en tirait une conséquence juste, lorsqu'on disait que le commerce intérieur ne peut enrichir un pays, puisqu'il n'y fait jamais entrer de numéraire. Maintenant on sait que les richesses sont les objets propres à satisfaire nos besoins ; et l'on voit que le commerce entre les habitans de l'État est celui qui répand ces objets avec le plus d'abondance.

Toutefois, en supposant les gouvernemens désabusés du système qui réduit la richesse au seul numéraire, il resterait encore des préjugés favorables à la prééminence du commerce extérieur. Ce commerce a le plus d'éclat ; c'est assez pour qu'aux yeux d'un grand nombre d'hommes, il mérite le plus d'admiration. Certes, un ministre ne peut assurer sa gloire que par des services réels ; mais, pour conformer une vie entière à cette vérité si simple, il faut un caractère plein de force et d'élévation. Souvent les travaux utiles ont quelque chose de lent et d'obscur, dont la plupart des hommes se fatiguent bientôt ; les

nous fabriquons mal et que nous sommes des dissipateurs, on rêverait, on fermerait les yeux à l'évidence.

moyens d'éblouir sont plus à la portée des âmes vulgaires. Qu'un administrateur veuille assurer la liberté de l'industrie, il marchera longtemps à travers les obstacles ; ses talens seront contestés, ses intentions seront calomniées : mais que, sans peines, sans efforts, il encourage quelques manufactures de produits frivoles et brillans, on va le proclamer le bienfaiteur des arts et du commerce. L'apparence est tout pour le grand nombre. Si l'on raconte qu'un négociant de Hollande achète du thé à la Chine, et l'échange en Amérique contre du sucre qu'il vend en Suède, cette puissance commerciale excite la surprise ; et, comme on ne manque pas d'ajouter que ce négociant a des tonnes d'or, la plupart des auditeurs emportent cette idée que le *commerce extérieur de transport* est celui qui verse le plus de richesses dans un pays. En réalité, il est le moins précieux, c'est celui qui met en activité le moins de travail dans l'État.

D'un excès ne nous jetons pas dans un autre. Le commerce extérieur devrait exciter un puissant intérêt, alors même qu'on se bornerait à considérer son influence sur le commerce intérieur.

On doit aux anciens économistes plusieurs idées justes sur le commerce ; mais lorsqu'ils ont dit que, si l'industrie était libre, les capitaux se dirigeraient d'abord vers l'agriculture, qu'après l'avoir suffisamment pourvue, ils se porteraient vers les manufactures et le commerce intérieur, et que, venant à surabonder encore, ils iraient alimenter les diverses branches du commerce extérieur, ces écrivains ont fait un roman démenti par l'histoire. Nous avons vu que l'industrie manufacturière est nécessaire pour développer l'industrie agricole. De même, le commerce extérieur est essentiel aux progrès du commerce intérieur. Les relations avec l'étranger développent l'intelligence, éveillent les désirs et multiplient les moyens de les satisfaire : le commerce intérieur profite de ces causes d'excitation, il leur doit une activité qu'il prendrait difficilement chez un peuple isolé.

Si l'autorité ne vient pas, avec des vues étroites, imposer trop de gêne au commerce extérieur, il oblige les manufacturiers nationaux à redoubler d'efforts pour soutenir la concurrence ; il procure ainsi l'amélioration, l'abondance et le bas prix des marchandises.

Non-seulement le commerce extérieur fait jouir une contrée des productions qu'elle tenterait vainement d'obtenir de son sol et de son industrie, mais il sert encore puissamment à l'enrichir, en la dispensant de créer des produits qu'elle ne fabriquerait qu'avec perte, parce qu'elle a des emplois plus profitables à faire de son travail et de ses capitaux.

Avec le commerce extérieur, les débouchés n'ont, pour ainsi dire, plus de limites. Ce négoce est destiné à rapprocher les peuples, à les mettre en communauté de richesses et de lumières. Hélas! souvent, il excita des divisions sanglantes ; mais la providence est plus puissante que les hommes ; elle les amènera sans doute un jour à ne plus empoisonner les biens que leur prodigue sa main libérale.

Les prix trop élevés désolent les consommateurs, et les prix trop bas découragent les producteurs. Le commerce extérieur tend à établir le prix réel dans toutes les contrées, en portant les marchandises où elles se vendent le plus cher. Mais, pour donner à chaque État des produits abondans, au meilleur compte, pour multiplier, autant qu'il serait possible, les richesses de tous les peuples, ne faudrait-il pas une entière liberté du commerce ? ne faudrait-il pas renverser les barrières qui séparent les différentes contrées? Cette question est, de nos jours, la plus importante en économie politique.

CHAPITRE IX.

Des Douanes.

C'est un fait, historiquement prouvé, que les douanes sont nées de l'ignorance et de la fiscalité. Il était
défendu, dans le treizième siècle, d'exporter les produits de notre sol et de notre industrie. On regardait
l'exportation comme une calamité qui appauvrit
l'État ; et cette opinion devait alors paraître tout aussi
juste que le paraissent aujourd'hui des opinions tout
aussi fausses. Il fut permis ensuite d'exporter,
moyennant un droit qui était censé réparer le tort
qu'on faisait à son pays. Singulière compensation !
les sujets devaient se tenir pour dédommagés,
lorsque le prince avait vendu la permission de les appauvrir. On ne paya d'abord que pour les marchandises envoyées hors du royaume ; mais le gouvernement jugea qu'il recueillerait davantage, s'il faisait
payer aussi quand les produits passent d'une province dans une autre. Cette disposition était toute
fiscale : le droit ne frappait les marchandises qu'au
passage des provinces assujéties aux aydes, dans

celles qui en étaient exemptes ; et l'on autorisait ces dernières à s'affranchir du droit, en se soumettant aux aydes. On voulait de l'argent, sans s'inquiéter des effets de l'impôt sur l'industrie ; et je suis loin de m'en étonner lorsque je vois encore, au dix-neuvième siècle, les douanes si richement exploitées par le fisc.

Je sais qu'on peut vanter les progrès de nos manufactures, étaler en chiffres le montant de leurs produits, et demander si de tels résultats seraient ceux d'une industrie opprimée. Lorsque, dans le siècle dernier, des écrivains, amis du bien public, s'élevaient contre les corporations et les règlemens, on crut répondre par maintes brochures, où l'on vantait la perfection de nos soieries, de nos draps, où l'on calculait le montant de nos exportations, où l'on finissait par demander si de tels succès ne devaient pas rassurer sur les prétendus vices du système attaqué par des théoriciens. Cependant, ces entraves ont été détruites, et nous avons vu quel essor ont pris les arts. On verra de même s'opérer d'immenses améliorations, lorsque, après une lutte qui peut-être sera longue, mais qu'il faut soutenir avec persévérance, on sera parvenu à s'affranchir des entraves qu'imposent les douanes.

Jamais des barrières n'auraient séparé les peuples,

si l'ignorance et la fiscalité n'avaient tenu la place des lumières. Aujourd'hui, élevons-nous du moins à des théories exactes, en attendant que nous puissions les mettre en pratique. Des écrivains supposent, comme le vulgaire, classe où se trouvent tant de gens qui croient n'en être pas, des écrivains supposent qu'il existe une différence absolue entre les exportations et les importations. A l'un de ces mots s'attache l'idée de richesse, de gain; à l'autre, celle de pauvreté ou d'appauvrissement. Voilà l'erreur fondamentale.

Qu'on exporte, qu'on importe, on fait toujours des échanges. A moins qu'il n'y ait refus d'acheter ou refus de payer, on ne peut envoyer des produits sans en recevoir, ni en recevoir sans en envoyer; une exportation est nécessairement suivie d'une importation, et de même une importation est nécessairement suivie d'une exportation. Pour démentir ces faits, il faudrait détruire cette vérité : les produits ne s'achètent qu'avec des produits.

On conclut un marché désavantageux si les objets qu'on donne ont plus de valeur que ceux qu'on reçoit; mais ce malheur, qu'il soit le résultat de l'impéritie, ou de la contrainte, ou de tout autre cause, peut avoir lieu dans les échanges qu'on nomme exportations, comme dans ceux qu'on appelle importations. Naturellement, un échange est avantageux aux deux parties qui l'opèrent. Si la France reçoit des fers de Suède, et qu'en retour la Suède reçoive des vins de France, les deux États auront gagné, puisque chacun d'eux sera pourvu des produits dont il avait besoin. Les seuls vœux à former, dans l'intérêt général, sont que les produits deviennent abondans et variés chez tous les peuples, et que les échanges se multiplient le plus qu'il est possible. De tels vœux ne sauraient être réalisés que sous l'influence de l'instruction et de la liberté.

Ces observations claires pour les esprits attentifs, incontestables pour les esprits justes, font juger sur quelle erreur est fondé le système des douanes. Mais ces observations prouvent-elles qu'on doive, à l'instant, briser toutes les entraves du commerce? Nous avons considéré les douanes sous un point de vue ; il en est un autre sous lequel on est forcé de les considérer encore. L'industrie s'est formée sous leur redoutable influence ; et les barrières, qui n'auraient jamais dû s'élever, ne pourraient être subitement renversées, sans mettre en souffrance, ou même sans détruire une partie de ce qu'elles ont permis de créer. Les partisans de la liberté du commerce ont de la prudence, car ils ont des lumières. Smith porte ses regards sur les manufactures qui se sont établies à l'aide de prohibitions ou de droits : « Si l'on supprimait tout à coup, dit-il, ces prohibitions et ces droits, il se pourrait que le marché intérieur fût inondé aussitôt de produits étrangers à meilleur compte que les nôtres, et que plusieurs milliers d'ouvriers se trouvassent privés de leurs occupations... L'entrepreneur d'une grande manufacture, qui se verrait obligé de suspendre ses travaux, souffrirait un dommage considérable. La partie de son capital qu'il employait en achat de matières premières et en salaires trouverait peut-être, sans beaucoup de difficultés, un autre emploi ; mais cet entrepreneur ne pourrait, sans de grandes pertes, disposer de l'autre partie de son capital qui est fixée dans ses ateliers. Une juste considération pour ses intérêts exige donc que de tels changemens ne soient jamais brusques, qu'ils soient amenés à pas lents et successifs, et après avoir été annoncés de loin. Les règlemens introduisent un genre réel de désordres, qu'il est bien difficile de faire ensuite disparaître sans occasionner un autre désordre (1). » M. Say compare les États assujétis aux douanes, à des malades que l'art ne peut guérir qu'avec lenteur.

Vainement dirait-on que les fruits de la liberté, c'est-à-dire l'abondance, le perfectionnement et le bas prix

---

(1) *Richesse des nations*, tome III, pages 88, 95 et 96.

des marchandises ne seraient pas trop achetés par une
crise passagère. Comment oser prendre la responsa-
bilité d'une expérience dont il est impossible de calculer les suites avec exactitude, et qui peut compromettre la fortune et la vie d'un grand nombre d'hommes ?
Alors même qu'on serait certain de l'utilité d'un
brusque changement, les lumières ne sont pas assez
répandues pour qu'il fût permis de le tenter en
France. Les malheurs inséparables d'une telle révolution, et ceux que ses adversaires y sauraient ajouter par leurs intrigues, effraieraient tous les esprits.
L'autorité serait contrainte de retourner à l'ancien
ordre de choses, aussi rapidement qu'elle l'aurait
abandonné. Le résultat d'une tentative inconsidérée
serait de compromettre, pour longtemps peut-
être, une cause juste, qui est infailliblement gagnée
si ses défenseurs réunissent la prudence et la fermeté.

Les chaînes du commerce ne peuvent être brisées
d'un seul coup : le travail d'un sage administrateur
doit consister à substituer des droits aux prohibitions,
à modérer par degrés les droits, en avançant avec
constance vers le but. Loin de céder mollement aux
intérêts privés qui sollicitent des restrictions nouvelles, il doit montrer avec fermeté à ceux qui jouissent
des restrictions établies, les époques où elles subiront

des affaiblissemens successifs pour arriver, avec le temps, à une suppression complète. C'est ainsi qu'on fera naître les bienfaits d'un régime de liberté.

Pour premier gage de ses principes, le sage administrateur fera, sans hésitation et sans retard, disparaître du tarif des douanes, un grand nombre de petites taxes, dont le produit est insignifiant, dont plusieurs doivent même être onéreuses au fisc, et qui, réellement, jettent du ridicule sur l'administration (1). A plus forte raison effacera-t-il tout d'abord, ces taxes coupables qui portent sur les substances médicinales, et qui, renchérissant des remèdes nécessaires, font l'office de primes offertes aux plus infâmes sophistications.

Le meilleur moyen de hâter la chute des obstacles à la liberté du commerce, serait de diriger les esprits vers l'étude sérieuse de l'économie politique. L'opinion contraire à la liberté repose sur des pré-

(1) C'est un recueil assez plaisant qu'un tarif de douanes : on y voit que les échalas paient à l'entrée 25 centimes le mille ; le brou de noix, 1 franc par cent kilogrammes ; les cheveux, même prix ; les mottes à brûler, 15 centimes le mille ; les manches de gaffe, 10 centimes. Les allumettes, l'amadou, les cornichons, les vipères sont taxés.

On trouve, dans les Comptes rendus de l'administration, des produits tels que ceux-ci : A 25 centimes par tête, les ânes et les ânesses venus de l'étranger ont rapporté 564 francs ; la glu, 349 francs ; trente trois mille bottes d'osier, 184 francs. Je pouvais choisir mieux, car il y a plus de cinquante articles qui ne produisent pas cent francs chacun.

jugés qui ne peuvent soutenir l'examen des observateurs impartiaux. Le système appelé protecteur, en
réalité protège des producteurs nationaux contre des
producteurs du même pays, et contre le public.
Comment un tarif de douanes garantirait-il les intérêts opposés que font valoir, près de l'autorité, ces
hommes si nombreux qui l'assaillent de leurs demandes contradictoires ? Comment les servir tous à la
fois? Par quelle prétention dérisoire se flatterait-on de
tenir entre eux la balance? On a cru énoncer un principe lumineux en disant que, pour favoriser le travail dans un pays, il faut gêner la sortie des matières
premières et l'entrée des matières fabriquées. M. de
Sismondi fait des observations, d'une justesse incontestable, sur ce principe qui paraît, à certaines personnes, si simple et si profond. « Le lin, dit-il, est une
matière ouvrée pour le rouisseur; c'est une matière
première pour le fileur. Le premier veut, d'après le
principe général, qu'on en favorise la sortie ; le second veut qu'on la prohibe. Le fil est de nouveau
matière ouvrée pour le fileur, et matière première
pour le tisserand ; la toile est matière ouvrée pour le
tisserand, et matière première pour l'indienneur ;
l'indienne ou la toile peinte est matière ouvrée pour
l'indienneur, elle est matière première pour le mo-
diste, le décorateur ou le tailleur. Le dernier venu

demande toujours à rester seul maître du marché,
à l'égard de tous ceux qui ont travaillé avant lui ;
il arrête leur industrie par des prohibitions à la sortie, et diminue, par conséquent, la quantité d'ouvrage
qu'ils pourraient faire. Quand on considère l'ensemble d'un code de douanes, on trouve presque
toujours que les prohibitions accordées successivement aux divers degrés d'industrie, sont en contradiction directe les unes avec les autres (1). » Oui, prétendre régler des intérêts si compliqués, c'est s'en-
gager dans un dédale où l'on marche au hasard.
Les producteurs en crédit ont l'avantage ; et c'est
grande pitié que de voir les ministres d'un empire
transformés en agens de manufacturiers qui les
dupent.

Si l'on repousse des marchandises étrangères, les
peuples froissés peuvent repousser, à leur tour, les
marchandises qu'on leur envoie. Alors la fortune des
entrepreneurs servis par les douanes, est faite aux
dépens des entrepreneurs victimes des représailles.
Je ne sais comment il paraît juste d'enrichir les uns
en dépouillant les autres. Je ne sais comment on s'i-
magine protéger l'industrie, lorsqu'on encourage un
travail au préjudice d'un autre ; souvent même sans

---

(1) *Nouveaux Principes d'Économie politique*, t. I, p. 436.

qu'on puisse décider quel est celui qui, dans un état
de liberté, deviendrait le plus important.

Les représailles, en elles-mêmes, nuisent à ceux
qui les exercent. Si des États voisins de la France
refusent de recevoir nos vins, parce que nous refusons de recevoir leurs bestiaux, ils se condamnent à
subir une seconde perte, parce que nous leur en
avons causé une première. Les bestiaux qu'ils ont
à vendre perdent un débouché et baissent de prix ; ce
n'est pas, assurément, une compensation que de rendre plus chers les vins qu'ils ont besoin d'acheter.
Mais les représailles peuvent être considérées sous
un autre rapport. Quelquefois elles troublent l'industrie du peuple qui donne l'exemple de violer la
liberté commerciale. Si l'on peut obliger ainsi l'a-
gresseur à rapporter ses lois prohibitives, on doit se
faire un mal passager, pour obtenir un bien durable.
Sous ce point de vue, approuvons hautement les représailles. C'est avec leur secours que les États-Unis,
la Prusse, ont forcé l'Angleterre à renoncer aux droits
différentiels (1) qu'elle avait si longtemps jugés indispensables à la prospérité de sa marine. M. Huskisson, dans un discours où l'élévation des pensées

---

(1) Ces droits assurent un avantage aux marchandises appor-
tées sur les bâtimens nationaux, en frappant celles qui arrivent
sur les bâtimens étrangers.

s'unit à la vigueur du raisonnement, a fort bien prouvé que si l'on pouvait user de certaines ruses, lorsqu'une seule nation en avait le secret, cela n'est plus possible aujourd'hui que tous les peuples ont l'éveil sur les intérêts commerciaux. *Notre brevet d'invention*, dit-il, *est expiré* (1). Mot profond autant qu'ingénieux.

On ne saurait nier qu'en abusant de sa force, un gouvernement peut faire quelques opérations lucratives. On a vu des États puissans contraindre des États faibles à recevoir d'eux seuls certaines marchandises, à leur en livrer d'autres, haussant le prix des premières, baissant le prix des secondes. Un brigand peut dépouiller les passans ; mais une autre industrie lui vaudrait une existence plus assurée. On sait ce que les États, tyrans d'autres États, gagnent par leurs exactions ; mais il faudrait compter ce qu'ils auraient gagné en adoptant d'autres principes, et ce qu'ils ont perdu par suite des haines, des représailles, des guerres excitées par leurs injustices. Le vulgaire attribue une révolution à l'événement dont elle est immédiatement précédée ; il faut voir les circonstances qui l'ont préparée et rendue inévitable. Le monopole que les Anglais faisaient peser

(1) *Discours prononcé à la Chambre des Communes*, le 24 mars 1824, traduit par M. Pichon.

sur leurs colonies de l'Amérique du nord, fomenta la haine que fit éclater plus tard la prétention de taxer ces colonies sans leur consentement. C'est en voulant maintenir au profit de quelques marchands, un monopole odieux, que l'Angleterre a créé une puissance rivale de la sienne, qui causera plus d'une fois des insomnies à ses ministres.

Pour accroître la richesse d'un pays, il faut développer l'intelligence et l'activité de ses habitans; les douanes protégent la paresse et l'ignorance. Plusieurs écrivains prétendent, il est vrai, que si la fabrication est libre dans un État, on peut exclure les producteurs étrangers, sans qu'il en résulte un monopole. Certes, le mal est moins grand que si le nombre des producteurs nationaux était limité : il n'existe, si l'on veut, qu'un demi-monopole; mais ses effets sont toujours de retarder le perfectionnement des arts et de renchérir les produits.

Nos forges ont fait des progrès; mais s'imagine-t-on qu'ils n'auraient pas été plus rapides et plus remarquables, si l'on avait eu moins de complaisance pour garantir les entrepreneurs de toute inquiétude sur la concurrence étrangère? Un homme éclairé, que son état oblige à très bien connaître la fabrication des fers, me disait il y a quinze ou seize ans : « Cette fabrication est tellement protégée par les droits, qu'on peut obtenir des profits élevés dans les forges, sans sortir de la routine ; et qu'une partie de nos exploitations atteste encore une complète ignorance. »

On sait combien l'Angleterre a protégé, par les douanes, ses manufactures de soie ; et l'on a vanté les effets de cette protection. Voici ce qu'en pensait M. Huskisson lorsqu'il était ministre, directeur du commerce. « Le monopole a produit ce qu'il produira toujours, une indifférence complète pour le perfectionnement. Ce zèle intéressé qui est l'âme de l'industrie, et qui s'applique sans cesse à produire, et à vendre au meilleur marché possible, s'est amorti, grâce au système prohibitif. C'est lui qui nous a retenus en arrière de nos voisins dans la fabrication des soieries. Effet déplorable de cette torpeur qui frappe l'industrie, lorsque des lois prohibitives la plongent dans une indolente sécurité (1) ! »

Souvent on parle d'économies à effectuer dans les dépenses publiques ; mais nous sommes encore si peu éclairés, nous connaissons si peu nos intérêts que nous ne pensons point à l'immense économie qu'on nous procurerait, sur nos dépenses privées, en cessant de gêner le travail et de renchérir les marchandises.

(1) Discours déjà cité, p. 12.

Ce sont là cependant de lourds impôts ajoutés à ceux qui sont écrits en toutes lettres dans le budget.

Mettre un droit à l'entrée d'une marchandise, c'est obliger le consommateur à la payer plus qu'elle ne vaut, non-seulement quand elle vient du dehors, mais encore quand elle est fabriquée dans l'intérieur, puisque les producteurs nationaux peuvent maintenir des prix élevés, ou même les hausser encore, sans craindre la concurrence. Il est tristement plaisant d'entendre des manufacturiers protégés par les lois prohibitives dire d'un ton satisfait : Nous ferons prospérer cette branche d'industrie, et vous ne serez plus tributaires de l'étranger. Comment étions-nous tributaires lorsque nous achetions de ceux qui nous donnaient, au plus bas prix, les ouvrages les mieux faits ? ne peut-on dire, avec plus de vérité, que nous payons un tribut, depuis que nous sommes forcés de nous adresser à des hommes qui nous vendent plus cher des objets moins bien fabriqués ?

M. Germain Garnier faisait, en 1822, ce calcul : « On croit que, dans le cours de l'année, une charrue qui travaille donne lieu à une consommation de cinquante livres pesant de fer. Le laboureur pouvait se les procurer, avant 1790, pour sept livres dix sous au plus ; et maintenant, il les paie au moins trois fois cette somme. S'il y a, comme on le suppose, neuf cent vingt mille charrues mouvantes en France, le renchérissement seul du fer grève l'agriculture d'un nouvel impôt de quatorze millions (1). » On peut dire qu'un pareil calcul est exagéré, et je souscris à cette opinion. Mais qu'on le réduise; on prouvera que l'impôt, dont il est ici question, est moins considérable que M. Garnier ne le prétend ; on n'arrivera pas à démontrer que cet impôt soit léger. Si l'on observe ensuite que l'auteur parle d'une seule espèce d'outils, et que le fer est une marchandise de première nécessité, qui sert à une multitude d'usages, on commencera peut-être à s'inquiéter du surcroît de dépenses qu'entraîne la hausse de son prix. Enfin, si l'on considère que le fer n'est qu'un des produits dont l'importation est frappée de droits, et si l'on essaie de faire le calcul du renchérissement occasionné par toutes les lois prohibitives, ou restrictives, on ne pourra se défendre d'une sorte d'effroi, en mesurant l'énormité du fardeau dont les douanes accablent les peuples.

On doit maintenant apprécier cette phrase, si souvent répétée par les faiseurs de tarifs : le renchérissement d'un produit est un impôt utile aux producteurs, et presque insensible pour la multitude de

(1) *Note* de la traduction de Smith, par G. Garnier, t. vi, p. 241.

consommateurs entre lesquels il se divise. En vérité, cette phrase semble être une ironie.

Prenons courage, le temps seconde la raison. On était autrefois convaincu que les douanes intérieures sont indispensables. Chacun sait aujourd'hui combien il est utile aux provinces d'un empire de commercer librement entre elles ; un jour, les divers États seront considérés comme ces diverses provinces. Si deux contrées que séparent les douanes viennent, par l'effet de quelque grand événement, à se voir placées sous le même gouvernement, les barrières disparaissent, et les deux pays ne tardent pas à s'en trouver mieux. Lorsque plusieurs États furent momentanément réunis à la France, la liberté commerciale s'étendit entre eux et nous : ce fut peut-être la plus grande compensation des violences de cette époque. Lorsque après une séparation nouvelle, les barrières ont été relevées, ce n'est pas l'intérêt de l'industrie, ce sont les préjugés, les ressentimens et la fiscalité qui l'ont voulu.

Les efforts pour s'opposer à la liberté, ne tournent pas toujours contre elle. Beaucoup de personnes pensent que le zollverein affermit le régime des douanes, et consacre la séparation des *nationalités*. Telle fut, assurément, l'intention des fondateurs ; mais, en réalité, la création du zollverein est, pour l'Allemagne, un pas vers la liberté, semblable à celui que la France osa faire lorsqu'elle détruisit ses barrières intérieures. Maintenant, les idées circulent, se développent avec rapidité. Soyez certains que les Allemands feront, en bien moins de temps qu'il ne s'en est écoulé depuis 1789, des progrès plus grands que n'ont été les nôtres en liberté commerciale.

Une erreur, qui je crois se dissipe, portait naguère quelques esprits distingués à penser qu'un peuple doit essayer de réunir tous les genres de fabrication, et tenter de se suffire à lui-même.

Ce système trompeur ne diffère point, dans ses conséquences, de celui des lois prohibitives; mais, au lieu de se présenter sous un aspect fiscal, il s'adresse au patriotisme, il flatte les nations dans leur orgueil et dans leurs haines. Nos tourmentes politiques étaient venues le seconder. Le génie du bien et le génie du mal, toujours en présence sur la terre, n'ont jamais déployé plus d'efforts que depuis cinquante ans. L'un a propagé des principes; l'autre a fomenté des passions. Les guerres qu'elles ont enfantées donnent une apparente justesse à des conseils qui rappelleraient la barbarie au milieu de la civilisation. L'absurde et fatale idée qu'un peuple doit se suffire à lui-même, ne conviendrait qu'aux mœurs d'une république guerrière qui, pour nourrir son patriotisme exclusif, haïrait tous les autres États, et voudrait s'isoler comme la bête féroce dans sa tanière.

Souvent on a vu des administrateurs, imprudens et médiocres, attacher un intérêt d'amour-propre à lutter contre la nature des choses, pour introduire ou pour développer dans un pays certaines branches d'industrie, qu'il aurait dû ne point cultiver ou cultiver sans éclat. Après le succès, les hommes sensés demandent si les résultats compensent les sacrifices. Le château de Versailles est l'emblème de ces folles entreprises : on se trompait en disant que cet édifice ne s'achèverait pas; il existe, mais vaut-il ce qu'il a coûté?

Chaque peuple a ses productions naturelles et ses talens, ainsi que son climat : c'est en suivant la route où des circonstances dominantes l'engagent, que son travail et ses capitaux lui donneront les meilleurs produits, et lui vaudront les plus riches échanges. Essayer de tout produire, c'est se condamner à fabriquer des objets qu'on peut se procurer mieux faits et à meilleur compte, en les tirant de l'étranger; c'est donner un emploi stérile ou destructif à des capitaux qui, sagement dirigés, auraient été féconds. Certains administrateurs sourient avec dédain lorsqu'on leur dit : La Providence, en variant les moyens que chaque peuple a pour créer des richesses, voulut rendre les habitans des divers climats néces-

saires les uns aux autres, et les unir par le lien des
échanges. Ces prétendus hommes d'État croient
avoir des idées plus profondes. Ah ! les vérités morales
sont susceptibles d'une démonstration rigoureuse.
Veut-on que je traduise, en langage arithmétique,
cette vérité que les hommes doivent rester fidèles aux
vues de la sage nature qui les appelle à des travaux
différens ? J'emprunterai les paroles d'un des auteurs
qui procèdent, en économie politique, avec le plus de
sécheresse. « Supposons, dit M. Ricardo, que deux
ouvriers sachent, l'un et l'autre, faire des souliers
et des chapeaux. L'un excelle dans les deux métiers ;
mais, en faisant des chapeaux, il ne l'emporte sur
l'autre que d'un cinquième ou de vingt pour cent,
tandis qu'en faisant des souliers, il a sur lui l'avantage d'un tiers ou de trente-trois pour cent. Ne
serait-il pas dans l'intérêt de tous deux que l'ouvrier
le plus habile se livrât exclusivement à l'état de cor-
donnier, et le moins adroit à celui de chapelier (1) ? »

Le système qui tend à faire partout fabriquer, dans
tous les genres, ne pourrait avoir d'autre résultat
qu'un malaise universel. Souvent on se plaint de
l'encombrement des marchés sur différens points du
globe : l'imprudence et l'ignorance de certains entrepreneurs sont assurément des causes de cette cala-

(1) *Des Principes de l'Economie politique*, t. I, p. 207, en note.

mité ; mais il faut l'attribuer plus encore aux douanes.
C'est avec leur secours qu'on fabrique les mêmes
marchandises dans la plupart des pays, tandis que
la liberté eût maintenu la variété nécessaire aux
échanges. Ensuite, le commerçant qui porte des produits sur une terre étrangère y trouve des douanes
qui les renchérissent, et rendent leur débit moins
facile. Les marchandises qu'il voudrait recevoir en
échange des siennes sont quelquefois prohibées ou
chargées de droits à la sortie ; et celles qu'on lui propose sont quelquefois prohibées ou chargées de droits
à l'entrée dans son pays. Quand l'industrie est ainsi
embarrassée par de doubles entraves, ce serait un
prodige que les ventes se fissent avec facilité. Dans
ce dédale, les besoins des hommes disparaissent ; c'est
le tarif des douanes qu'il faut connaître ; et, comme
il est inévitable que les lois de douanes varient, les
opérations commerciales n'ont point de sûreté. Tel
est l'état honteux où l'industrie est encore retenue,
au dix-neuvième siècle, par un système qu'ont en-
fanté les passions et l'ignorance.

Il y a, dans les douanes, une fâcheuse complication de mesures fiscales et de dispositions commerciales. L'or versé dans le trésor public a souvent
prêté sa force aux argumens des solliciteurs de droits ;
et les profits de l'impôt, attirant les regards, em-

pêchent de voir beaucoup de gênes et de misères. Un de nos économistes les plus distingués, M. Blanqui, dans son cours au Conservatoire des Arts et métiers (1843-44), intéressa vivement son auditoire par des considérations sur les moyens de désintéresser le budget dans la question douanière. Il montra qu'en faisant porter uniquement l'impôt sur un certain nombre d'articles de grande consommation, de marchandises encombrantes, pour lesquelles la perception est facile et la fraude difficile, le gouvernement multiplierait nos relations, exciterait notre activité, et s'épargnerait des dépenses; qu'il en serait aussi beaucoup épargné au commerce qui subit des pertes de temps, des frais, des avaries, des vexations, dont une partie atteint même les voyageurs les plus étrangers à l'industrie et à la contrebande.

La pensée de restreindre le domaine des douanes, et de les considérer simplement comme un impôt, trouve aujourd'hui grande faveur en Angleterre; elle y est préconisée par des hommes très éclairés en matières de commerce et de finance. Un employé supérieur du bureau du commerce, M. Mac-Grégor, a publié un écrit dans lequel il propose de réduire les douanes anglaises à huit articles (1), qui seraient

(1) Thé, — Sucre, — Café et cacao, — Tabac, — Esprits distillés, — Vins, — Fruits secs, — Épiceries.

suffisans pour que son budget couvrît les besoins du
trésor. Observons que les objets qui resteraient frappés de droits, n'ayant pas une haute importance pour
les travaux des manufacturiers anglais, l'industrie
pourrait abandonner à la fiscalité ces huit articles,
comme la rançon du libre commerce de toutes les
autres marchandises, et terminer ainsi ses débats
avec la douane.

Si le budget de M. Mac-Grégor était offert à la
Ligue, comme un moyen de conciliation entre les
partisans de la liberté commerciale, je ne doute point
que M. Cobden et ses amis accepteraient sans hésiter.
Quant au vœu d'abolition totale et subite, il est
impossible à réaliser même en Angleterre.

La voie qui conduira tous les peuples à la liberté,
est suivie par ce ministre qui ne recherche jamais le
pouvoir; et qui l'accepte, lorsqu'il a l'espérance de
le rendre utile. Sir Robert Peel s'est fait indépen-
dant des partis et des hommes, en se plaçant sous la
dépendance absolue du bien public et de sa conscience. En ce moment, la destinée de ses projets est
encore incertaine; mais soit qu'ils triomphent, soit
que ses adversaires parviennent à les faire ajourner,
une gloire pure est assurée à cet homme d'État.

CHAPITRE X.

De la Monnaie.

On sait que des philosophes, occupés de recherches sur l'origine des langues, sont restés saisis de surprise en voyant toutes leurs hypothèses offrir des difficultés insolubles, et qu'ils ont fini par croire l'intervention de la Divinité nécessaire pour créer le langage. Les recherches sur l'origine de la monnaie peuvent exciter une surprise semblable. Comment ces morceaux de métal, inutiles en eux-mêmes, sont-ils devenus, par un consentement unanime, le plus sûr moyen de se procurer les divers objets qu'on désire ?

L'autorité, la force ne peut avoir imposé ce moyen d'échange. Il existe une grande liberté dans l'usage de la monnaie. Si l'on reçoit une pièce d'or contre une marchandise, c'est qu'on y trouve son avantage ; car, si l'on préfère un autre produit, on l'exige, ou l'on refuse de conclure le marché. C'est donc librement que les hommes emploient le numéraire : il

n'en est que plus difficile de concevoir comment ils
l'inventèrent.

Quand les hommes ont un extrême besoin de parvenir à quelque découverte, leurs tentatives sont si
multipliées que le succès est enfin le prix de leurs
efforts. Peu d'inventions étaient aussi nécessaires que
celle de la monnaie. Pour juger à quel point elle
nous est utile, supposons qu'elle n'existe pas : comment faire la plupart des échanges ? Je possède une
balle de laine, et je voudrais avoir du blé. Je porte
ma lourde richesse chez un cultivateur ; il a du blé,
mais c'est du vin qu'il demande. Je cherche à m'en
procurer, pour le lui donner ensuite. Le vigneron n'a
pas besoin de ma laine; et le fabricant, qui la recevrait volontiers, ne possède ni vin ni blé qu'il puisse
me céder. Combien de difficultés et de courses, d'embarras et de fatigues ! Je parviens à découvrir quelqu'un qui peut faire un échange avec moi. Autre difficulté ! Comment apprécier la valeur des deux marchandises ? comment déterminer quelle quantité de
blé on doit donner contre telle quantité de laine?
Nous nous accordons enfin, et l'on divise une des
deux marchandises ou toutes deux. Mais si l'on ne
peut les diviser? s'il s'agit d'échanger un animal
contre un meuble? Quel hasard me fera rencontrer
une personne qui non-seulement possède l'objet que

je désire, mais qui le possède précisément d'une valeur égale à celle de l'objet que je veux échanger ?

Il était indispensable d'avoir une marchandise intermédiaire qui facilitât les échanges, et qui servît de
point de comparaison pour apprécier les valeurs.

Les objets qu'on peut employer à ce double
usage, n'ont pas tous, au même degré, les qualités
désirables ; et de nombreux essais précédèrent l'invention de la monnaie telle que nous la connaissons aujourd'hui. L'embarras de quelques philosophes, pour résoudre le problème de la formation
du langage, résulte de ce qu'il faut des conventions
pour donner un sens aux mots, et de ce qu'il faut une
langue pour faire des conventions ; cercle vicieux,
d'où ils ne voient pas la possibilité de sortir. Un de
leurs confrères les plus spirituels, M. Laromiguière,
a fort bien dit qu'on prouverait de même qu'il est
impossible d'avoir jamais ni marteau ni enclume,
puisqu'il faut une enclume pour faire un marteau,
et un marteau pour faire une enclume. Heureusement la nature est plus féconde en ressources que
nos savans ; elle nous fait arriver, par une suite
d'essais toujours moins informes, à produire avec une
sorte de perfection, ce qu'en théorie on jugeait impossible.

Livrés à leur bon sens naturel, les hommes ont

quelquefois des idées fort ingénieuses. Les pauvres
habitans de la côte d'Angole se sont fait une monnaie idéale dont les pièces, qu'ils nomment macutes,
n'existent que dans leur imagination (1). Celui qui veut
se défaire d'un objet l'évalue tant de macutes ; son
voisin évalue de même l'objet qu'il veut donner en
échange ; on marchande, comme s'il y avait des macutes à donner et à recevoir. Cette singulière monnaie sert de point de comparaison pour apprécier les
valeurs ; mais elle ne remplit qu'une des fonctions du
numéraire. Le besoin de faciliter les échanges, par
une marchandise intermédiaire, fit employer à cet
usage divers objets : ce furent au Mexique, des noix
de cacao ; en Virginie, du tabac ; en Abyssinie, des
pains de sel ; dans quelques peuplades indiennes, des
coquilles brillantes qui servent de parure.

En cherchant toujours à perfectionner le moyen
d'échange, on devait nécessairement arriver à la
monnaie métallique, parce qu'elle réunit, au plus
haut degré, les qualités désirables dans la marchandise intermédiaire. L'or et l'argent ont une grande
valeur (2), sous un petit volume qui permet de les

(1) *Économie politique* de Steuart, tome III, page 16.
(2) On s'abuserait en supposant que ces métaux doivent leur
valeur à l'effigie du prince : ils la doivent aux divers emplois
qu'on en peut faire, et aux dépenses qu'exigent leur extraction
et leur préparation.

garder, de les cacher et de les transporter aisément. Leur durée est indéfinie : ils sont assez abondans pour suffire aux besoins de tous les peuples, sans être assez communs pour que leur valeur s'avilisse, et qu'on soit obligé d'accroître la masse de la monnaie d'une manière embarrassante. L'art les divise en autant de parties qu'on le veut, sans qu'ils éprouvent un déchet notable. Enfin, ils sont susceptibles de recevoir et de conserver longtemps une empreinte.

Observons qu'une importante découverte fut celle de marquer les morceaux de métal, de manière à constater leur poids et leur titre. S'il fallait, en les recevant, les peser et les essayer, on serait fort embarrassé pour ces deux opérations : la première est gênante, la seconde serait presque impossible. On n'arriva que par degrés à frapper la monnaie. D'abord, on se servit de morceaux de métal sans empreinte; ensuite, un poinçon indiqua leur valeur; enfin, l'art de couvrir la pièce entière de figures et de mots, rendit plus difficiles à effacer et à contrefaire les signes indicatifs du titre et du poids des monnaies.

L'invention du numéraire est un des plus puissans véhicules de la civilisation. Les idées précédentes le prouvent; j'ajouterai une considération importante. Sans le numéraire, comment former les capitaux dont l'existence est indispensable au développement de l'industrie? On accumulerait difficilement des objets embarrassans par leur volume, sujets à s'avarier, et même à se détruire. Au moyen de la monnaie on peut mettre, chaque jour, en réserve quelques portions d'une marchandise qui tient peu de place, qui ne s'altère point ; et, lorsqu'on en possède une quantité suffisante, on la transporte facilement où le besoin l'exige, pour l'échanger contre les objets nécessaires à l'entreprise qu'on veut former.

Cependant, quelque grande que soit l'importance du numéraire, on l'a souvent exagérée, ou plutôt on s'est longtemps mépris sur la nature des services qu'il rend à la société. On le regarda comme la seule richesse ; l'économie politique eut pour but de retenir le numéraire dans l'État, et d'attirer celui des étrangers.

De judicieuses analyses ont dissipé, ou du moins affaibli ces préjugés. Les métaux précieux (1) ne sont pas autre chose que des produits ; et ces produits ne

---

(1) L'usage, qui n'est pas toujours d'accord avec la raison, a fait donner cette épithète à deux métaux ; mais, en réalité, le fer la mériterait mieux. Nous pourrions, à la rigueur, suppléer l'or et l'argent ; mais comment parviendrions-nous à suppléer le fer ?

s'obtiennent, comme tous les autres, que par le travail. Cela est évident, si l'on porte ses regards sur
les peuples dont le sol recèle ces métaux. L'exploitation des mines est un genre d'industrie qui n'est
même pas aussi lucratif qu'on peut le supposer ; il
donne souvent de fausses espérances, il est fécond en
chances désastreuses. Si les bénéfices paraissent
énormes dans une mine abondante, on les voit retomber au taux naturel lorsqu'on met en balance les
profits et les pertes de tous les entrepreneurs qui spé-
culent sur ce genre d'exploitations. Quant aux peuples qui ne possèdent pas de mines, c'est encore par
le travail qu'ils se procurent les métaux nécessaires
pour leur monnaie, leur orfévrerie, etc. S'ils ne les
volent pas en faisant la guerre, ils ne peuvent les
avoir qu'en donnant d'autres produits en échange.

Rien n'est plus inexact, je dirais presque rien n'est
plus absurde ou plus niais que cette phrase encore
répétée dans des discours publics, dans des rapports
officiels : Nous sommes tributaires de tant de millions envers tel peuple, à qui nous payons en numéraire ses marchandises. Je pourrais dire que ces millions, ou la presque totalité, se paient sans qu'il sorte
un écu de l'État ; mais je suppose que nos banquiers
les fassent passer en espèces monnayées à l'étranger :
comment sommes-nous plus ses tributaires que si

nous lui donnions d'autres objets, en retour de ceux qu'il nous cède ? Dès le premier livre de cet ouvrage, nous avons vu que les produits ne s'achètent qu'avec des produits. Si nous ne payons pas un peuple avec nos soieries, nos draps, nos vins, etc., si nous lui portons des métaux précieux, il a fallu d'abord nous les procurer, en les échangeant contre nos soieries, nos draps, nos vins, etc.; ainsi, nous payons toujours, directement ou indirectement, avec des produits de notre sol et de notre industrie. Toute la différence, c'est que dans le premier cas, il n'y a qu'un échange, et que dans le second, il y en a deux. Or, il se pourrait bien que ce fût dans ce dernier cas que nous eussions le plus de bénéfice, puisqu'une double opération doit mettre en mouvement plus de travail dans la société.

Une différence entre les métaux précieux et les autres marchandises, c'est qu'ils sont, de tous les produits, ceux que le commerce procure le plus facilement. Leur petit volume permet de les transporter au loin, à peu de frais, d'échapper à la surveillance des douanes, et de braver les prohibitions que fulmine une ignorante cupidité. L'or et l'argent sont naturellement portés où le besoin s'en fait le plus sentir ; en d'autres termes, où ils sont le plus chers. Pour que chaque État industrieux en reçoive la quantité qui lui est nécessaire, il suffit que le commerce ne rencontre pas d'obstacle; et, je le répète, pour une marchandise si précieuse et de si peu de volume, la circulation est toujours à peu près libre.

Dans un pays où il n'y aurait pas assez de numéraire (1), l'industrie souffrirait; les échanges se feraient avec difficulté. Toutefois, il n'est pas besoin que la quantité d'espèces monnayées augmente dans une proportion égale au nombre des échanges. Une pièce de monnaie se multiplie pour ainsi dire; l'activité du commerce la fait passer rapidement dans une multitude de mains.

S'il est vrai que la rareté de la marchandise intermédiaire nuirait à la célérité des échanges, il est également certain que sa trop grande abondance aurait des effets nuisibles. Ce serait une triste situation que celle d'un pays où l'on ferait toujours entrer de l'argent, sans jamais en laisser sortir. La valeur du numéraire baisserait; il faudrait se charger d'une quantité de monnaie toujours plus considérable, toujours plus embarrassante, sans obtenir plus d'objets en échange. La découverte de l'Amérique jeta en Europe une masse de métaux précieux, hors de proportion avec l'accroissement du commerce; l'argent

(1) Ou de signes qui représentent la monnaie, comme nous le verrons plus tard.

9

valut six fois moins qu'auparavant. Un fait prouve
à quel point les hommes cèdent aux illusions lorsqu'il s'agit de ce métal recherché avec tant d'ardeur.
Le parlement de Paris fit des remontrances pour se
plaindre de ce qu'un grand nombre de particuliers
avaient de la vaisselle et des meubles d'argent; et pour
demander que, dans l'intérêt des pauvres, un tel
luxe fût interdit. Si l'on eût paralysé une branche
d'industrie, on aurait diminué le travail; et si l'on
eût augmenté la quantité d'argent monnayé, on aurait encore affaibli sa valeur.

L'opinion qui fait prendre le numéraire pour la
richesse, doit cependant avoir quelque chose de spé-
cieux, puisqu'elle fut universelle, et qu'un certain
nombre de personnes la défendent encore. Cette opinion doit être celle des hommes qui jugent sur l'apparence. Nous faisons peu d'échanges proprement
dits, nous faisons des achats et des ventes; on y voit
toujours figurer la monnaie; elle semble donc tout
produire, et tenir lieu de tout. Plus un homme a
d'argent, plus il est riche : de ce fait incontestable,
il est assez naturel de conclure que, pour enrichir un
État, on n'a besoin que d'accroître la masse de son
numéraire. Mais, quand on assimile une nation à
un individu, on tombe quelquefois dans de graves
erreurs. L'homme qui, chaque jour, augmente la

quantité de métaux précieux qu'il possède, n'en fait pas diminuer la valeur ; un peuple, en accroissant toujours la masse de ses espèces monnayées, éprouverait les misères de la surabondance. Observons ensuite qu'un peuple est une agrégation d'individus dont les intérêts et les goûts sont très variés. Je préférerais une somme de vingt mille francs à des marchandises de même valeur. Où les placerais-je ? L'argent va me procurer à l'instant ce qui pourra me plaire. Un négociant préférerait peut-être les marchandises. Pour m'en servir, je serais obligé de les vendre ; et lui, pour se servir de l'argent, achèterait des marchandises. Je les aurais vues s'altérer dans mes mains, ou même se détruire ; et le négociant les fera surpasser en valeur la somme que j'ai choisie. Il peut donc, lorsqu'il vend à l'étranger, trouver avantageux de se faire payer avec d'autres produits que des espèces monnayées. Quelquefois, sans doute, il accepte des marchandises, quoiqu'il eût désiré de l'argent ; c'est qu'alors on ne veut traiter que de cette manière, et qu'il aime mieux vendre ainsi que de garder ses envois. Il cherche toujours à faire ce qui lui est le plus avantageux ou le moins préjudiciable ; et tous les efforts du gouvernement pour le diriger, par des prohibitions et des droits, n'ont d'autre résultat que de le contraindre à des

marchés désavantageux ou de le réduire à l'impossibilité de vendre.

On a dû croire qu'on faisait un raisonnement très
juste, en disant : il y a des objets qui se détruisent
avec rapidité, et les métaux sont presque indestruc-
tibles ; si donc un pays achète d'un autre des objets
fragiles, et paie en numéraire, il s'appauvrit et
l'autre s'enrichit. Mais le pays qui reçoit du numéraire ne le garde point. L'argent s'écoule ; le
peuple qui l'a reçu pour des étoffes, le donnera peut-
être pour des boissons qui sont encore moins durables.

Lorsqu'on pensait que les métaux précieux font la
richesse des États, on dut attacher une extrême importance à calculer le montant des ventes et des
achats faits à l'étranger. En rapprochant les colon-
nes de chiffres, on vit ou l'on crut voir quelle balance de compte il restait, soit à payer, soit à recevoir.
C'est ce qu'on nomma *la balance du commerce*, avec
laquelle on prétendit juger si un pays s'enrichissait
ou s'appauvrissait. La futilité de cette opinion a si
bien été démontrée, que je m'arrêterai peu sur un
pareil sujet.

Les tableaux de la balance du commerce dressés
en Angleterre, sont toujours ou presque toujours en
faveur de cette riche contrée. Le numéraire entré

dans ce pays doit donc y former une masse prodigieuse. M. Say additionne les sommes ainsi reçues
par les Anglais, depuis le commencement du dix-
huitième siècle jusqu'au papier-monnaie de 1798,
et trouve le total énorme de trois cent quarante-sept
millions sterlings. « En ajoutant, dit-il, le numéraire qui existait déjà en Angleterre au commencement du dix-huitième siècle, on jugera qu'elle doit
posséder bien près de quatre cents millions. Comment se fait-il que les évaluations ministérielles les
plus exagérées n'aient pu trouver en Angleterre que
quarante-sept millions, à l'époque où il y en avait le
plus (1)? »

Les résultats illusoires de la balance du commerce
ont été fort spirituellement indiqués par M. de Saint-
Chamans, dans un discours que je n'ai pas sous les
yeux; et, sans doute, je vais rendre moins frappantes les idées de l'auteur. Supposez, dit-il, qu'un négociant français exporte au-delà des mers une cargaison de cinquante mille francs; supposez que sa
vente et ses achats soient tellement heureux qu'il apporte, en retour, des marchandises dont la valeur
s'élève à deux cent mille francs. Cette opération est
brillante. Cependant, consultez la balance du com-

_____

(1) *Traité d'Economie politique*, tome I, page 245.

merce: elle indique, dans la colonne des exportations cinquante mille francs ; dans celle des importations, deux cent mille francs ; et prouve ainsi que nous avons perdu cent cinquante mille francs. Un événement pouvait changer ces calculs. Si la tempête eût englouti les deux cent mille francs de marchandises, ils ne seraient pas inscrits dans la colonne des importations ; et celle des exportations démontrerait que nous avons gagné cinquante mille francs.

On conçoit à peine que des hommes d'État aient laborieusement étudié les tableaux de la balance du commerce, pour en tirer de graves conséquences sur la destinée des empires. C'est encore un motif d'espérer que des erreurs accréditées maintenant, seront un jour tournées en ridicule.

CHAPITRE XI.

Des Papiers qui suppléent la Monnaie.

Quelque admirable que soit l'invention de la monnaie, les hommes ont su la perfectionner, et découvrir des secrets pour faciliter encore les échanges.

La monnaie donne, en quelque sorte, la faculté de transporter les autres produits, sans les changer de place. Si j'habite le midi, et que je possède une terre à blé dans le nord, on ne pourrait, sans beaucoup d'embarras et de frais, m'envoyer ma part des récoltes. On la vend dans le nord, et l'on me fait parvenir de l'argent que j'échange au midi contre du blé; je trouve ainsi près de moi ma récolte. Ce transport de la monnaie, moins cher que celui des marchandises, est cependant coûteux, et peut occasionner des pertes. Pour m'épargner cet inconvénient et ces dangers, l'acquéreur de mon blé fait un écrit, dans des formes légales, par lequel il charge quelqu'un du pays que j'habite de payer tel jour, soit à moi, soit à la personne que je désignerai, la somme dont il est débiteur. Cette *lettre de change*, qui m'arrive presque sans frais, transporte l'argent, comme l'argent transporte les marchandises.

Si l'on se représente le nombre prodigieux de paiemens qui rendraient nécessaires des envois d'espèces monnayées, on jugera combien le papier, substitué au numéraire, épargne de frais à l'industrie, et jette d'activité dans la circulation.

La certitude qu'une lettre de change sera payée à telle époque, lui donne une valeur très rapprochée de celle du numéraire. On peut donc faire accepter, en paiement de ses achats, les billets qu'on a reçus pour ses ventes. Ce n'est pas seulement dans les villes d'un même pays que ces papiers circulent; ils servent au commerce des différens peuples, ils passent d'un hémisphère à l'autre. Ingénieux moyen de faciliter les échanges; et, par conséquent, de les multiplier!

L'emploi des billets donne lieu à tant d'opérations, qu'il a fait naître un genre d'industrie qu'exercent les *banquiers*, véritables commerçans dont les marchandises sont de l'argent et du papier. Si l'on a besoin de toucher le montant d'un billet avant son échéance, les banquiers l'*escomptent*, c'est-à-dire l'acquittent, en prélevant un droit. On se procure par eux des lettres de change sur les places de com-

merce où l'on a des dettes à payer. Le papier vaut
naturellement un peu moins que les espèces monnayées, puisqu'il faut en attendre le paiement; toutefois, si les négocians de telle ville ont beaucoup à recevoir, peu à payer, les lettres de change sur cette
ville sont rares; et la concurrence des demandeurs
en fait donner plus que les sommes qu'elles représentent. Le change pour cette ville est *en hausse;* il
serait *en baisse,* si elle devait plus qu'on ne lui
doit; il est *au pair* quand les dettes se balancent; et
l'on juge que le *cours du change* est sujet à varier.

Souvent les opérations de paiement se compli-
quent. Si Londres doit à Paris plus que Paris ne lui
doit, mais que les Français soient débiteurs envers
Amsterdam, et que les Anglais y soient créanciers,
Londres peut s'acquitter avec du papier hollandais,
qui soldera nos comptes d'Amsterdam.

Des établissemens, formés par des capitalistes,
mettent en circulation une espèce de papier-monnaie
qui, dans beaucoup de transactions, peut suppléer
le numéraire. Ces établissemens, qu'on nomme *ban-*
ques, doivent avoir des sommes suffisantes, en argent et en lettres de change, pour répondre de leur
papier : mais, comme il est presque impossible que
le remboursement de la totalité de leurs billets soit
au même instant demandé, elles en émettent pour

9.

une valeur plus grande que celle des sommes dépo-
sées dans leurs caisses, et se procurent ainsi des bénéfices considérables.

Deux conditions sont indispensables pour que les
billets de banque obtiennent la confiance. Il faut
qu'on soit libre de les refuser ; il faut, si on les reçoit, qu'on ait la certitude de les échanger, à volonté
et sans frais, contre du numéraire.

Les banques offrent de grands avantages à l'industrie ; elles facilitent les échanges, elles escomptent les papiers du commerce, et lui font des avances.
Smith dit que c'est depuis l'établissement des banques, à Glascow, à Édimbourg, que le commerce de
l'Écosse a pris un grand accroissement. Sans contredire ce fait, j'assurerais que tout était préparé pour
le développement de l'industrie en Écosse, lorsque
les banques y furent créées. Ces établissemens peuvent seconder l'impulsion commerciale, mais ne sauraient la donner.

Aux avantages que présentent les banques se mêlent des inconvéniens. Le fonds qui sert de gage aux
billets peut être diminué par de fausses spéculations,
par des prêts forcés ou imprudens. Il se peut aussi
qu'on multiplie avec excès les billets, et que le numéraire, devenu moins utile, se resserre ou passe à
l'étranger. Alors, si quelque circonstance fait porter

à la banque une masse de ses papiers, une crise se déclare, et le remède est difficile à trouver. Permettre la suspension des paiemens, c'est donner à la fraude l'appui de la force.

L'autorité ne peut laisser à tous les particuliers la liberté d'établir des banques; l'expérience a prouvé les dangers de l'opinion contraire. Une profession où l'on fabrique des signes représentatifs de la monnaie, exige que, pour l'exercer, on donne des garanties de probité et de solvabilité. Je pense aussi que, dans l'intérêt public, le gouvernement doit s'assurer que les fonds restent intacts, et que les billets n'excèdent pas le nombre fixé. Mais les rapports des gouvernemens avec les banques, ne sont pas eux-mêmes sans danger. Rarement le pouvoir résiste-t-il au désir de faire des emprunts; et trop souvent on l'a vu récompenser les complaisances d'une banque, soit en lui permettant une suspension de paiemens, soit en donnant un cours forcé à ses billets. De tels dangers sont imminens, extrêmes, quand le pouvoir est absolu; et tous ne disparaissent pas quand il est limité. On n'oubliera jamais le scandaleux exemple que le parlement anglais a donné vers la fin du siècle dernier. Toutefois, des garanties résultent de la forme du gouvernement. Pour qu'on ose déclarer que des billets qui perdent sont au pair, il faut, sous un par-

lement, une crise européenne; sous un despote, il ne
faut qu'une fantaisie.

Les papiers-monnaie que des gouvernemens fabriquent, au milieu du désordre de leurs finances,
ne sont pas même une invention ingénieuse. C'est
une imitation des billets de banque, moins les garanties. Un gouvernement qui recourt à ce funeste
palliatif, ne saurait employer aucun des moyens qui
font naître la confiance. Il est dans la nécessité de
donner un cours forcé à sa monnaie de papier; car,
si l'on était libre de la refuser, personne n'en voudrait. Il ne peut offrir de l'échanger à bureau ouvert; car, s'il était assez riche pour répondre à toutes
les demandes, il n'aurait pas besoin de billets. Il promet un remboursement, ainsi le veut l'usage; mais
il s'inquiète peu de sa promesse illusoire. Créer un
papier-monnaie, c'est dans l'impossibilité d'établir
une nouvelle contribution, lever le plus lourd des
impôts; c'est, ne pouvant plus emprunter, faire
une vaste spoliation. L'État vole ses créanciers;
et, pour dédommagement, autorise chaque particulier à voler les siens. Sans doute une émission très modérée de papier-monnaie en retarderait
la chute; mais, comme on n'emploie une pareille
ressource que dans des temps calamiteux, loin qu'on
puisse la diriger, on est maîtrisé par elle; et chaque

jour le discrédit accélère la fabrication. Cette ressource précaire, ruineuse, immorale, produit néanmoins, pour quelques momens, toutes les apparences de la prospérité. Le papier-monnaie a de l'analogie avec un feu d'artifice qui brille, éblouit, et rend ensuite l'obscurité plus profonde. Aussi longtemps que le gouvernement soutient la valeur de ses billets par la force ou la ruse, et même dans le court intervalle où il peut encore suppléer par l'abondance du signe à sa valeur première, il fait d'énormes dépenses qui semblent ne rien coûter au public. Cet amas de papiers excite une fureur générale de s'enrichir et de dissiper. Chacun achète, vend, commerce. Ce besoin tout nouveau s'accroît encore par la dépréciation des billets : demain, ils vaudront moins, dans peu de jours ils seront sans valeur; il faut les employer à l'instant, fût-ce en folles dépenses. Ce sont de vraies saturnales, dont l'étourdissement ne cesse qu'au jour de la banqueroute universelle. On était arrivé à donner dix mille, trente mille francs, pour des objets qui valent cinq ou six francs; on finit par ne pouvoir placer ses billets à aucun prix. L'homme qui se croyait millionnaire, a pour quelques centimes de papier dans les mains. L'État ne paraît peuplé que de gens sans ressource; chacun se plaint de sa misère, et de la mauvaise foi d'autrui. Les billets n'existent plus, l'argent ne reparaît pas ; la détresse du gouvernement et celle des particuliers sont extrêmes. Tout serait perdu, si la nature ne se chargeait de réparer nos fautes. La source de ses bienfaits n'est point tarie ; il reste aux hommes leur sol, une partie de leurs capitaux, leur intelligence et leur activité. On les voit recouvrer leurs richesses dans un laps de temps assez court ; mais d'autres biens sont plus lents à renaître. Les âmes flétries à l'école de la déception, de l'agiotage et du vol, reprennent difficilement les nobles habitudes de bonne foi, de désintéressement, d'intégrité, nécessaires au bonheur des individus et des peuples.

CHAPITRE XII.

Des Encouragemens nécessaires à l'industrie.

Nous avons vu combien on oppose d'obstacles à l'industrie par des mesures vexatoires; souvent, on ne la sert pas mieux par les encouragemens qu'on prétend lui donner. C'est un fléau très funeste au public que cet amour-propre puéril de certaines gens à grandes places et à petits projets, qui veulent intervenir dans toutes les affaires, comme pour constater qu'ils ont du pouvoir. Je conçois, dans les subalternes, une activité tracassière et vaniteuse ; mais leurs chefs devraient en être garantis par quelque élévation de pensée. Si les gouvernemens se bornaient aux véritables moyens d'encourager les arts, leur tâche ne se réduirait pas à rien, comme on a souvent affecté de le dire; elle s'ennoblirait. Les administrateurs, au lieu de se laisser transformer en espèces de premiers commis marchands, agiraient en hommes occupés d'améliorer le sort de leurs semblables.

Pour encourager l'industrie, il faut répandre l'instruction, garantir la liberté du travail, respecter et faire respecter tous les genres de propriétés, assurer la tranquillité intérieure, entretenir la paix au-dehors (1), étendre les relations amicales, multiplier les moyens de communication, honorer les hommes industrieux qui se distinguent par le perfectionnement ou le bon marché des produits.

Voilà les véhicules dont un gouverment éclairé doit faire usage; et s'il les employait dans toute leur puissance, on jugerait bientôt inutiles ou dangereux les encouragemens prétendus. Même en supposant à ceux-ci de l'efficacité, que sont de petits moyens d'agir sur quelques manufactures, comparés aux vastes moyens d'animer l'industrie de tout un peuple?

Une protection spéciale donnée soit à telle branche d'industrie, soit à tel individu, n'est vraiment utile que lorsqu'elle sert à l'instruction de tous, et

(1) Une paix qui, tout à coup, succède à une longue guerre, peut amener une crise commerciale. C'est ce qu'on a vu, il y a peu d'années, en Angleterre et aux États-Unis; mais les faits de ce genre ne fournissent pas d'argument contre les inappréciables avantages de la paix; ils prouvent que le commerce souffre de tout changement brusque, qui contraint à chercher un nouvel emploi des capitaux.

ne nuit à la liberté de personne. Pendant son ministère, Chaptal voit que les Anglais, à l'aide d'inventions nouvelles, sont près de nous surpasser dans la fabrication des draps : il appelle en France le mécanicien Douglas, et répand la connaissance des procédés qui nous étaient devenus nécessaires. Agir ainsi, c'est faire plus qu'encourager un genre de fabrication, c'est le perfectionner et l'offrir en exemple. Tous les hommes industrieux furent à portée de juger quels succès on obtient par d'ingénieux procédés dans les arts.

Un encouragement partiel ne sert, en général, une branche d'industrie qu'aux dépens de plusieurs autres ; et, trop souvent, il fut la récompense de l'intrigue des fabricans et de la corruption des commis.

Le genre d'encouragement le plus employé consiste en primes accordées à la production, ou à l'exportation, ou à l'importation de certaines marchandises. Quand les arts sont dans l'enfance, il est possible qu'un secours partiel ait une influence générale en éveillant les esprits. Mais plus tard, l'emploi de ce moyen peut produire des effets opposés. On blesse, on décourage les entrepreneurs auxquels on refuse des secours accordés à d'autres ; et cependant, on ne peut les laisser tous puiser dans le trésor public.

Il est d'ailleurs très préjudiciable de persuader à la classe industrieuse que, pour réussir, les faveurs du gouvernement sont nécessaires : il faut que les hommes comptent sur leurs forces ; qu'ils soient bien convaincus que l'intelligence et l'économie, l'activité et les associations surmontent tous les obstacles. Alors les entreprises sont nombreuses; elles subsistent, elles prospèrent, quels que soient les changemens de ministres, et les changemens de vues dans les ministères.

Si tel commerce ne peut être fait qu'avec perte, c'est une faute grave que de porter des hommes à l'entreprendre, en les séduisant par des primes. Ces hommes laborieux auraient fait de leurs capitaux un usage plus lucratif, qui n'eût rien coûté à l'État. On les jette dans une route moins avantageuse que celle où leur bon sens les eût conduits.

Si des fabricans peuvent vendre leurs marchandises, et qu'on les gratifie d'une prime, elle forme pour eux un accroissement de bénéfices : il est assez singulier qu'on les paie pour exercer une profession lucrative. A-t-on le droit de dépenser ainsi l'argent du public? N'est-ce pas, comme il arrive trop souvent, lever une contribution sur des gens pauvres, pour la donner à des gens riches?

Si le manufacturier baisse ses prix de toute la va-

leur de la gratification qu'il reçoit, l'impôt cesse d'ê-
tre levé à son profit , et tourne à l'avantage d'un certain nombre de consommateurs. Alors nous payons
pour que ceux-ci aient à meilleur marché les objets
qui leur plaisent : pense-t-on que cela soit juste? Si
la prime est donnée à l'exportation, elle devient un
véritable présent fait sur nos contributions aux
consommateurs étrangers ; et quand les marchandises, si bien favorisées, haussent de prix dans l'intérieur parce qu'elles sont plus exportées, ce renchérissement est un second impôt qui pèse encore
sur nous.

Observons, enfin, que les ressources de la vieille
doctrine économique ont perdu l'efficacité qu'elles
pouvaient avoir jadis. Si vous gratifiez l'exportation de telle marchandise, rien n'empêche vos
voisins de la charger, à l'importation, d'un droit
égal à votre prime. La situation du commerce restera donc la même, et l'impôt que nous aurons
payé sera versé dans la caisse d'un gouvernement
étranger.

Les récompenses données à ceux qui perfectionnent les différens genres de fabrication, doivent surtout être de nature à faire connaître les fabricans
qui se distinguent : elles coûtent moins que des
primes, et sont plus avantageuses. Les récompenses

excitent l'émulation; une prime n'a rien qui flatte
l'amour-propre: au contraire, elle annonce que telle
industrie, faible encore, ne saurait exister sans appui. Les récompenses sont offertes à l'intelligence, à
l'activité; les primes ont souvent protégé l'ignorance
et la paresse. Quand on assure à des hommes un
bénéfice, on ralentit leurs efforts: du moins faut-il
atténuer ce funeste effet, en montrant l'époque où les
secours cesseront d'être accordés.

Les dons du gouvernement aux manufacturiers
embarrassés ne produisent qu'un bien partiel, et
causent un mal général s'ils contribuent à rendre
plus aventureux les entrepreneurs. Je ne prétendrai
pas cependant que ces dons soient toujours sans utilité; ils peuvent être nécessaires pour prévenir des
calamités, pour sauver telles manufactures et leurs
nombreux ouvriers. Lorsqu'on parle d'administration, le mot *en général* doit être sous-entendu dans
un grand nombre de phrases. Une vérité que M. Say
répète plusieurs fois dans ses écrits, c'est qu'*il n'y
a rien d'absolu en économie politique*. Expliquons
cependant la pensée de l'auteur. Assurément, l'économie politique a des principes invariables, susceptibles d'une démonstration rigoureuse; mais, lorsqu'on veut les mettre en pratique, on rencontre
souvent des obstacles, dont la plupart naissen des

fausses mesures que les gouvernemens ont prises dans l'ignorance de ces principes. Ce n'est pas la science, ce sont ses applications qui varient et qui n'ont rien d'absolu.

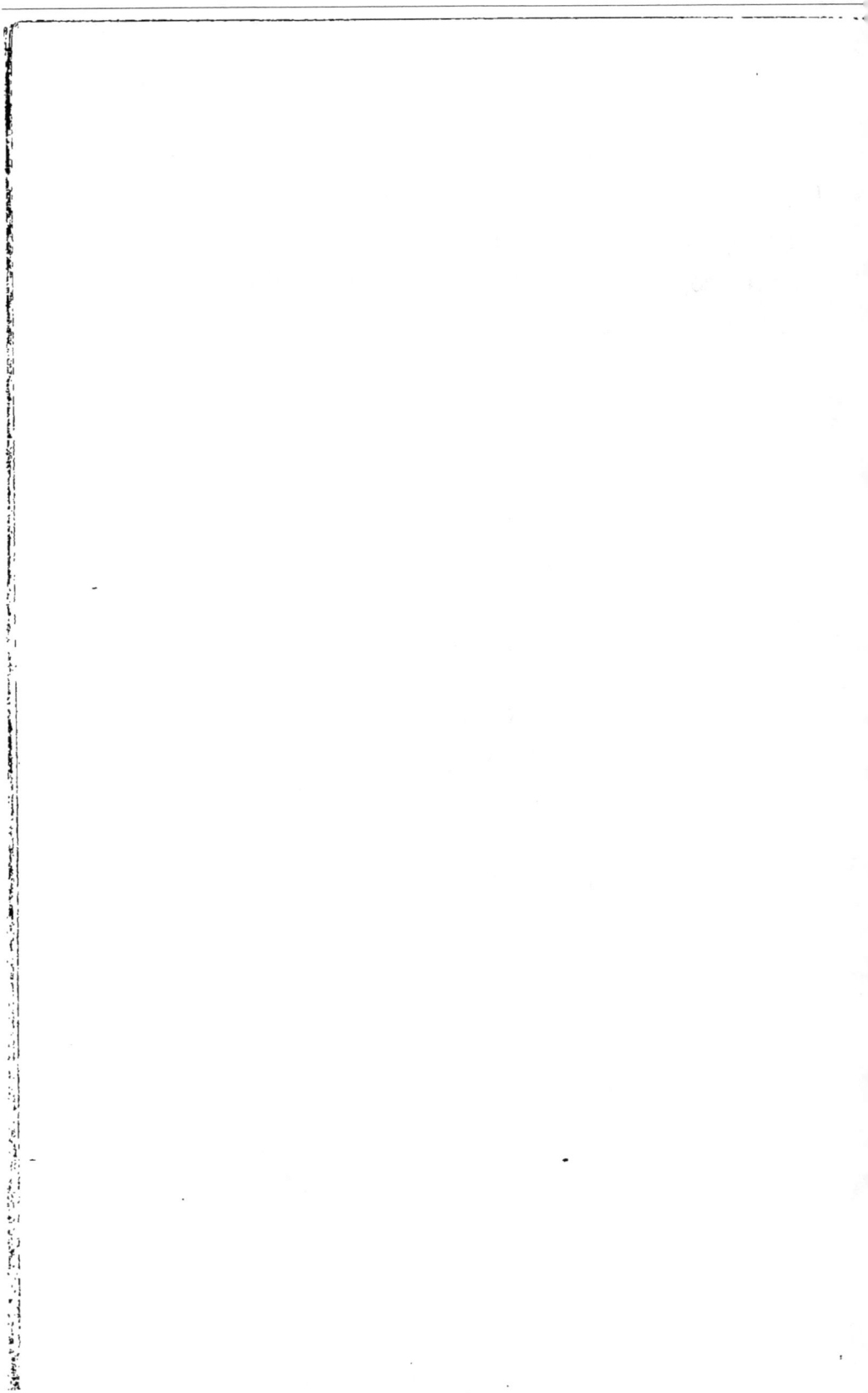

LIVRE III.

DE LA DISTRIBUTION DES RICHESSES.

CHAPITRE PREMIER.

Du Revenu.

Un revenu est cette part des produits qu'un homme obtient, dans le cours de l'année, soit en travaillant, soit en louant à d'autres les moyens de travailler qu'il possède.

On donne différens noms au revenu, selon la source qui le fait naître. On l'appelle *rente*, lorsqu'il vient d'une propriété, par exemple d'un domaine ou d'une somme prêtée à intérêt ; *profit*, lorsqu'il consiste dans les bénéfices d'une entreprise d'industrie ; *salaire*, lorsqu'il est le prix du travail de l'ouvrier.

Le revenu qu'on appelle *salaire* quand les résultats du travail sont matériels, se nomme *appointemens*, *émolumens*, quand les produits sont immatériels.

Chaque espèce de revenu est une part des produits de la société : si cette part n'est ni assez faible pour que ceux qui en vivent soient dans un état de gêne, ni assez considérable pour s'être grossie au préjudice des autres, les richesses sont bien distribuées. Au contraire, elles le sont mal, quand on ajoute, aux inégalités naturelles, des inégalités que blâme la raison. Si, par exemple, les fonctionnaires publics sont trop payés, la distribution des richesses est vicieuse sous ce rapport. C'est bien pis lorsqu'on fait contribuer les hommes laborieux, pour enrichir des gens qui ne font rien ou qui font des choses nuisibles.

CHAPITRE II.

De la Rente des terres.

Les terres fournissent une rente aux propriétaires, des profits aux fermiers, et des salaires aux ouvriers de la campagne. Une famille qui cultive ses champs réunit les trois espèces de revenu.

L'exploitation des terres est, sous de nombreux rapports, l'industrie la plus importante : elle produit les subsistances et les matières premières; elle occupe une grande partie de la population ; elle a sur les forces physiques de l'homme une influence salutaire; elle fait naître une prospérité moins sujette aux revers que celle dont la source est dans les ateliers et le commerce. Le genre d'industrie qui réunit tant d'avantages, est cependant le moins lucratif.

Il y a deux manières de placer un capital dans l'industrie agricole. Les propriétaires ont des terres et des bâtimens; les fermiers ont des instrumens de culture, etc. Les causes qui rendent peu lucratives

10

l'une et l'autre manière d'employer un capital, sont
faciles à reconnaître.

Le sol est borné dans son étendue, et la concurrence est grande pour acquérir des portions de
terre. On aime la solidité d'un tel placement, elle
compense la faiblesse de l'intérêt : c'est un si grand
bien que la sécurité ! D'autres avantages se lient à
ce genre de possession : dans plusieurs pays, il
donne des privilèges ; et partout les riches propriétaires ont un loisir qui leur permet d'occuper des
fonctions publiques et d'exercer de l'influence. Une
foule d'individus, sans porter si haut leurs vues, as-
pirent au moment d'acheter une petite propriété.
Le pauvre regarde son champ comme une grande
ressource; il met de l'amour-propre à le posséder ;
sur son coin de terre, il est chez lui. Enfin, des
idées de paix et de bonheur s'unissent aux idées de
champs et de village ; beaucoup de personnes se représentent la campagne comme une douce retraite,
et veulent l'habiter, du moins momentanément. Les
terres à vendre sont presque toujours au dessous
de la quantité demandée, par conséquent elles sont
chères : on ne peut tirer qu'un faible intérêt du capital employé à les acquérir.

Les hommes en état d'être fermiers sont bien plus
nombreux que les propriétaires de ferme ; ceux-ci,

favorisés par la concurrence, peuvent donc élever la rente aux dépens des profits. Cependant les cultivateurs aiment mieux continuer les travaux dont ils ont l'habitude, que de tenter des entreprises qui rapportent davantage, mais qui sont plus hasardeuses, et pour lesquelles ils manquent de connaissances nécessaires. Il y a donc aussi pour eux des motifs de sécurité qui viennent compenser la faiblesse de leurs profits.

M. Ricardo explique d'une manière ingénieuse l'origine du fermage (1). « Dans un pays neuf, dit-il, les premiers occupans s'approprient les terres les plus fécondes et les mieux situées. Si le sol avait une étendue sans bornes, que partout il offrît une égale fertilité et des débouchés également faciles, tous ceux qui voudraient des terres continueraient de s'en approprier, et nul homme ne voudrait cultiver pour un autre. Il n'en est pas ainsi. Quand les meilleures terres sont occupées, et qu'il n'en reste que de qualités inférieures, un nouvel arrivant peut juger plus avantageux de prendre à ferme d'excellentes terres que d'en défricher de médiocres ; il aura moins de peine et plus de gain : il se décide à travailler pour un propriétaire. » Cette idée sur l'origine du fermage

_____

(1) *Des Principes de l'Économie politique,* tome I, page 68.

est spécieuse ; mais je vois peu d'utilité à remonter ainsi aux premiers jours de l'appropriation des terres ; il suffit d'observer ce qui se passe sous nos yeux. On conçoit très bien qu'un homme qui possède une machine, s'il ne veut pas l'employer lui-même, trouve quelqu'un qui lui donne une somme annuelle pour avoir le droit de s'en servir, et d'en tirer un profit. La terre aussi est une machine ; ce qui la distingue des autres, c'est qu'elle est très supérieure à celles qu'invente le génie des arts ; elle porte en elle-même une puissance active que nous ne faisons qu'accroître et diriger. Le propriétaire d'un champ peut donc louer cette machine qui lui appartient, et dont un autre va se servir au grand avantage de tous deux. Beaucoup de propriétaires trouvent agréable d'affermer leurs domaines, et de se livrer, soit au repos, soit à des occupations plus douces ou plus lucratives que celles qu'ils abandonnent. Des laboureurs, qui ne seraient qu'ouvriers si les propriétaires cultivaient eux-mêmes, voient aussi s'améliorer leur sort ; ils se font entrepreneurs, les salaires dont ils vivaient sont remplacés par des profits ; leur situation devient plus libre et plus heureuse. Ainsi, le fermage existe pour l'intérêt commun de deux classes nombreuses.

La qualité des terres n'a point, sur le taux de la

rente et du profit, l'influence que ferait supposer un
coup-d'œil superficiel. On paie les terres en raison
de leur produit; si la rente est considérable, le prix
d'achat le fut aussi. Observons même qu'un excellent terrain porté très haut par la concurrence des
acheteurs donnera, proportion gardée, une rente
plus faible qu'un mauvais terrain pour lequel peu
d'acquéreurs se seront présentés. Le taux du profit
ne dépend pas non plus de la qualité du sol, puisqu'elle influe sur le montant de la rente que le fermier doit payer.

Ce qui fait augmenter d'abord le profit, ensuite la
rente, c'est la bonne culture. Un fermier laborieux,
intelligent et riche, qui rend les terres plus fécondes, voit ses profits s'accroître. Quand le bail est expiré, les améliorations tournent à l'avantage du propriétaire; elles lui appartiennent, et lui permettent
d'élever la rente.

Il y aurait injustice à s'emparer des améliorations
avant que le fermier eût recueilli le fruit de ses avances. Comme à la fin du bail il ne pourrait empêcher
cette injustice, il la prévient en ne faisant que les
avances dont il est assuré de jouir. Ainsi, quand le
terme des baux est court, la bonne culture est impossible. Les propriétaires, dans les temps d'ignorance, louent pour peu d'années, et rendent facile la

résiliation des baux : ils pensent rester plus maîtres
de leurs domaines ; mais ils entendent aussi mal leurs
intérêts que ceux de la société.

Non-seulement un propriétaire doit passer des
baux à long terme, mais encore il doit éviter de louer
trop cher, afin de rendre possibles les améliorations.
Agir ainsi, c'est penser à ses enfans et même à soi,
car c'est assurer le paiement de la rente. J'ai presque toujours vécu loin de mes propriétés ; j'ai cependant été payé plus exactement que bien d'autres,
parce que je n'ai jamais voulu traiter qu'avec d'honnêtes gens, et à bon marché.

Le propriétaire qui renouvelle un bail, cherche à
faire passer dans la rente une grande partie de l'augmentation du profit. Toutefois, les progrès de la
culture contribuent, d'une manière permanente, à
l'élévation du profit, de même qu'à celle de la rente.
Celle-ci s'est élevée, et cependant elle a dans les
produits une part relative moins forte qu'autrefois ;
ainsi, les propriétaires et les fermiers ont vu leur
sort amélioré par le développement de l'industrie
agricole.

Il faut longtemps pour arriver à notre degré de
liberté et d'aisance. Les richesses sont très diverse-
ment réparties, selon la condition des hommes qui
cultivent les terres.

Les peuples anciens employèrent des esclaves à la culture; et l'Europe ne voit pas encore tous ses enfans disposer librement d'eux-mêmes et des fruits de leurs travaux. Il est une situation de la société où l'on peut dire que les richesses ne sont point distribuées : les uns ont tout, les autres n'ont rien. Alors les hommes font partie des propriétés d'autres hommes; ce sont des capitaux vivans, des machines souffrantes. L'humanité, la religion s'élèvent contre cette dégradation criminelle; l'intérêt éclairé vient les seconder. Quelque terrible action que les coups et les supplices aient sur des êtres animés, on reconnaît que, pour rendre l'homme habile au travail, leur fatal aiguillon est moins puissant que la certitude ou l'espoir de posséder en paix les fruits du travail.

On cherche donc et l'on trouve divers moyens pour donner une ombre de propriété au cultivateur qui ne s'appartient pas. Je manque de courage pour m'arrêter sur ce déplorable sujet, pour indiquer les nuances qui existent entre les différentes espèces d'esclaves, entre ceux-ci et les serfs, dont la condition n'est pas non plus uniforme. Je renvoie à l'ouvrage composé en Russie par M. Storch. On y verra des faits importans, on y remarquera des détails sur l'augmentation de richesses obtenue, dans plusieurs

États, par l'affranchissement des cultivateurs (1).

Il ne suffit point qu'une contrée soit libre pour qu'on y trouve des fermiers. Si elle est pauvre, elle n'a que des métayers, c'est-à-dire des laboureurs sans capitaux, qui portent leur faible industrie sur des domaines dont les propriétaires fournissent tous les moyens de culture. Le métayer est intéressé aux progrès de l'industrie agricole; il cultive à moitié fruits, ou même il paie une rente convenue; mais il obtient difficilement du propriétaire les avances qu'exigeraient de grandes améliorations; et d'ailleurs, son intelligence est peu développée, son instruction est nulle; il végète dans la misère. En France, avant la révolution, les métayers cultivaient plus de la moitié des terres (2).

Des laboureurs plus actifs, plus économes que les autres, se créent des capitaux; alors, ils afferment des terres sur lesquelles ils portent les instrumens et les divers objets qu'exige une exploitation rurale : voilà les fermiers, les hommes en état d'opérer des améliorations importantes. C'est lorsque la culture est dans leurs mains que les richesses agricoles sont le plus abondantes et le mieux distribuées.

(1) *Cours d'Économie politique*, tome III, 1re partie, liv. VIII, et 2e partie, liv. II.
(2) Environ les quatre septièmes.

Si les propriétaires cultivaient eux-mêmes, sans doute il y aurait un avantage, puisque la rente et le profit appartenant alors à la même personne, de plus grands capitaux pourraient être employés en améliorations de culture. Mais un pareil changement, dans l'existence des propriétaires, ne serait ni possible ni désirable. Il faut craindre de se livrer à son imagination sur les sujets qui nous occupent. Le contraste que la vie laborieuse et souvent pénible des cultivateurs forme avec la vie oisive ou même dissolue d'un certain nombre de propriétaires, a fait débiter beaucoup de rêveries par des esprits moroses. Dans des temps agités, quelques factieux en délire sont allés jusqu'à former le vœu de voir la possession des terres passer aux agriculteurs, qui jouiraient de tous les bénéfices, de même qu'ils portent le poids de tous les travaux.

Sans s'arrêter sur de telles folies, on peut demander si les cultivateurs, en prenant les domaines, ne prendraient pas aussi les goûts des anciens possesseurs. Sans doute ils trouveraient commode de faire exploiter par d'autres ces terres dont la rente suffit pour se procurer une existence agréable. La situation sociale serait bientôt la même qu'auparavant, sauf l'effroyable souvenir d'une vaste spoliation. Si l'on forçait les nouveaux propriétaires à rester agri-

10.

culteurs, du moins ne pourrait-on les contraindre à
travailler avec activité. La plupart se borneraient à
cultiver, pour leurs besoins, les terres fertiles qu'on
exploite avec le moins de peines et d'avances : il y
aurait une effrayante diminution de produits agricoles. Supposons, enfin, contre toute raison, que
l'activité ne s'affaiblît point. Si tous les hommes se
livraient à des travaux matériels, on verrait la civilisation s'éteindre. Que serait la société privée des
produits immatériels? L'économie politique a deux
avantages : elle fait connaître d'importans moyens
d'améliorer notre sort; elle prémunit contre les rêves des insensés qui bouleverseraient le monde en
voulant le réformer.

CHAPITRE III.

De la Rente de l'argent.

Une observation suffit pour éclairer la question, si souvent débattue, de la légitimité du prêt à intérêt. L'argent, a-t-on dit, ne produit rien ; donc le prêt d'argent ne doit rien rapporter. Mais, on n'emprunte pas une somme pour elle-même, on ne la garde point ; ce qu'on emprunte réellement, ce sont les divers objets contre lesquels on se hâte de l'échanger. Un homme industrieux qui veut former une entreprise, s'il n'a pas les avances nécessaires, se les procure par un emprunt, avec lequel il fait exécuter des constructions, achète des machines, etc. Il acquitte le loyer de ces instrumens de travail, en payant un intérêt au prêteur dont il a reçu les moyens de commencer son entreprise et sa fortune.

Il y a, dans la société, des propriétaires d'argent ainsi que des possesseurs de terres. Les uns et les autres ont tiré des mêmes sources leurs fortunes différentes ; ils les doivent, soit à leurs travaux et à leurs épargnes, soit aux travaux et aux épargnes de leurs pères. Pour subvenir à leurs dépenses, les uns et les autres peuvent employer eux-mêmes ce qu'ils possèdent, ou bien en louer l'usage à des gens industrieux. Le prêt à intérêt est donc une manière de se former un revenu aussi légitime que toute autre, lorsqu'elle n'est pas corrompue par la cupidité et la mauvaise foi.

Cependant l'opinion générale a mis une grande différence entre les loueurs de terres et les loueurs d'argent, différence toute à l'avantage des premiers. Ces deux classes d'hommes excitent, dans la multitude, des sentimens d'envie ; et les capitalistes surtout ont dû se trouver en butte à des préventions. Sans parler de la difficulté de les soumettre aux charges de l'État, leur vie paraît être plus oisive encore que celle des propriétaires. Ceux-ci ont à s'occuper de leurs terres, même après les avoir louées, car elles sont susceptibles d'être améliorées, ou détériorées, selon le mode de culture ; ils doivent, en mainte occasion, des secours et des conseils à leurs fermiers ; ils peuvent rendre à l'agriculture d'importans services ; ils sont les intermédiaires naturels du savant agronome, et du cultivateur trop souvent privé d'instruction. Sans doute beaucoup de propriétaires vivent étrangers à de si nobles soins ; mais ceux-là négligent leurs devoirs et leur fortune. Les capitalistes, au contraire, n'ont point à surveiller les travaux des emprunteurs de leurs fonds, et seraient même fort mal reçus à vouloir s'en mêler : ils prêtent leur argent, prennent des sûretés, touchent les intérêts, et reçoivent le remboursement à l'époque fixée, sans que leurs capitaux se trouvent augmentés ni diminués par l'usage que les emprunteurs en ont fait. Ajoutons qu'il serait bien difficile de louer les domaines à des prix excessifs, tandis qu'il est assez facile de tirer de l'argent un intérêt exorbitant. Aussi, dans certaines contrées, voit-on pulluler des gens infâmes, justement flétris par le nom d'usuriers, avec lesquels la multitude a souvent confondu tous ceux qui prêtent de l'argent.

Portons des jugemens plus sages. Un capitaliste oisif est très peu digne d'estime ; mais c'est parce que sa vie se passe dans un honteux égoïsme, non parce que ses fonds lui rapportent un revenu. Le propriétaire oisif est dans la même situation. Si les hommes dispensés de travaux pénibles donnent l'exemple des vices, il est juste que le mépris public serve de correctif à ce funeste exemple. Mais, lorsque les hommes indépendans cultivent leur intelligence, et nous apportent de nouvelles lumières, on doit bénir le sort de leur avoir fait des loisirs, dont ils se plaisent à féconder l'usage.

Proscrire le prêt à intérêt, ce serait paralyser l'industrie. Un très grand nombre de gens laborieux, intelligens, ne peuvent donner l'aisance à leur famille, et contribuer au bien-être de la société, qu'en recourant à des emprunts, pour se procurer les instrumens du travail. Une foule de prêts, les uns considérables, les autres modiques ou très faibles, animent toutes les branches d'industrie. Ces prêts, ces avances cesseraient dès l'instant où les capitalistes n'en retireraient aucun fruit. A l'exception de quelques hommes guidés par des motifs de pure bienfaisance, tous ceux qui n'emploieraient pas eux-mêmes leurs fonds, les garderaient; puisque du moins ils auraient ainsi la certitude de ne pas les perdre.

J'ajoute une observation que je crois importante. Flétrir le prêt à intérêt, c'est appeler la dissipation; c'est exciter une multitude de personnes à dépenser les petites sommes qu'elles auraient conservées, puis augmentées par de nouvelles épargnes, et qui, prêtées un jour, auraient offert le double avantage d'être utiles à l'industrie, et de contribuer à l'aisance de leurs économes possesseurs.

La masse de numéraire qui se trouve dans un pays ou, si l'on veut, dans l'univers, se divise en trois parties. L'une est enfouie ou mise en réserve:

elle est inutile, du moins au moment actuel. Une autre est employée aux dépenses que les hommes font pour eux, pour leurs familles ; elle leur procure les objets qui tombent dans ce que nous avons appelé le *fonds de consommation.* La troisième enfin se compose des sommes qui servent aux entreprises d'industrie, et de celles qui pourront y être employées, parce que leurs possesseurs ont dessein de les prêter. Cette dernière partie est la seule qui forme les capitaux en argent, qu'on ne doit pas confondre comme on l'a fait souvent, avec la totalité des espèces monnayées. Répandre des préjugés contre le prêt à intérêt, c'est nuire à l'accroissement de cette précieuse partie du numéraire, c'est la diminuer pour grossir les deux autres, c'est favoriser l'avarice et la dissipation au préjudice du travail.

Si les prêts sont nécessaires à l'activité de l'industrie, il est évident que plus l'intérêt est modique, mieux les prêts secondent cette activité. Une part des produits se divise en intérêts pour le prêteur, en profits pour l'entrepreneur : le premier lot ne peut s'accroître sans diminuer le second ; et s'il l'affaiblit trop, les producteurs se découragent. Dans la concurrence avec l'étranger, le pays où l'intérêt est bas a nécessairement un avantage sur celui où l'intérêt est élevé. L'activité, le talent, les moyens économi-

ques de fabrication peuvent compenser les inconvéniens du haut intérêt; mais il sera toujours vrai,
comme on l'a dit, que deux négocians, dont l'un emprunte à meilleur marché que l'autre, sont dans la
même position que deux coureurs dont l'un a quelques pas d'avance.

Le taux de l'intérêt est déterminé par le rapport
entre les offres et les demandes, rapport qui, en dernier résultat, est le régulateur du prix de tout ce qui
se vend ou se loue. Quand l'industrie languit, quand
il y a peu d'affaires commerciales, l'intérêt baisse,
parce que le nombre des offres d'argent surpasse celui des demandes. Quand, au contraire, l'industrie
reçoit une grande impulsion, les demandes se multiplient, leur nombre excède celui des offres, et l'intérêt s'élève.

Une longue prospérité fait baisser l'intérêt. Nous
avons vu, dans le premier livre de cet ouvrage, que
le capital en argent n'est qu'une faible partie des capitaux d'un État. Lorsqu'ils sont devenus très considérables, qu'il existe un grand nombre de constructions, d'ateliers garnis d'outils et de machines,
de magasins remplis de matières brutes et de marchandises fabriquées, il est à la fois plus facile de se
procurer des capitaux, et plus difficile de les employer, puisqu'on trouve, dans tous les genres d'in-

dustrie, une forte concurrence. C'est ainsi que la prospérité finit par contribuer, sous un double rapport, à la diminution des demandes d'argent, et par conséquent, à la baisse de l'intérêt.

Les profits élevés de l'industrie, la rareté des capitaux et les risques des prêteurs, sont les trois causes qui ont le plus d'influence sur la hausse de l'intérêt, c'est-à-dire qui concourent le plus à faire surpasser par les demandes le nombre des offres. Il faut conclure de cette observation qu'on ne réduit pas avec des lois le taux des emprunts. Ces lois ne sauraient avoir aucune espèce d'action sur les deux premières causes, et doivent en exercer une fâcheuse sur la troisième. Ces lois diminuent le nombre des prêteurs ; et ceux qui manquent de délicatesse, charmés des avantages que leur assure une plus faible concurrence, en profitent pour se faire payer, non-seulement ce que vaut leur argent, mais encore ce que valent les nouveaux dangers qu'ils affrontent.

C'est surtout en diminuant les risques des prêteurs que la législation peut influer sur la baisse de l'intérêt. La sûreté du commerce veut que les biens et même la personne de l'emprunteur puissent répondre de ses engagemens. Abusé par une vague philanthropie, on pose mal la question, lorsqu'on dit qu'il est immoral de mettre en balance la liberté avec un peu d'argent : ce n'est pas un peu d'argent, c'est la bonne foi, la fidélité aux promesses, que le législateur préfère à la liberté de quelques individus.

Indépendamment des sûretés légales, il en est qu'un entrepreneur doit offrir par lui-même. Celui dont la réputation de probité est dès longtemps établie, celui dont la prudence et l'activité sont citées pour exemple, trouvera toujours de l'argent au prix le plus bas du commerce. La probité est une garantie si forte, que les fripons, lorsqu'ils veulent déguiser leurs vols, sous le nom d'emprunts, ne manquent pas d'affecter des mœurs austères. Il en est qui passent pour des saints jusqu'au jour fatal à leurs dupes; encore jouent-ils si bien leur rôle que, même après la catastrophe, on voit des gens leur chercher des excuses, et trouver des torts à leurs victimes.

Des idées morales sont nécessaires aux prêteurs pour diriger leurs placemens. La richesse d'un emprunteur, les sûretés qu'on peut prendre avec lui, ne sont pas toujours des garanties suffisantes. S'il ne cherche des fonds que pour les dissiper, ou pour les employer à des entreprises aventureuses, s'il manque de lumières ou d'économie, ne lui confiez pas votre argent : toutes les sûretés qu'il peut offrir ne

vous garantiraient pas de beaucoup de frais et d'ennuis.

La liberté du prêt à intérêt n'exige point qu'on
ferme les yeux sur les abus qui peuvent en résulter.
Plusieurs écrivains méritent un grave reproche pour
n'avoir pas fait cette observation, en sorte qu'ils semblent autoriser toute espèce d'usure. L'impunité des
vols n'a point de rapport avec la liberté des contrats. Un négociant est libre de vendre et d'acheter
au taux qui lui convient ; mais, s'il fait des escro-
queries, s'il vend des marchandises très cher pour les
racheter à vil prix, il doit encourir des peines chez
tous les peuples civilisés, dont aucun cependant ne
songe à taxer les marchandises. Le prix des terres
est librement débattu entre les vendeurs et les acheteurs ; cependant, les lois annullent une vente pour
lésion d'outre-moitié. On peut faire des friponneries
en louant de l'argent, comme en vendant une autre
marchandise. Le prêteur infâme dont l'occupation
est de chercher de jeunes étourdis ou des familles
malheureuses qui souscrivent à toutes les conditions
qu'il impose, commet des vols, et les commet sur
des gens que les lois doivent protéger d'autant plus
qu'ils sont moins en état de se défendre.

CHAPITRE IV.

Des Profits et des Salaires.

La part que les profits absorbent dans les produits de l'industrie, est bien moins considérable que celle dont les salaires se composent ; mais elle est peu divisée, relativement à l'autre qui se distribue dans une prodigieuse multitude de mains ; aussi voyons-nous que le travail des entrepreneurs est bien plus lucratif que celui des ouvriers.

Cette inégalité non-seulement est inévitable, mais elle n'est pas contraire à la justice, ainsi que le supposent trop souvent les hommes qui sont le moins favorisés. Pour former une entreprise d'industrie, il faut des avances acquises par son travail ou par celui de ses pères ; si elles sont empruntées, elles annoncent une réputation qui mérite la confiance ; il faut des études spéciales, un esprit juste, actif, quelquefois même une capacité peu commune. On crée une manufacture à ses risques et périls ; et tandis qu'on paie avec exactitude les travaux qu'on dirige, on peut être en proie à des angoisses causées par les nombreuses chances de pertes auxquelles on est toujours exposé. Il est donc juste que la part du fabricant puisse surpasser de beaucoup celle de l'ouvrier, qui se livre à des travaux faciles, qui n'a pas besoin d'avances, et dont la part est garantie.

Le revenu de l'entrepreneur se divise en trois parties. L'homme qui fait une entreprise doit y trouver l'entretien de sa famille, l'intérêt de ses capitaux, et des profits, avec lesquels il ne faut pas confondre les deux autres parties du revenu. On obtiendrait celles-ci sans avoir d'établissement à son compte, si l'on travaillait pour autrui, et qu'on prêtât ses capitaux. La somme qu'un entrepreneur dépense nécessairement pour son entretien et pour celui de sa famille, est un salaire qu'il se paie à lui-même. L'intérêt de ses capitaux fait partie des avances de fabrication. Si l'on a mis dans une manufacture, soixante mille francs empruntés à cinq pour cent, et que, dépenses prélevées, on recueille trois mille francs dans l'année, on n'a pas de profit, puisqu'on a seulement l'intérêt du capital. Les profits sont l'excédant du prix des marchandises vendues, sur le montant de toutes les avances employées à les produire.

Les profits peuvent être fort différens dans le même genre d'industrie : leur différence résulte en

partie de causes matérielles. Dans tel lieu, la main-
d'œuvre et les approvisionnemens sont à meilleur
compte, les transports sont plus faciles qu'ailleurs.
D'autres causes naissent uniquement des lumières
et de la conduite de l'entrepreneur. Tel s'enrichit et
tel autre se ruine, sans que les causes de leurs desti-
nées soient ailleurs qu'en eux-mêmes.

Les profits diffèrent dans les diverses branches
d'industrie ; on en voit qui deviennent très lucratives, et qui perdent ensuite leurs avantages. Les principales causes de ces variations sont les besoins, les
goûts des consommateurs, qui rendent les demandes plus nombreuses pour certains produits que pour
d'autres ; et la concurrence des producteurs qui divise plus ou moins les bénéfices. Cependant, les profits tendent toujours à s'égaliser dans les différens
genres d'industrie, parce que les capitaux se dirigent
vers les travaux qui sont le mieux rétribués. Cette
tendance naturelle, si favorable à la bonne distribution des richesses, fut souvent gênée par les gouvernemens. Si le travail n'est pas libre dans un État,
comment ses habitans donneraient-ils à leurs capitaux l'emploi le plus utile ? La liberté même ne suffit
pas, il faut y joindre l'instruction : il faut encore que,
sous l'influence de la liberté et de l'instruction, les
capitaux se soient accumulés en assez grande abon-

dance pour que les hommes puissent facilement choisir, modifier, changer la direction de leur industrie. Quand nos cultivateurs se plaignent du bas prix des grains, si vous leur dites : faites croître moins de céréales, et nourrissez plus d'animaux, vous offrez sans doute un bon conseil; mais comment serait-il suivi? nos cultivateurs manquent d'instruction, et nos terres de capitaux.

Il est rare de ne pas entendre les commerçans se plaindre de la faiblesse ou de la nullité de leurs bénéfices. Ces plaintes sont de tous les temps et de tous les pays. Beaucoup d'hommes de négoce ressemblent à ce banquier qui, après avoir spéculé sur la dépréciation d'un papier-monnaie, disait avoir perdu deux cent mille francs : il avait espéré que ses opérations lui vaudraient cinq cent mille francs, il n'en avait gagné que trois cent mille. Les commerçans sont sujets à des pertes malheureusement trop réelles ; mais il n'en est pas moins vrai que leurs plaintes continuelles, presque toujours exagérées, sont une source d'erreurs pour le public, pour l'administration et pour les écrivains.

Lorsqu'il y a peu de lumières, l'entrepreneur d'industrie croit que ses intérêts sont en opposition avec ceux des ouvriers et ceux des consommateurs. Payer peu les premiers, vendre cher aux seconds, voilà les deux moyens sur lesquels il fonde l'espoir de grands bénéfices.

Cette manière de spéculer est celle de l'ignorance. Observons d'abord que les profits élevés dus à de tels moyens, ne sont nullement un signe de prospérité publique. On les obtient dans les temps où il y a peu de capitaux et peu d'entreprises. On les voit baisser à mesure que, les spéculations devenant plus nombreuses, il faut pour avoir des ouvriers, les mieux payer, et pour attirer les acheteurs, vendre à meilleur marché.

Si l'on calcule les profits que l'industrie obtient, lorsque les entrepreneurs gagnent énormément, parce qu'ils sont en petit nombre, si l'on calcule ensuite les profits que l'industrie recueille, lorsque la concurrence fait naître des plaintes intéressées, on voit le second total surpasser de beaucoup le premier. Ainsi, à la seconde époque, l'aisance est plus répandue.

Les profits qui résultent de bas salaires et de hauts prix de vente sont odieux. Quand les entrepreneurs les voient diminuer et poussent des cris d'alarme, on pourrait se borner à leur dire d'examiner combien, sous le rapport de la richesse, leur position est encore préférable à celle des hommes qui partagent avec eux les travaux de l'industrie. Une manufacture pourrait, à la rigueur, se soutenir sans rapporter de profit, ni même d'intérêt, si les capitaux appartiennent à l'entrepreneur; et celui-ci aurait encore plus d'aisance qu'aucun de ses ouvriers, puisque son travail pourvoirait très bien à l'entretien de sa famille. Je n'insiste point, cependant, sur ces idées qui ressemblent trop à celles des envieux que tourmentent les richesses d'autrui. Je ferai même observer que l'établissement dont je parle, bien qu'il pût continuer d'exister, serait sans doute abandonné, l'entrepreneur ayant plus d'avantages à prêter ses capitaux, et à recevoir des appointemens dans une manufacture qui ne lui appartiendrait pas.

Le prix courant des salaires est presque toujours au dessous de ce qu'on peut appeler leur valeur réelle. Observons les nombreux élémens dont celle-ci se compose. Il faut que l'ouvrier gagne ce qu'exigent son entretien et celui de sa famille ; il faut que les jours de travail soient assez rétribués pour subvenir aux besoins des jours où l'on ne travaille point ; et ces derniers ne sont pas seulement les jours de fête, ce sont encore ceux où l'on ne peut se procurer de l'ouvrage ; ceux où des maladies contraignent à l'inaction et, en même temps, augmentent les dépenses ; puis arrive la vieillesse, maladie qui, plus que toute autre, détruit les forces ; il faut donc que l'ouvrier puisse épargner pour l'âge avancé. Disons plus, il ne suffit pas de donner aux travailleurs ce qui est rigoureusement nécessaire pour soutenir une vie misérable, on doit chercher à rendre douce leur existence. Lorsqu'on voit combien il est difficile de remplir toutes ces conditions, on se demande si jamais, dans aucun pays, les salaires ont atteint leur valeur réelle.

Le travail est une espèce de marchandise; le prix en est surtout réglé par le rapport entre l'offre et la demande. La classe ouvrière étant fort nombreuse, le régulateur des prix est généralement contre elle. Ajoutons une réflexion triste; le besoin que les hommes ont les uns des autres, n'est pas égal pour tous. Dans telle discussion sur le salaire, comment l'ouvrier ne céderait-il pas? il est forcé, sous peine de la vie, de trouver sans retard une occupation; l'entrepreneur peut vivre et différer de l'occuper.

Il est évident que le prix du travail ne peut être, d'une manière permanente, au dessous de ce qu'il faut à l'existence des travailleurs; mais on a trop de preuves que ceux-ci peuvent être réduits à ce qu'il faut strictement pour exister. On voit même les salaires descendre et rester quelque temps au dessous d'un taux si bas. Alors, l'ouvrier se dépouille de ses modiques économies, il vend pièce à pièce un chétif mobilier ; il n'est plus vêtu, il se couvre de haillons ; et se soutient en retranchant de sa nourriture.

Le taux des salaires n'est pas réglé par le prix des subsistances, comme on l'a souvent prétendu. Les subsistances éprouvent, dans leurs prix, bien plus de variations que les salaires. Si le travail était payé en raison de la valeur des grains, les mauvaises années seraient indifférentes à l'ouvrier : il n'en est point ainsi ; et, dans les temps de disette, souvent on voit une concurrence de misère réduire les travailleurs à s'offrir pour le prix le plus vil, avec l'anxiété d'éprouver un refus.

C'est un grand crime que de retenir injustement le salaire des ouvriers ; et c'en est un non moins odieux que d'abuser de leur situation, de les contraindre à travailler pour un prix inférieur à celui qu'ils devraient obtenir. Mais le pauvre se trompe s'il croit qu'en haussant les salaires, on peut donner l'aisance à la classe ouvrière. Assurément si une seule profession obtenait cette hausse, elle jouirait d'un grand avantage, mais son privilége serait injuste, et c'est la classe entière qu'on veut placer dans une situation meilleure ; il faut donc élever tous les salaires. Employons ce moyen : le renchérissement des produits, causé par l'augmentation du prix de la main-d'œuvre, empêchera les ouvriers de se trouver

dans une situation moins fâcheuse; ce qu'ils gagneront
d'un côté, ils le perdront de l'autre, ils recevront
plus de pièces de monnaie, mais tout ce qu'ils achè-
teront leur coûtera plus qu'auparavant; leur situation sera la même. Que dis-je? On la verra bientôt
empirer : les produits devenus chers, seront moins
demandés dans l'intérieur, et ne pourront soutenir
la concurrence dans les marchés étrangers; il y aura
diminution de travail, accroissement de misère.

Certaines gens qui ne doutent de rien, prétendent
que les entrepreneurs pourraient compenser, par une
diminution de leurs profits, ce qu'ils ajouteraient aux
salaires. N'oublions pas que la partie du prix des
marchandises qui représente les salaires, est beaucoup plus considérable que celle qui représente les
profits. Smith prenait ce mot dans un sens inexact,
lorsqu'il a dit que « les hauts profits accroissent
plus que les hauts salaires, la valeur de l'ouvrage. »
Supposons qu'un manufacturier emploie deux cents
ouvriers, et que son profit soit de trente mille francs.
Si ces ouvriers travaillent trois cents jours dans
l'année, et que la moyenne de leur rétribution soit
de trois francs par jour, le total des salaires est de
cent quatre-vingt mille francs. Augmentez de cinquante centimes chaque salaire, tout profit est enlevé
à l'entrepreneur.

Je conçois que l'ouvrier ait peine à se défendre d'un sentiment d'envie, lorsqu'il compare ce qu'il reçoit à tout ce que gagne ou lui paraît gagner l'entrepreneur, qui cependant touche peut-être à sa ruine. Il n'en est pas moins vrai que si les profits étaient trop faibles pour exciter les capitalistes à courir les chances de l'industrie, ce serait une cause fatale de misère pour les ouvriers. Le nombre des entreprises irait en diminuant, l'activité cesserait de frapper nos regards; tout serait cher, excepté la main-d'œuvre.

Parfois on entend dire que l'augmentation des salaires ne réduirait point les profits; qu'elle serait une avance faite par le fabricant, et remboursée par le consommateur. Cette idée mérite peu qu'on la réfute; le sens commun dit que, pour vendre, la volonté ne suffit pas, et que plus on élève le prix des marchandises, moins on trouve de gens en état de les payer; il dit encore que moins on a de débit, moins on fait travailler.

Observons aussi qu'une augmentation de salaire n'a point, par elle-même, le pouvoir d'améliorer le sort de celui qui la reçoit : elle est utile lorsqu'elle profite soit à l'entretien de la famille, soit à l'épargne; mais elle peut également favoriser la paresse et la débauche. Chacun sait que les ouvriers les mieux rétribués ne sont pas toujours les plus laborieux, ni les plus sages. Employer sans discernement la hausse des salaires, ce serait tenter de remplir le tonneau des Danaïdes.

On a de nos jours imaginé divers systèmes pour créer le bonheur universel. Dans le nombre, il en est de fort coupables. Les communistes se montrent menaçans sur quelques points de l'Europe ; et, en Amérique, ils ont passé des menaces aux violences. Je ne crains pas que des systèmes subversifs de la propriété, que des théories où l'on érige en principes les blasphêmes de l'immoralité, aient jamais des résultats de quelque durée ; mais ils peuvent causer des troubles et des massacres.

Les déclamateurs rendent quelquefois absurdes, funestes, des idées vraies, des sentimens humains, qu'ils dénaturent par leurs exagérations. Aucun fabricant honorable n'abandonne l'ouvrier qui, jusqu'à la vieillesse, a fidèlement secondé ses travaux. Mais une des idées les plus folles, est celle de vouloir que les chefs d'industrie soient obligés de garder à leur charge tous les hommes qu'ils emploient. Si l'on examine sérieusement cette idée, on voit qu'elle conduirait à rétablir l'esclavage.

Les utopies innocentes ne sont pas sans quelques dangers ; le plus grand peut-être, est d'éloigner d'un utile emploi de la vie plusieurs hommes de talent et de cœur, qui s'égarent à la poursuite d'espérances illusoires, nées de l'amour du bien. Les utopies ôtent l'habitude d'observer, et font laisser la réalité pour l'ombre. Ces rêves peuvent aussi devenir nuisibles à des gens simples et crédules. On rendrait aux ouvriers un fort mauvais service, si on leur persuadait qu'il est possible de les conduire dans un séjour enchanté où le travail ne sera plus qu'un amusement. Lorsqu'on espère jouir de si ravissantes merveilles, toute amélioration réalisable paraît insignifiante ou mesquine.

On a souvent parlé d'associer les ouvriers aux maîtres. La manière dont on s'exprimait manque d'exactitude ; ce n'est pas offrir de s'associer à un homme que de vouloir partager toujours ses bénéfices, jamais ses pertes : on cherchait donc uniquement à donner aux ouvriers une part dans les profits. Cette idée me semble avoir été réalisée aussi complétement qu'elle peut l'être par M. Leclaire, entrepreneur de peinture et de dorure en bâtimens ; lui-même m'a donné, avec une parfaite complaisance, les renseignemens que je désirais. Fatigué par une vie longtemps très active, M. Leclaire désirait quitter les affaires, mais craignait les ennuis d'une vie inoccupée ; il pensa qu'il pourrait continuer de diriger

son entreprise, s'il se débarrassait de la pénible surveillance des travaux ; et qu'il en trouverait les
moyens dans l'intelligence, le zèle, l'affection d'ouvriers éprouvés, qu'il intéresserait fortement à le
suppléer. Il leur communiqua ses vues, et leur offrit de partager avec eux ses bénéfices. Il prête à l'é-
tablissement ses capitaux à cinq pour cent ; seul, il règle les achats, accepte ou refuse les commandes, etc.
Son traitement de directeur est de 6,000 fr. ; les
commis ont des appointemens et les ouvriers des salaires, comme partout ailleurs. A la fin de l'année,
M. Leclaire, sans entrer dans aucun détail, déclare
quel est le total des profits. La répartition s'effectue
d'une manière très simple. Chacun reçoit au prorata
de ce qu'il a touché dans l'année, pour son travail.
Ainsi, un ouvrier qui a travaillé tant de jours, à tel
prix, s'il a gagné mille francs, reçoit dans le partage des bénéfices, moitié moins qu'un commis aux
appointemens de deux mille francs, et celui-ci touche deux tiers de moins que le directeur. L'établissement marche très bien, sa prospérité ne s'est point
affaiblie, les ouvriers travaillent comme pour eux-
mêmes. On voit qu'un pareil arrangement exige la
plus entière confiance du chef dans ses ouvriers, et
de ceux-ci dans leur chef. Cette double condition
est tellement indispensable que M. Leclaire n'a

pas livré son entreprise à tous ses ouvriers ; il en a 200 dans la saison où le travail a le plus d'activité ; 120 qui se dispersent en hiver ne sont pas considérés comme appartenant à la maison. Sur les 80 qui restent toute l'année, 50, spécialement chargés de la surveillance, sont seuls admis au partage des bénéfices ; 30 sont aspirans. Lors de la dernière coalition d'ouvriers dont Paris a été affligé, j'ai entendu plusieurs personnes dire que, si tous les maîtres faisaient pour leurs ouvriers ce que M. Leclaire fait pour les siens, on ne serait pas témoin de ces tristes débats. C'était, comme il arrive souvent, parler de ce qu'on ne connaît pas. Les ouvriers qui s'agitaient auraient assurément goûté l'idée d'entrer en partage des profits de leurs maîtres. Mais lorsqu'ils auraient vu que cet avantage serait accordé tout au plus au quart d'entre eux, à ceux dont l'intelligence et la conduite inspirent à leurs chefs une entière confiance, on eut entendu les trois quarts des voix crier à l'injustice. Sans doute, beaucoup d'entre eux auraient supposé d'abord que le chef laissait vérifier les recettes et les dépenses, et qu'il comptait de clerc à maître. La plupart auraient vu un piège ou le dessein manifeste de les tromper, dans l'obligation de se contenter d'une simple déclaration. Le succès de M. Leclaire lui fait beaucoup d'honneur. Un homme

de bien pouvait seul former son projet, et surtout
en rendre l'exécution facile. On peut considérer
l'arrangement qu'il a pris comme un moyen d'é-
lever la position des meilleurs ouvriers, de leur donner de l'action sur les autres, et de porter ceux-ci à
les prendre pour modèles. Je ne crois pas, cependant,
que cet arrangement soit jamais d'une utilité générale. Il faut une situation exceptionnelle pour qu'un
chef d'industrie veuille se départir de l'active surveillance qu'exige son établissement; il est dans la nature des choses que l'impulsion vienne de lui, et se
communique à tous ceux qu'il emploie. Or, propo-
ser à un entrepreneur, qui n'est pas dans la position
de M. Leclaire, de faire participer ses ouvriers aux
profits, ce serait lui demander, sous un nom différent,
une augmentation de salaire. Si l'équité la réclame,
il doit la donner; mais un chef d'industrie, accoutumé à se rendre compte exactement de ce qu'il fait,
peut tenir à n'accorder cette augmentation que sous
le nom véritable, après avoir examiné à quelle hausse
il doit consentir. Supposons-le assez libéral pour
vouloir donner davantage : il peut penser que la
meilleure manière d'exercer sa générosité, est d'a-
jouter aux gratifications et aux divers secours qu'il
distribue avec discernement. Enfin, un grand obstacle s'oppose à ce que la plupart des chefs d'indus-

trie fassent connaître ce qu'ils ont gagné dans l'année. Les profits sont très variables; ils peuvent être nuls, ou suffire à peine pour compenser les pertes qu'on a subies. Les chefs d'établissemens, du moins dans les grandes industries, ne sauraient consentir à faire des déclarations qui pourraient donner lieu à de fausses conjectures, ébranler la confiance qu'ils méritent, et même ruiner leur crédit.

Pour procéder avec ordre, dans nos recherches d'améliorations, je demanderai d'abord ce que l'ouvrier peut faire pour lui-même, à l'aide de ses ressources actuelles.

M. Passy disait un jour à l'Académie des sciences morales : « Dans une ville de manufactures, je voulus savoir exactement ce que gagnaient des familles ouvrières que j'avais sous les yeux ; je compulsai des registres, et je vis que chacune de ces familles se faisait un revenu annuel de 12 à 1,400 francs. Dans la même ville, des employés du gouvernement, des commis de la mairie ou de l'octroi, gens mariés, ayant des enfans, ne possédaient pas un revenu supérieur à ce chiffre. Le revenu de quelques-uns était même inférieur. Cependant on voyait dans leurs ménages une modeste aisance, tandis que ceux des ouvriers dont j'avais voulu connaître les ressources, m'avaient frappé par une honteuse misère. Ce con-

traste tenait uniquement à des différences d'éducation et de conduite. »

On peut observer le même contraste entre des ouvriers : il en est qui sont couverts de haillons, qui
jurent au cabaret contre la dureté du temps et des
hommes ; tandis que d'autres, laborieux, économes,
avancent par degrés, prennent patente, deviennent
maîtres. Ceux qui prospèrent ne forment point une
rare exception. Il y a sous un régime de liberté, de
grands avantages pour les hommes intelligens, actifs et d'une bonne conduite. Jamais on n'a plus souvent entendu dire par des gens fort à leur aise : *Mon
père était ouvrier.* — *Il y a peu d'années, j'étais ouvrier.* Chacun sait les noms de riches fabricans qui
ont commencé leur fortune avec un très faible pécule.
Il y a quelques semaines, un chef d'établissement que
j'étais allé voir pour profiter de ses lumières, me disait : *je suis né dans un village, d'un père et d'une
mère pauvres ;* je fus vivement ému de ces paroles,
cet homme de bien les prononçait dans son salon.

Nous aspirons à répandre l'aisance dans la classe
ouvrière. Pénétrons-nous de cette vérité que, pour
améliorer le sort des hommes, il faut opérer une
amélioration en eux-mêmes.

Ne soyons point effrayés des difficultés que présente une telle condition à remplir. Tout observateur

impartial des misères et des ressources de notre
temps, doit reconnaître qu'aujourd'hui, en France,
il existe un nombre considérable de personnes qu'une
impulsion heureuse dirige vers les moyens de produire cette amélioration. On ne croit plus avoir acquitté sa dette, en donnant aux malheureux quelques pièces de monnaie ; on les voit, on leur parle,
on leur porte des conseils, de l'espérance et du courage. Jamais la classe riche et la classe aisée ne se
sont, avec plus de zèle, approchées de la classe souffrante ; et ce ne fut jamais avec autant de lumières.
Il s'est formé des associations, des institutions bien-
faisantes, que la charité s'occupe sans cesse de perfectionner, de multiplier, et de compléter par celles
qui nous manquent encore. Il en sera créé pour tous
les âges et toutes les misères. Un long intervalle
existait entre le moment où la pauvre femme en cou-
ches sur un grabat reçoit des langes pour son enfant,
et celui où il est surveillé dans une salle d'asile ; la
charité, en fondant les crèches, vient de remplir cette
lacune. Je vois à l'autre extrémité de la chaîne de
bienfaits qui doit embrasser la vie entière, les projets
discutés pour établir des caisses de retraite. Il semble
qu'un instinct charitable tende à réaliser les vues de ces
législateurs qui voulaient, par de sages institutions,
soutenir l'homme depuis le berceau jusqu'à la tombe.

Puisse l'heureuse impulsion vers le bien se communiquer à tous les chefs d'industrie! Je vais rappeler des faits au lecteur, des faits que sans doute il a vu souvent admirer; mais c'est peu, nous devons en tirer une haute leçon. La France possède une institution qu'on pourrait appeler providentielle, tant le succès dépasse tout ce qu'il était possible d'espérer : je parle des conseils de prud'hommes. Leur principale attribution est de concilier ou de juger les contestations qui s'élèvent entre les fabricans et les ouvriers.

En 1842 et 1843, il a été présenté à cette juridiction paternelle, dans 60 villes de manufactures, 35,394 affaires.

26,655 ont été conciliées, et 5,893 retirées avant que le premier bureau des prud'hommes eût statué.

2,846 affaires restaient à juger; mais des hommes, qui d'abord avaient résisté aux paroles conciliantes, ont réfléchi; et 849 débats se sont encore arrangés à l'amiable.

Sur 1,997 jugemens prononcés, on pouvait appeler de 390 : telle est la confiance inspirée par les prud'hommes, qu'il n'a été formé que 57 appels.

Ainsi, sur 35,394 affaires, 57 seulement, pour être terminées, ont eu besoin d'une autre autorité que la juridiction de famille.

De pareils résultats tiennent du prodige. C'est un grand bien que de finir tant de débats sans perte de temps et sans frais ; mais ce n'est pas l'unique service rendu par les prud'hommes. Que d'idées morales ils font comprendre à la classe industrielle ! que de bons sentimens ils répandent par eux-mêmes et par les hommes qu'ils rapprochent ! On sait, dans un atelier, que tel contre-maître et tel ouvrier ont une contestation sérieuse ; on les voit sortir, avec des dispositions hostiles, pour se rendre au bureau, où chacun des deux s'est promis de ne rien céder. Bientôt, ils reviennent conciliés, amis : leur exemple et leurs paroles sont les meilleures leçons que puisse recevoir l'atelier.

Les succès, dont j'ai donné le chiffre, font un grand honneur aux prud'hommes ; ils n'en font pas moins aux maîtres, aux ouvriers ; et j'ajoute à notre époque, car ils prouvent combien d'hommes sont aujourd'hui capables d'entendre la raison. Qu'on ne me parle point de communautés, de leurs chefs qui, poussés à l'égoïsme par une institution vicieuse en elle-même, ne feraient qu'irriter et séparer des hommes qu'il faut unir. Développez les institutions paternelles ; et croyez à la raison, quand vous avez sous les yeux des preuves si frappantes et si multipliées de sa puissance.

Je ne me plains point de la lenteur qu'on a mise à étendre la juridiction des prud'hommes; si tout d'abord on lui eût donné les développemens qu'elle doit recevoir, on aurait pu la compromettre. Aujourd'hui, l'expérience acquise prouve qu'il serait très utile d'accorder aux métiers cette juridiction paternelle; ne dédaignons pas même les petits établissemens, les boutiques où il y a peu d'ouvriers. Les petits établissemens sont en grand nombre; ils intéressent le sort de beaucoup d'hommes.

Un article, qui se trouve dans la loi constitutive des prud'hommes, pourrait ajouter à leur influence; mais il manque de clarté. C'est celui par lequel ils sont chargés de faire des visites, des inspections dans les fabriques. L'exposé des motifs du projet de loi paraît donner à ces inspections une haute importance, et vouloir les rendre utiles à tout ce qui intéresse la morale dans les manufactures; tandis que le texte de la loi paraît les réduire au soin de noter quelques faits statistiques.

Cet article aurait besoin d'être revu, d'être expliqué; mais, dès à présent, rien n'empêche les prud'hommes, tout les sollicite, au contraire, de mettre à profit leurs relations et la confiance qu'ils inspirent, pour faire écouter de sages conseils. Il y a des chefs d'industrie que déprave une rapacité funeste pour eux-mêmes ; leur âme est desséchée, leur intelligence s'abâtardit dans le cercle toujours étroit des opérations uniquement mercantiles. On n'a que trop souvent des exemples de cette dégradation sous les yeux ; ne croyons pas, cependant, que le mal soit universel. Dans ce siècle, que je ne veux pas plus flatter que dénigrer, je ne sais par quelle fatalité, ou plutôt par quelle bizarre et déplorable disposition de certains esprits, il existe beaucoup de publicité pour le mal, fort peu pour le bien. Lorsqu'on voit de près les établissemens d'industrie, on trouve parmi leurs chefs des hommes dignes de la plus profonde estime ; lorsque ces vrais amis de l'humanité exposent ce qu'ils ont fait et ce qu'ils veulent faire pour leur grande famille, ils m'inspirent un affectueux respect. Mes espérances reposent, en partie, sur ces hommes pleins de lumières et de zèle ; ils doivent chercher à répandre leurs sentimens et leurs principes. Qu'ils se concertent, que leurs réunions soient plus fréquentes, qu'ils forment une grande société pour l'amélioration de la classe industrieuse. Le but vers lequel ils doivent tendre est facile à indiquer nettement ; il faut que deux sortes de gens deviennent rares parmi nous : ce sont les ouvriers sans conduite, et les maîtres qui négligent ou dédaignent leurs devoirs envers les ouvriers.

La société dont je parle agira par la persuasion ; mais qu'elle annonce hautement son but, qu'elle manifeste ses désirs et ses vues : l'opinion publique les secondera.

Le gouvernement a des moyens pour appeler l'attention sur la réforme nécessaire. Une institution a concouru, d'une manière puissante, au perfectionnement du travail, à l'accroissement des richesses : c'est l'exposition des produits de l'industrie. On peut en obtenir un bienfait nouveau, qui compléterait et surpasserait le premier ; il faudrait, dans cette solennité, décerner des honneurs aux chefs d'industrie qui s'occupent avec zèle d'améliorer les mœurs des ouvriers, et donner une grande publicité à ce qu'ils font d'utile sous ce rapport d'un si haut intérêt. Cette idée est très simple, elle peut s'offrir à tout le monde ; mais, la réaliser, ce serait proclamer qu'une ère nouvelle va commencer pour l'industrie, et rappeler noblement que la France est à la tête de la civilisation.

Dans les pages précédentes, je me suis adressé surtout aux maîtres. Les chefs d'industrie les plus estimables déclarent tous que l'amélioration des ouvriers dépend des hommes qui les emploient. Les moyens de prendre de l'ascendant sur eux sont moins difficiles qu'on ne se l'imagine. Veiller à leurs intérêts, se montrer toujours juste, faire exécuter avec fermeté le règlement de la maison, voilà tout ce qu'il faut pour leur inspirer affection et respect. Ces sentimens obtenus, le reste vient de lui-même.

L'imprévoyance est le défaut capital du plus grand nombre des ouvriers; ce défaut résulte de ce que leur intelligence n'est pas assez exercée. Sous un chef qui s'occupe d'eux, ils apprennent à s'en occuper aussi. Quand l'ordre, dans la manufacture, n'est plus une sujétion à leurs yeux, ils l'établissent dans leur ménage.

Les mauvais ouvriers, j'entends ici, par ce mot, les ouvriers sans conduite, sont les seuls turbulens. C'est un fait bien remarquable, que, dans les émeutes, si fréquentes après 1830, il ne s'est pas trouvé, parmi les gens arrêtés, un seul homme inscrit à la caisse d'épargne.

Un sens droit fait connaître, ou du moins entrevoir aux bons ouvriers, plusieurs vérités que démontre l'économie politique. Si l'on excite des troubles espérant ainsi remédier à la misère, on l'aggrave, puisqu'on arrête le travail. Dans la masse des capitaux, la portion considérable destinée aux salaires forme le patrimoine des travailleurs; les chefs d'industrie n'en sont que dépositaires, car ils sont obligés de le transmettre à la classe laborieuse; et on le lui dérobe quand on l'anéantit par le pillage. Les ouvriers

ne sont pas moins intéressés à la conservation des
autres capitaux, sans lesquels on ne pourrait travailler, sans lesquels il n'y aurait plus ni profits, ni salaires.

Si l'ouvrier croit qu'on le méprise, il s'indigne,
et il a raison. L'ouvrier a de l'amour-propre, et je
voudrais qu'il en eût davantage encore; il apprendrait
mieux les moyens d'empêcher qu'on ne blesse les
convenances à son égard. Un langage qui annonce
quelque éducation, des manières exemptes de rudesse
et de servilité, suffisent pour qu'on prenne de lui
une opinion favorable, avant même de savoir qu'il la
mérite par sa conduite. Mais s'il est grossier, paresseux, s'il oublie au cabaret qu'il a une famille,
de quel droit prétendrait-il à l'estime? Les bons ouvriers peuvent exercer de l'influence sur les autres,
et ils ont intérêt à faire cesser leurs scandales; car,
entre hommes de même profession, il est impossible
d'éviter toute solidarité.

D'excellentes qualités sont communes parmi les
ouvriers : ils ont du courage, de la patience, une disposition touchante à s'entr'aider. Souvent, après une
journée pénible, tel d'entre eux passe la nuit près
d'un voisin malade, et ne le quitte le lendemain que
pour retourner à l'ouvrage. La disposition à s'aider les uns les autres, rend un certain nombre

d'entre eux faciles à entraîner dans les coalitions. C'est une bien mauvaise application d'un bon principe. Souvent les meneurs, dans ces tristes essais de leurs forces, semblent perdre tout sentiment de justice et d'humanité. Que des hommes ne veuillent pas travailler à tel prix, ils usent de leur droit ; mais lorsque, voulant la liberté pour eux seuls, ils interdisent avec menaces et violences le travail à des malheureux qui en ont besoin pour faire subsister leurs familles, ils commettent une iniquité révoltante. Pour pallier cette action odieuse, les meneurs fournissent quelques minces secours à ceux qu'ils subjuguent par la terreur ; ces secours proviennent de sacrifices imposés à d'autres malheureux, dont ils autorisent sous certaines conditions les travaux, et dont ils réduisent ainsi les salaires. Ils ne reconnaissent plus de loi ; ils veulent substituer, dans l'ombre, une administration arbitraire à l'administration légale ; ils se placent hors de la société, et prétendent la dominer. Quelle folie de croire que la société se laissera diriger par de tels magistrats, et que force ne restera pas à la loi ! Tant de déraison ne produit qu'un redoublement de misère et de souffrances.

Le sincère et vif intérêt que je porte aux ouvriers me garantit de les flatter jamais, et ramène toujours ma pensée vers les moyens d'améliorer leur sort.

Pour n'avoir pas à punir les coalitions, cherchons à les prévenir. Les troubles sont causés par des ouvriers turbulens ou par des maîtres durs, et souvent par les uns et les autres à la fois. Une coalition n'éclate pas tout à coup; son explosion est annoncée par des mécontentemens, par de sourdes rumeurs : aussitôt que ces symptômes apparaissent, il est essentiel que des personnes impartiales, conciliantes, respectées pour leurs lumières et leur bon vouloir, interviennent. Ce service est un des plus grands que les prud'hommes rendent à plusieurs genres d'industrie, et doit faire juger combien il importe d'étendre les bienfaits de leur juridiction pacifique (1).

Pour obtenir des améliorations, je n'ai jusqu'à présent invoqué d'autres puissances, que la persuasion et le zèle; mais, lorsqu'il s'agira de compléter les réformes et de vaincre les résistances obstinées, on sera dans la nécessité de recourir à des lois peut-être sévères. Ainsi, je ne doute pas qu'un jour il existera une juridiction devant laquelle le maître indigne de conduire des apprentis, des ouvriers, sera mandé, d'abord pour recevoir des observations à huis clos; ensuite, s'il ne se corrige point, pour être admonesté publiquement, et prévenu qu'il sera

(1) Voyez *De la compétence des conseils de prud'hommes*, par M. Mollot, p. 251.

de nouveau appelé, soit pour recevoir les éloges que son changement de conduite aura mérités, soit pour s'entendre condamner à travailler seul, ou sous les ordres d'autrui, si on veut l'employer. Je pourrais donner divers exemples de lois qui, probablement, seront nécessaires; mais, que les gens de bien s'occupent d'abord de ce qu'ils peuvent réaliser eux-mêmes.

Les améliorations dont j'ai parlé, seraient également favorables à l'entrepreneur et à l'ouvrier. Celui-ci a les moyens de tourmenter un maître dont il veut se venger; il ne fait pas, dans sa journée, les deux tiers de ce qu'il devrait faire; il sait gâter des matériaux, etc. Un chef d'industrie doit choisir des hommes intelligens et probes; fallut-il les payer davantage, on y gagne, parce que les produits valent plus par la qualité et par la quantité. Spéculer sur la misère afin que les salaires soient bas, c'est calculer fort mal; Arthur Young dit, avec une ingénieuse justesse, qu'en Irlande, *le travail est à bas prix, mais qu'il est cher.* Il y a, dans ce peu de mots, toute une excellente leçon d'économie politique. Ainsi, les intérêts de l'entrepreneur et ceux de l'ouvrier ne sont point opposés, comme on le supposerait en jugeant sur l'apparence.

Nous avons reconnu que l'augmentation des sa-

laires est impuissante pour assurer l'aisance à la
classe ouvrière, mais qu'il est des moyens efficaces
d'améliorer son sort. La bonne conduite des ouvriers leur procure et leur conserve ce que la paresse
et la débauche les empêcheraient de gagner ou leur
enlèveraient bientôt. Ajoutons qu'une bienfaisance
éclairée a trouvé des moyens, et en cherche d'autres
encore, pour rendre l'épargne féconde par les intérêts qu'elle procure, et pour accroître ainsi les ressources des travailleurs économes.

On peut augmenter le revenu des bons ouvriers,
contre-maîtres et autres, en excitant leur zèle par
des primes proportionnées à l'accroissement de bénéfices que produira leur habileté ou leur économie, dans les travaux dont ils sont chargés (1). Ceci
ne ressemble point à la chimérique association des
ouvriers aux maîtres; pas plus que la prime accordée
dans le commerce aux commis appointés qui, par
leur intelligence et leur zèle, rendent plus considérables et plus promptes les ventes du négociant.

Un moyen général, qu'aucun autre ne saurait suppléer pour répandre l'aisance, est le
fruit du plus intéressant progrès de l'industrie. Il y
a deux manières d'accroître un revenu. On peut

(1) Voyez *Observations sur l'état des classes ouvrières*, par
M. Théodore Fix.

l'augmenter numériquement, et celui qui le reçoit
achètera en plus grande quantité les objets qu'il désire ; on peut l'augmenter en diminuant le prix de
ces objets, puisque le possesseur du revenu aura de
même la faculté de se les procurer en plus grand
nombre. Ce qui rend élevés ou bas les salaires, ce
n'est point leur taux nominal, c'est la quantité, considérable ou faible, de choses utiles, commodes, dont
ils donnent la disposition. Le moyen efficace pour
les élever, est moins de les hausser numériquement
que de baisser le prix des marchandises. L'aisance
du grand nombre ne résultera jamais que de l'amélioration des mœurs et du bon marché des produits.

La baisse du prix des marchandises, amenée par
l'instruction et par la concurrence, a les plus heureux
effets. Cette baisse équivaut à l'augmentation des
salaires ; en même temps, elle accroît les demandes
et devient une source de profits ; nouvelle preuve que
les intérêts de l'entrepreneur ne sont point en opposition avec ceux de l'ouvrier et ceux du consommateur.

Marchons dans la voie des améliorations avec persévérance. Que les observateurs des vices de notre
temps se gardent de les exagérer, que toujours leur
langage inspire aux âmes droites le zèle et l'espérance.
Détournons nos regards de ces gens qui se plaisent à
peindre le crime pour en amuser les oisifs, et qui le

12

font paraître si fréquent, si naturel, qu'il cesse d'exciter l'horreur, gens qu'à leurs inventions sataniques, on croirait chargés de répandre une corruption infernale. D'autres hommes, que nous devons estimer et plaindre, sont portés, par une triste disposition d'esprit, à voir le bien qui se fait comme un vain palliatif du mal qui les entoure et les consterne. Hélas ! combien de dévouement et de soins sont encore nécessaires pour guérir ou seulement pour calmer les souffrances dont nous sommes témoins ! Si je dis que telle œuvre mérite la reconnaissance, que deux cents familles lui doivent de s'être relevées de la misère et de goûter l'aisance, on peut, à côté d'elles, nous en montrer deux mille qui auraient besoin des mêmes conseils, du même appui, et qui restent dans la dégradation. Mais, les familles, dont le sort s'est amélioré, n'offrent-elles pas des exemples qui peuvent fructifier ? Puis, ce qui s'est fait pour les unes se fera pour les autres ; il ne faut que plus d'activité, ou des associés plus nombreux.

Parce que les améliorations s'opèrent avec lenteur, ne soyons pas assez insensés pour les déclarer impossibles à réaliser. Trois générations au moins sont nécessaires pour opérer de grandes réformes dans les habitudes d'un peuple. Ceux qui donnent aujourd'hui une impulsion bienfaisante, légueront à leurs successeurs, plus nombreux et plus éclairés, quelques exemples à suivre, presque tout à perfectionner et beaucoup à créer. L'œuvre se développera. Quand une cause est bonne, deux grands secours ne peuvent manquer à ses défenseurs : l'action du temps et la confiance en Dieu.

La religion, indispensable pour opérer d'heureuses réformes, n'a pas encore parmi nous la puissante et douce influence qu'elle devrait exercer; mais je vois se répandre, à l'insu des observateurs superficiels, deux vérités très simples qui multiplieront les propagateurs du christianisme, et donneront à leurs efforts la plus utile direction. L'une de ces vérités, c'est que la religion est tout aussi nécessaire aux esprits cultivés qu'à la multitude ignorante. Le préjugé contraire tombe, et avec lui un grand obstacle qui s'oppose à l'amélioration de la classe nombreuse, dans tout pays où les classes élevées donnent le contagieux exemple de l'incrédulité. L'autre vérité, c'est qu'il est besoin, plus que jamais, de manifester la religion par les œuvres. Lorsque nous voyageons dans telle contrée qu'on nous a dit être fort religieuse, si nous y voyons pulluler la fainéantise et la débauche, refusons de souscrire à l'éloge qu'on lui donne : il faut, pour être chrétien, croire les dogmes, suivre le culte, et pratiquer la morale; retrancher cette dernière condition, c'est rendre les premières insuffisantes pour obtenir la vertu en ce monde, et le bonheur en l'autre. Si les deux vérités sur lesquelles je viens d'appeler l'attention du lecteur sont bien comprises, elles porteront d'heureux fruits.

Sans l'intervention religieuse, quelle garantie aurait-on que les progrès, que les efforts en faveur de la civilisation ne s'arrêteront pas? La bienfaisance peut être une mode. Tout est variable, passager, fugitif dans l'homme; tout, excepté les sentimens naturels, éclairés et fortifiés par la religion.

CHAPITRE V.

De l'emploi des Machines.

Il est incontestable que les machines ont une action puissante sur l'abondance et le bas prix des
marchandises. Cependant beaucoup de personnes
croient nuisible à la distribution des richesses l'usage
de ces outils perfectionnés qui, disent-elles, augmentent les profits aux dépens des salaires, et n'enrichissent quelques entrepreneurs qu'en ruinant une foule
d'ouvriers.

Souvent les hommes agitent des questions décidées ;
ils les discutent encore avec chaleur quand la force
des choses les a pour jamais résolues. C'est un fait
que des peuples emploient les machines ; c'est un
autre fait qu'on doit les employer aussi, ou renoncer
à soutenir la concurrence avec ces peuples industrieux.

Si les magistrats d'une ville empêchent un fabricant d'acquérir une machine nouvelle, afin de l'obliger à conserver tous ses ouvriers, bien des personnes
jugeront très paternel cet acte d'autorité. Mais les

magistrats d'une ville voisine appelleront l'inventeur, profiteront de sa découverte ; et bientôt des manufactures plus actives enrichiront leurs compatriotes aux dépens des hommes qui viennent de repousser les mêmes avantages. Si l'on objecte que le gouvernement peut interdire l'emploi des machines dans toute l'étendue de l'État, je dirai d'un État voisin ce que je disais d'une ville voisine. Lorsqu'on refuse de participer au mouvement général, de perfectionner, tandis que des perfectionnemens s'opèrent de toutes parts, on voit les autres s'éclairer et s'enrichir ; on reste dans sa routine et sa misère.

Mais l'invention des machines est-elle un mal nécessaire à supporter ? est-elle un bien qu'on doive bénir ? J'ai vanté les effets de la baisse du prix des marchandises : les procédés de fabrication économiques et rapides concourent à cette baisse, qui portera l'aisance au plus haut degré. Toutefois, les outils qui suppléent à des bras ne font-ils point acheter cruellement le bien général, en privant un certain nombre d'ouvriers de leurs ressources pour exister ?

Certes l'introduction subite d'une machine dans un atelier où elle remplace cent ouvriers, peut les plonger dans une situation déplorable. Pour détourner ce malheur, deux moyens se présentent. Lorsqu'une partie de la population est en souffrance, la société doit venir à son secours. Il est des travaux faciles auxquels peut se livrer tout homme laborieux ; quelques-uns de ces travaux, sans avoir une grande utilité, embellissent une ville. C'est dans de pareils momens qu'on doit les faire exécuter, en les offrant aux ouvriers comme une ressource passagère, destinée à leur donner le temps d'en trouver d'autres ; car il ne faut point désapprendre aux hommes à se procurer du travail. Les entrepreneurs ont aussi des devoirs envers les ouvriers. Je croirais juste que, s'ils veulent en congédier pour substituer à leurs bras des machines, ils fussent obligés de les prévenir quelque temps d'avance, et même de leur payer une partie de leurs salaires, pendant les premières semaines qui suivront le renvoi. Avec ces précautions, et si, grâce à la liberté de l'industrie, les ouvriers n'éprouvent d'obstacle ni pour changer de travail ni pour changer de lieu, il est impossible que l'emploi des machines n'ait pas des inconvéniens très bornés, tandis que ses avantages sont immenses.

Supposons une contrée ignorante et pauvre, où il n'existe d'autre établissement d'industrie qu'une fabrique d'étoffes grossières. Les habitans sont misérables ; la plupart se couvrent de haillons. Si pour perfectionner cette manufacture, on remplace par des machines la moitié des ouvriers, et qu'on ne vienne point à leur aide, il y aura pour eux un temps de crise qu'il eût fallu leur épargner. Mais, traversez ce pays quelques années après : vous verrez la classe nombreuse mieux vêtue et mieux nourrie; vous reconnaîtrez, peut-être, que les améliorations introduites dans une pauvre manufacture ont donné l'éveil aux esprits, et que l'industrie, excitée de proche en proche, a fait naître l'aisance dans toute la contrée.

Les machines peuvent diminuer pour un temps, sur tel point, la quantité de main-d'œuvre; mais elles ont procuré à la classe laborieuse incomparablement plus de travail qu'elles ne lui en ont ôté. Quand le métier à bas fut inventé, que d'alarmes conçurent les personnes qui faisaient les bas à l'aiguille ! Pourrait-on supposer aujourd'hui que leur nombre n'était pas très inférieur à celui des divers ouvriers qui fabriquent les métiers, qui les font mouvoir, qui préparent les matières premières employées par une industrie dont les produits sont si multipliés? Lorsque, dans de vaste plaines où les hommes bêchaient la terre, on vit pour la première fois apparaître la charrue, on dut éprouver un sentiment de terreur, en songeant à la quantité de main-d'œuvre que cette machine allait rendre inutile;

et, cependant, quel prodigieux accroissemement de subsistances, d'industrie et de population, n'a-t-elle pas fait naître sur le globe ?

Je citerai quelques observations de M. Malthus qui, sur le sujet dont je parle, mérite confiance, parce qu'il habitait le pays où l'on a le plus employé les machines, et parce que la direction de ses recherches lui faisait craindre tout ce qui peut diminuer le travail pour la classe nombreuse. « Aussitôt, dit-il, qu'une machine, en épargnant la main-d'œuvre, peut fournir des produits à meilleur marché, l'effet le plus ordinaire qui en résulte est une telle extension de demandes, que la valeur de la masse des objets fabriqués par cette nouvelle machine, surpasse de beaucoup la valeur des objets manufacturés auparavant. Malgré l'économie de main-d'œuvre, ce genre d'industrie, au lieu d'employer moins de bras, en requiert bien plus que par le passé (1). »

Pour concevoir nettement ce phénomène, il suffit d'observer que les machines ne font pas tous les travaux que la fabrication exige. Les ouvriers peuvent donc trouver. dans l'accroissement des travaux qui leur restent, bien plus que la compensation de ceux qu'ils ont perdus.

(1) *Principes d'Economie politique,* tome II, page 103.

12.

M. Malthus continue: « Un exemple frappant de
cet effet nous est donné par les machines employées
à filer et à tisser le coton, en Angleterre. La consommation des étoffes de coton s'est si fort accrue,
dans ce pays et dans l'étranger, par suite du bon
marché, que la valeur de la totalité de ces étoffes et
du fil de coton surpasse, hors de toute comparaison,
leur ancienne valeur. L'accroissement des villes de
Manchester, de Glasgow, etc., prouve assez combien, sauf peu d'exceptions, la demande d'ouvriers
pour le coton est allée en augmentant depuis l'introduction des machines (1). » Cet écrivain dit encore:
« Une augmentation de valeur, quoique moins forte
que la précédente, a eu lieu dans nos manufactures
de quincailleries, de draps et d'autres produits, et
a été accompagnée d'une demande croissante de
bras (2). »

Quelques auteurs nient que la baisse des prix soit
un résultat nécessaire de l'emploi des machines.
C'est tirer de quelques faits particuliers une conséquence générale. Lorsqu'un fabricant, muni d'un
brevet d'invention, emploie seul des procédés économiques, il peut continuer de vendre aussi cher

(1) *Principes d'Économie politique*, tome II, page 103.
(2) Même ouvrage, tome I, page 380.

que les autres manufacturiers ; tout au plus accorde-ra-t-il une diminution légère pour s'assurer la préférence : mais lorsqu'une invention est répandue, il faut bien que la concurrence fasse baisser les prix.

Quelques rêveurs voient, en imagination, les machines se multiplier un jour à tel point que, chassant de proche en proche les ouvriers, elles finiront par leur enlever tout moyen de gagner leur vie. Il serait superflu de prouver aux esprits justes qu'un nombre infini de travaux exigeront toujours la main de l'homme. Si l'on veut se livrer à des rêves, si l'on aime les hypothèses, qu'on en fasse d'agréables. On peut soutenir qu'un jour les outils perfectionnés abrégeront à tel point les travaux matériels, que les hommes auront le temps nécessaire pour donner un grand développement à leur intelligence ; on peut aller jusqu'à dire qu'un jour les machines seront, pour des nations nouvelles, ce que les esclaves étaient pour le peuple de l'Attique.

Laissons les hypothèses, si peu convenables aux sujets qui nous occupent. L'invention des machines multiplie les marchandises, fait baisser leur prix, augmente la quantité de travail ; et ce ne sont pas encore tous ses avantages. L'emploi des machines conserve les forces, la vie d'un certain nombre d'ouvriers, en leur épargnant des travaux malsains ou périlleux ;

et sous ce rapport plus d'un métier, dans les villes et dans les campagnes, doit encore attirer l'attention des philanthropes. L'usage des outils perfectionnés peut aussi, plus qu'on ne le pense, contribuer à l'amélioration des mœurs. Les travaux pénibles excitent à faire abus de liqueurs spiritueuses. Diminuer les fatigues, est un moyen d'ôter une cause et des prétextes à la débauche.

On s'alarme, non sans motif, des accidens causés par quelques machines. Lorsqu'une découverte a des inconvéniens, le vulgaire crie aussitôt qu'il faut la proscrire ; les hommes éclairés observent ces inconvéniens, méditent, et les font disparaître.

Pour condamner une invention ou une importation nouvelle, il ne suffirait point de prouver qu'elle aura toujours des dangers. Supposez qu'un voyageur transporte des chiens dans une île où ce précieux animal est encore inconnu, aurait-il raison l'insulaire qui dirait aux autres : « n'acceptez pas le redoutable présent qu'on vous offre. J'ai vu, sur le continent, l'animal que cet étranger vous dit être fort utile pour la chasse et pour la garde des troupeaux, qu'il vous donne comme un ami qui caressera vos enfans, et défendra vos jours. Le chien est quelquefois saisi tout-à-coup d'une incurable maladie ; s'il fait alors une morsure, même légère, celui qu'elle atteint devient furieux ; on lui prodiguerait en vain des secours, il meurt dans d'affreuses tortures. Chassez de votre île ce redoutable animal, ou nous vivrons dans des angoisses que justifieront trop souvent d'horribles catastrophes. »

Les machines dangereuses ne doivent jamais être employées dans l'économie domestique, les valets n'ont pas assez de soins pour qu'on puisse les leur confier; mais, dans les fabriques, une exacte surveillance peut être exercée. Un conseil de savans doit décider quelles sont celles de ces machines qu'il est permis d'employer dans les manufactures, et quelles conditions il faut imposer à ceux qui veulent en faire usage.

CHAPITRE VI.

De la Population.

C'est surtout dans ses rapports avec l'aisance générale qu'il faut considérer la population. Lorsqu'un État s'enrichit, les hommes s'y multiplient. De ce fait on a conclu que, pour enrichir un État, il fallait y multiplier les hommes. C'était prendre l'effet pour la cause. Cette erreur fut suivie d'une autre. On pensa que, pour rendre un pays très peuplé, il suffisait d'encourager les mariages, et d'assurer des récompenses aux pères de familles nombreuses.

On peut accroître ainsi le nombre des naissances. Louis XIV promit des pensions aux pères qui auraient dix enfans, et de plus fortes à ceux qui en auraient douze. Montesquieu plaisante sur ces récompenses offertes à des prodiges (1). Cependant on peut raisonnablement croire que l'espérance d'obtenir les primes aura de l'influence, même sur des familles qui n'atteindront jamais le nombre fixé ; et s'il

(1) *Esprit des lois*, livre xxiii, chap. xxvii.

était moins élevé, les résultats seraient plus certains. Ajoutons que les honneurs rendus aux familles nom - breuses influent sur l'opinion : les grands, les riches se font les échos du prince, et prêchent le mariage, surtout dans les campagnes.

Des encouragemens peuvent multiplier les naissances ; mais, pour avoir des hommes, il ne suffit pas de faire naître des enfans. On n'aura qu'un accroissement de misère et de mortalité, si l'on n'a pas multiplié les moyens d'*existence*.

Beaucoup d'auteurs disent les moyens de *subsistance*. M. de Tracy (1) fait observer que cette expression est inexacte, et lui substitue celle que je viens d'employer. En effet, il ne suffit pas de pouvoir se nourrir. Le froid est, dans nos climats, presque aussi redoutable que la faim. Combien d'enfans et de vieillards, de malades et de convalescens périssent, parce qu'ils ne peuvent se garantir d'un hiver rigoureux. La malpropreté des haillons, l'air infect des demeures étroites et malsaines, abrègent les jours d'une foule de malheureux qui cependant ont du pain.

La population peut croître, jusqu'à un certain point, sans que les moyens d'existence augmentent,

(1) *Économie politique*, chap. IV.

pourvu qu'ils se divisent. Ce qui fait vivre deux individus, peut en faire végéter quatre et même davantage. Ces deux personnes avaient une chambre spacieuse ; elles se procuraient des alimens sains, elles étaient décemment vêtues et meublées : quatre ou cinq personnes vont encombrer le même logement; il n'y aura plus de lit, toutes coucheront sur la paille; elles se couvriront de lambeaux ; elles seront mal nourries, et souvent elles endureront les tourmens de la faim. Entre l'existence et la mort, il est un état intermédiaire ; cet état est la souffrance. Un accroissement de population peut donc avoir lieu sans qu'on trouve une augmentation égale dans les moyens d'existence ; mais, sous quel triste aspect se présente un tel état de choses ! Il offre une augmentation de misère, de douleurs ; et, sans doute aussi, de vices et de crimes.

Aux observations précédentes, il faut ajouter qu'un accroissement de population produit toujours quelque accroissement dans les moyens d'existence. De nouveaux besoins obligent à redoubler d'efforts ; le père s'exténue pour nourrir sa famille, et les enfans sont contraints au travail avant que l'âge ait développé leurs forces. Il y a donc un accroissement de production, mais trop faible pour que le résultat des encouragemens donnés à la population, ne soit pas d'augmenter la misère et la mortalité. L'expérience dément parmi nous la seconde partie de cette proposition de M. Everett : *Les survenans multiplient les demandes; mais ils fournissent en même temps les moyens d'y pourvoir* (1). M. Everett est Américain; il se trompe en généralisant une observation qui ne peut être exacte que dans un pays neuf, où la nature et les arts appellent incessamment le concours de nouveaux travailleurs.

Le premier désir à former est que les hommes soient heureux, et le second qu'ils soient nombreux. Pour accomplir celui-ci, il suffirait de réaliser l'autre. La population croît naturellement, à mesure que les ressources pour exister augmentent. Si donc on veut l'encourager, il faut développer l'industrie par l'instruction, la liberté et la paix. Alors les hommes trouvent facilement à vivre, les mariages se multiplient, et plus d'enfans sont conservés, parce que leurs familles peuvent éloigner d'eux les fléaux qui menacent la vie. Ce sont des encouragemens indirects, non des encouragemens directs, qu'il faut donner aux mariages ; en d'autres termes, c'est d'accroître le bonheur des hommes, non d'augmenter leur nombre qu'on doit s'occuper. Une preuve frap-

(1) *Nouvelles idées sur la population,* trad. par M. Ferry, page 34.

pante que la population suit, dans son développement, les moyens d'existence, c'est la rapidité avec laquelle sont réparées les pertes qu'entraînent les grands fléaux, la guerre, la famine, les maladies contagieuses. Après ces calamités, le besoin d'hommes se fait sentir, le travail est mieux rétribué ; et l'on voit se multiplier prodigieusement les naissances. Il faut ajouter qu'après les grands désastres, les hommes ont, en général, peu de prévoyance, et beaucoup d'ardeur à jouir de la vie : mais ces causes, qui rendent les mariages plus nombreux, n'amèneraient que misère et mortalité, si les ressources pour vivre ne se trouvaient alors plus abondantes.

Non-seulement l'expérience démontre que la population croît en raison des moyens d'existence, mais il paraît qu'elle tend à les surpasser : c'est ce qu'il est fort important de discuter et d'éclaircir.

Peu d'ouvrages, relatifs à l'économie politique, ont produit une sensation aussi vive que l'*Essai* de M. Malthus *sur la Population*. Je suis bien trompé si cet ouvrage ne doit pas son succès, moins à ce qu'il offre de juste et de vrai, qu'à ce qu'il contient d'exagéré et d'inexact. M. Godwin avait débité beaucoup de rêveries aux Anglais (1). Son talent et sa bonne foi

_____

(1) Cet auteur n'est guère connu des Français que par son ro-

avaient fait des dupes parmi ses compatriotes ; le désir
de les désabuser fit prendre la plume à M. Malthus
qui, au lieu de se placer dans le cercle de la réalité, où
n'était pas son adversaire, combattit des rêves avec
des hypothèses. Les deux auteurs ont frappé les imagi-
nations ardentes : l'un, en peignant des sites enchan-
tés ; l'autre, en décrivant des abîmes épouvantables.
Beaucoup d'hommes ont lu l'ouvrage de M. Malthus
avec ce plaisir qu'éprouvent les enfans, lorsqu'ils entendent des contes qui leur font peur.

« Si la population, dit cet économiste, n'est arrêtée
par aucun obstacle, elle doit doubler au moins en
vingt-cinq ans, et croître ainsi, de période en période, dans une *progression géométrique*. Il n'en est
pas de même des subsistances. Ce qu'on peut supposer de plus favorable à leur accroissement, c'est que
chaque période de vingt-cinq ans ajoute au produit
des terres une quantité égale à leur produit actuel :

---

man de *Caleb Williams*, qui leur a paru annoncer un misan-
thrope aigri profondément contre l'espèce humaine. Juger ainsi
M. Godwin, c'est tomber dans une erreur singulière. Aucun
homme n'eut jamais plus de foi dans notre bonté native ; il a
composé son roman pour faire la satire des institutions sociales
qui, selon lui, produisent seules tous nos vices. Qu'on lise sa
Politique naturelle, on y verra ses véritables opinions. A l'en
croire, nous cultiverons les plus douces vertus, et nous joui-
rons d'une indicible félicité, aussitôt qu'on nous aura débarras-
sés de nos institutions perverses, surtout de celles qui ont établi
la propriété et le mariage.

ainsi les subsistances n'augmentent que dans une *progression arithmétique.* L'espèce humaine croît comme les nombres 1, 2, 4, 8, 16; les subsistances croissent comme ceux-ci, 1, 2, 3, 4, 5. Après deux siècles, la population serait aux moyens de subsistance comme 256 est à 9; après trois siècles, comme 4096 est à 13 (1). » On voit que ces deux lois d'accroissement si disproportionnées entre elles, poussent la race humaine dans un gouffre de misère et de mort.

Il manque à ces ingénieux calculs d'être conformes à la réalité des choses. On pourrait remercier l'auteur d'être fort modéré dans une partie de ses hypothèses: il fait abstraction de tout ce qui est nécessaire pour exister indépendamment des subsistances; il se borne à doubler la population en vingt-cinq ans, au lieu de quinze et même de douze ans; bien qu'il y ait des parties du territoire américain où le nombre des hommes croisse avec cette étonnante rapidité, sans que l'émigration européenne y contribue. La France a trente-deux millions d'habitans; le calcul de M. Malthus ne lui en donnerait que cinq cent douze millions dans un siècle, tandis qu'en prenant le calcul le plus favorable, la France peut avoir dans quatre-vingt-seize ans, huit milliards cent quatre-vingt-douze mil-

(1) *Essai sur le principe de la population,* chap. I.

lions d'âmes. Ce résultat est plus frappant que le premier, et n'a rien de plus invraisemblable. Mais, puisqu'il est question de savoir avec quelle rapidité croîtrait le nombre des hommes, si leur multiplication n'était arrêtée par aucun obstacle, comment vais-je chercher des exemples dans les pays connus? Il y a des obstacles à la population dans cette Amérique si féconde. Des maladies, des passions, des causes physiques et des causes morales y retardent encore le progrès de l'espèce humaine. Toutes les exagérations sur lesquelles nous venons de jeter un coup-d'œil, sont de timides aperçus, très inférieurs à la vérité, si l'on veut un instant supposer que rien ne s'oppose à la multiplication des hommes. Mais à quoi servent ces hypothèses? elles peuvent gêner les espérances de M. Godwin; elles n'ont pas même une ombre d'utilité, s'il s'agit de connaître ce qui se passe sur la terre.

Les idées de M. Malthus sur les subsistances ne sont pas moins hypothétiques. Il lui convenait de multiplier les hommes, il lui convient de restreindre les moyens de les nourrir. Pourquoi borne-t-il les subsistances d'un peuple aux produits alimentaires de son territoire? Genève, la Hollande, la Suède, etc., tirent constamment des grains de l'étranger. Non-seulement, M. Malthus ne devait pas oublier une telle ressource, mais après avoir supposé une prodigieuse multiplication des hommes, il devait pour être juste, calculer, d'après les suppositions les plus favorables, tout ce que le perfectionnement de l'agriculture, des moyens d'échange et de transport, peut un jour ajouter de substances alimentaires à celles que produisent les pays sur lesquels il porte ses regards.

Les hypothèses romanesques et les calculs imaginaires de M. Malthus s'éloignent trop de la vérité pour être des documens précieux. Quittons la haute région des chimères; entrons dans l'humble domaine du vrai, où se trouve aussi l'utile.

Observons quels genres d'individus composent la classe misérable, et jugeons si leurs malheurs naissent d'un excès de population.

Assurément, nous ne placerons point dans cette classe les mendians valides. Ces paresseux, ces lâches se sont fait un métier facile qui tient le milieu entre celui des baladins et celui des voleurs. Il ressemble au premier, parce que ceux qui l'exercent ont aussi leurs costumes, leurs tours d'adresse, et qu'ils donnent des représentations tristes, comme les autres en donnent de bouffonnes. Il touche au second, parce qu'il exige mensonge et fourberie; il est moins coupable, parce qu'il s'exerce si publiquement que cha-

.cun peut s'en garantir, et qu'il fait des dupes, non des victimes. Je vois dans la synonymie des noms de mendiant et de pauvre un grand abus de mots : la mendicité est lucrative ; et c'est un scandale que la journée du mendiant soit souvent mieux payée que celle de l'ouvrier.

Le triste sort du mendiant infirme, tel que l'aveugle ou le paralytique, n'est pas l'effet d'un excès de population ; il résulte des infirmités auxquelles notre nature est sujette, et d'une civilisation peu avancée qui laisse la société indifférente à des devoirs envers le malheur.

Les ouvriers que des maladies ou des accidens jettent dans une situation affligeante plus ou moins prolongée, souffrent aussi par des causes de misères inhérentes à notre nature, et qu'il faut détourner par des institutions prévoyantes, quelle que soit la population.

Dans les pays dévorés par les corporations, beaucoup de gens qu'elles empêchent de travailler ou qu'elles font travailler à vil prix, sont misérables. La surabondance qu'on croit apercevoir alors dans la population est factice ; on ne doit se plaindre que des erreurs de l'autorité.

Les crises commerciales qui renversent ou font languir de nombreux établissemens, produisent aussi un excès apparent de population. Ces crises, heureusement passagères, ne naissent pas du nombre des hommes; elles ont pour causes l'ignorance et l'avidité des entrepreneurs d'industrie, les erreurs de l'administration, et les guerres.

Quand l'industrie est libre, quand elle prospère, une foule d'ouvriers sont encore en proie à l'indigence. On doit faire une distinction entre eux : il en est qui vivent dans les cabarets plus que dans les ateliers; ils semblent fuir les moyens d'existence qui sont à leur portée, et ne chercher que la débauche. Les enfans de ces êtres dégradés vont errer, vivant souvent d'aumônes, et plus tard de vols et de prostitutions; s'ils ne se dépravent pas entièrement, du moins sont-ils fort ignorans, sans habitude du travail, et destinés à grossir la tourbe des ouvriers misérables. Ce n'est pas un excès de population qu'il faut accuser de ces désordres; c'est l'ignorance, la paresse et la débauche. Mais, dans la masse souffrante, il est des ouvriers qui se présentent sous un aspect bien différent. On les voit, chargés de famille, s'exténuer sans parvenir à vaincre une misère qui résiste au travail. Le nombre d'êtres qu'ils ont à nourrir, à vêtir, est un poids qui les accable, alors même qu'ils trouvent avec facilité des salaires : qu'est-ce donc, si de graves embarras du commerce

viennent arrêter leurs travaux, ou si une maladie les réduit à l'inaction ? ces événemens, sont pour
eux d'horribles calamités. Il y a disproportion entre
le nombre de leurs enfans et leurs moyens de les élever (1). Dans cette foule de petits malheureux, les
uns périssent, la plupart des autres n'ont pas les
soins qui en feraient de bons ouvriers, beaucoup
se dépravent : ici, le mal vient d'un excès de pro-
création. Comment le prévenir ?

Steuart (2) pense qu'il faut interdire le mariage
aux pauvres. Cette idée est révoltante, elle offense
des droits inhérens à l'existence même. La société
serait punie par les vices qu'elle ferait pulluler ; elle
échangerait des enfans légitimes contre un plus
grand nombre d'enfans de la débauche.

La violence est mauvaise conseillère ; la sagesse
doit avoir des moyens plus doux et plus efficaces
pour opérer le bien. Si un ouvrier, père de famille

---

(1) On ne peut déterminer d'une manière générale, par quel
nombre d'enfans une famille est surchargée. Un homme et
une femme, pleins de santé, d'intelligence et d'activité, élève-
ront plusieurs enfans, tandis que deux êtres débiles, et sans
courage, pourront à peine en nourrir un seul. La rareté ou l'a-
bondance du travail, le prix élevé ou bas des marchandises,
sont aussi des circonstances importantes qui varient dans les divers pays, et dans le même, à diverses époques.

(2) *Recherche des principes de l'économie politique*, tome I,
page 127.

et plein de sens, entend un jeune homme qui ne possède rien lui demander sa fille en mariage, travaille, répond-il, fais des épargnes ; et quand j'aurai la certitude que tu ne mettras pas ma fille dans la misère, que vous pourrez élever vos enfans, les rendre honnêtes et bons ouvriers comme nous, je t'accorderai ta demande. C'est cette prévoyance, si rare et si nécessaire, qu'il faudrait répandre dans la classe nombreuse. La naissance de l'être intelligent ne doit pas dépendre d'un appétit brutal. Avant de donner le jour à des enfans, il faut avoir au moins la probabilité qu'on pourra les élever, ou l'on sacrifie la raison à la passion, on commet un acte coupable. L'homme doit aspirer au mariage, puisque c'est l'état le plus convenable à sa nature ; mais il doit d'abord s'en rendre digne, et cette pensée peut devenir un puissant véhicule pour le jeune ouvrier dans ses travaux. Quand l'opinion générale excite au mariage, elle accroît une population misérable ; elle aurait aussi des effets, mais plus heureux, si elle enseignait à la classe ouvrière que le mariage doit être la récompense du travail et de l'économie.

Le riche et le pauvre tombent dans deux excès opposés : trop souvent l'un obéit à une prévoyance coupable, et l'autre est entraîné par une imprévoyance funeste. En général, le riche craint d'avoir beaucoup d'enfans, ou même d'en avoir plusieurs. Accoutumé aux jouissances de la vie, il croirait faire un triste présent, s'il transmettait l'existence, sans l'accompagner des biens qui lui paraissent nécessaires pour la rendre agréable. La vanité fortifie ce sentiment; et tel homme, infatué de ses titres, croit que si l'on ne vient pas au monde avec un marquisat, ce n'est pas la peine de naître. Le pauvre, dans son ignorance, suit un instinct brutal : s'il hésite un moment à se marier, en songeant à ce que deviendront ses enfans, presque aussitôt il se rassure, et chasse la prévoyance. Il a souffert, il a vécu ; ses enfans souffriront et vivront comme lui. Ainsi se forme une population livrée à la misère, et féconde en désordres.

Améliorez l'éducation; que le sentiment de la dignité humaine pénètre dans les âmes; que, sous l'heureuse influence de la religion, des mœurs et de la paix, l'état de la société devienne assez prospère pour que l'ouvrier ait quelque part aux douceurs de la vie; il ne voudra pas se marier avant d'être certain que ses enfans auront les mêmes avantages. On demande si la population tend à dépasser les moyens d'existence : oui, dans notre état de civilisation ; non, dans un état de civilisation meilleur.

On a souvent proposé, contre l'excès de population, des secours illusoires. Quelques personnes vou-

draient qu'on formât des colonies; et leur imagination parcourt les vastes espaces qui sont encore in-
cultes sur le globe. Mais, plus d'un gouvernement
n'a pas au loin des terres dont il puisse disposer; ensuite, si l'on réfléchit aux frais, aux difficultés, aux
dangers des colonisations, on s'étonnera peu d'en
voir tenter rarement, et presque toujours sans succès. Enfin, pour qu'une espèce de déportation fît
hausser les salaires, il faudrait habiter une bien petite république; car, dans un grand État, le départ
de quelques centaines ou de quelques milliers d'ouvriers serait inaperçu. Tout ce que les argumens en
faveur des colonisations me paraissent avoir d'utile,
c'est qu'ils sont propres à faire sentir combien il est
absurde de s'opposer aux émigrations.

D'autres personnes pensent que, pour chasser la
misère, il suffit de développer l'industrie; et, pour
le prouver, elles disent que l'Europe n'a point d'État
où il ne soit possible de faire vivre un nombre d'hommes double, triple, de celui qu'on y voit aujourd'hui.
En effet, on trouvera peut-être un jour que notre
population était bien faible au dix-neuvième siècle.
Mais les produits des terres et des fabriques ne peuvent être doublés, triplés, en un instant, par un acte
de féerie. Ensuite, et j'appelle l'attention du lecteur
sur cette observation essentielle, lorsqu'on aug-

mente les moyens d'existence, on multiplie les mariages; si donc on n'emploie que ce seul moyen pour bannir la misère, loin d'atteindre le but, on aura plus de naissances et plus de malheureux. Sans doute, il faut donner à l'industrie une grande impulsion; mais il faut, en même temps, répandre les idées de prévoyance. On ne saurait arriver au but que par ces deux moyens réunis; et c'est leur double action qui peut amener sur la terre une prospérité inconnue de nos jours.

Quels que soient les progrès de l'aisance, il y aura toujours de funestes événemens et des situations déplorables, qui rendront nécessaires les secours de la charité publique et particulière. Tel est le danger des hypothèses et des exagérations, que M. Malthus, pour être conséquent à ses terreurs, énonce, avec les intentions les plus droites, des idées que je n'ose qualifier. Ce n'est point de régler les secours publics, c'est de les anéantir qu'il s'occupe. Ainsi, M. Malthus veut fermer les hospices où sont reçus les enfans abandonnés. Se représente-t-on sans horreur quel serait le sort de ces infortunés, si, quand ils sont exposés par des parens coupables, ils ne pouvaient être sauvés qu'autant que le hasard les ferait rencontrer par des personnes assez charitables pour les adopter? Quels désordres résulteraient de l'alternative, où cha-

cun pourrait se trouver, de violer toutes les lois de
l'humanité, en laissant périr des enfans à sa porte,
ou de s'imposer les soins nécessaires pour les élever?
La société a dû prévenir ces dangers. Diminuez la
misère, propagez la morale, empêchez ainsi que le
nombre de ces infortunés ne s'accroisse; mais, dès
qu'un être respire, on doit le garantir de la douleur
et prolonger sa vie. C'est, si l'on veut, un malheur
pour nous et pour lui-même qu'il soit né; son abandon serait plus qu'un malheur, ce serait un crime.
M. Malthus, il est vrai, prétend que la mortalité des
enfans nouveau-nés est si prodigieuse dans les hospices, que peut-être en échapperait-il davantage si
ces établissemens n'existaient pas. On peut révoquer
en doute une pareille assertion; tout ce qu'elle prouverait, en la supposant exacte, c'est que nos institutions ont grand besoin d'être perfectionnées.

Accordons que des inconvéniens graves sont encore attachés aux établissemens charitables : on a
pourvu d'abord aux besoins physiques, songeons aux
besoins moraux. Les hospices ouverts aux malades
affaiblissent les liens de famille. La mère n'est plus
soignée par son fils, la femme n'adoucit plus les douleurs de son mari; les parens livrent les parens à
des mains étrangères. Il existe dans Paris une société
qui combat cette influence immorale, en s'occupant

avec zèle de faire soigner les malades à domicile ; et des fonds, pour le même usage, sont donnés aux bureaux de charité, par l'administration des hospices. Désirons que les cas où des malades seront portés dans les hôpitaux, soient un jour de tristes exceptions ; mais de tels établissemens ne cesseront jamais d'être nécessaires, parce qu'il y aura toujours des malheureux qui ne pourraient ailleurs recevoir des soins, et que la société doit l'exemple de l'humanité.

Les asiles destinés aux vieillards rendent moins économes un certain nombre d'hommes. Pourquoi, dans la jeunesse et dans la force de l'âge, ne se livreraient-ils pas à la dissipation, à la débauche, puisqu'il existe des établissemens pour les garantir des suites de leurs vices ? Je ne me bornerai point à répondre qu'il vaut mieux encore qu'un certain nombre de particuliers se déprave, que de voir la société elle-même se dépraver, en refusant d'assister la vieillesse. Je dirai qu'il faut détruire, non les institutions, mais leurs abus. Il serait à désirer qu'on eût deux sortes d'asiles de la vieillesse : l'un pour les victimes du malheur, l'autre pour celles de l'inconduite, où il serait honteux d'entrer, où le mépris du peuple ferait craindre d'aller mourir un jour. Si l'on objecte que cette division serait affligeante, qu'on doit jeter un voile sur les fautes, je repousserai ces idées d'une excessive indulgence. La philanthropie dégénère en niaiserie, quand elle cesse de s'allier avec la justice.

On a beaucoup cherché les moyens d'abolir la mendicité. Il est à présumer que l'avancement de la civilisation détruira ce fléau par le moyen le plus simple. On cessera de donner des pièces de monnaie dans la rue, lorsqu'on saura mieux que jeter au hasard quelques aumônes, ce n'est point exercer la charité.

De tous les moyens de secourir l'indigence, le plus contraire à son but est un impôt levé au profit des indigens. Il faut l'accroître sans cesse, et sans cesse il accroît le nombre des gens qui veulent y prendre part. Les Anglais ont fini par être obligés de faire un coup d'État contre les pauvres. Je connais, dans une ville de France, un quartier où la misère augmente, chaque année, par l'abondance des secours, et par le peu de sagacité avec lequel on les répand. Ainsi, les contributions volontaires peuvent avoir les mauvais effets d'une taxe légale. Ce n'est point tomber dans l'erreur anti-charitable de Malthus, c'est y substituer la vérité que d'insister sur ce principe : les aumônes prodiguées sans discernement sont des primes offertes à la fainéantise et à la bassesse. Les secours en argent ou en nature sont passagers, et ne peuvent être que des palliatifs ; les seuls remèdes capables de guérir le mal sont dans les secours moraux et religieux qui relèvent les âmes abattues ou même flétries. La charité bien faite peut transformer des mendians en hommes ; mal faite, elle transforme des hommes en mendians.

Rien n'est plus utile que de mettre en contact avec la classe pauvre les personnes éclairées, charitables, qui savent donner des conseils et ranimer le courage, qui savent, en portant des secours, enseigner comment on peut se suffire à soi-même. Je ne puis entrer dans les détails qu'un tel sujet exige ; et je renvoie à l'ouvrage de M. de Gérando, intitulé *le Visiteur du pauvre*. Ce livre est rempli d'observations utiles ; et l'on y sent, à chaque page, que l'auteur pratiquait les vertus qu'il enseigne.

13.

LIVRE IV.

DE LA CONSOMMATION DES RICHESSES.

◁————▷

CHAPITRE PREMIER.

De l'emploi du revenu.

Lorsque les hommes donnent ou ajoutent de la valeur aux objets sur lesquels s'exerce leur industrie, ils *produisent ;* lorsque, employant ces mêmes objets à leur usage, ils en détruisent ou en diminuent la valeur, ils *consomment.* La consommation est le but du travail : c'est d'elle que la formation et la distribution des richesses reçoivent toute leur importance.

Une des questions fondamentales, en économie politique, est celle de savoir s'il est à désirer que les hommes consomment peu, afin d'accroître les capitaux, ou s'il est plus avantageux que la consommation soit abondante, afin de multiplier les jouissances et d'exciter la production. Ce sujet qui touche à la morale des peuples, ainsi qu'à leur richesse, ce sujet, tant de fois discuté, n'est pas encore exempt de vague et d'incertitude.

L'économie politique distingue deux sortes de consommation, l'une *improductive*, l'autre *reproductive*. La première est la consommation proprement dite; l'autre est une transformation de matière. Par exemple, si l'on achète du drap pour s'habiller, on le consomme improductivement, puisque, l'habit usé, il ne reste rien de la dépense qu'on a faite; mais le tailleur qui emploie du drap le consomme reproductivement, puisqu'il en retrouve la valeur dans les habits qu'il nous vend. On peut voir le développement et les conséquences de cette théorie dans le troisième livre du traité de M. Say. J'arriverai aux mêmes résultats pratiques, par une route différente.

Je rappelle, en peu de mots, la classification des richesses exposée dans le premier livre de cet ouvrage (1). Tous les produits matériels se divisent en trois classes. Il y a le *fonds de consommation*, qui se compose des produits destinés à satisfaire immédiatement nos besoins; les *capitaux,* qui sont formés des produits réservés pour en créer de nouveaux; enfin, les *revenus* qui, selon l'usage qu'on en fait,

(1) Pag. 50 et suiv.

vont grossir, ou le fonds de consommation, ou les capitaux. Nous avons à examiner quel est de ces deux emplois le plus favorable à l'aisance générale?

Des causes particulières influent sur l'usage que chaque personne fait de son revenu. L'ouvrier pauvre est forcé de donner tout ou presque tout à la consommation (1). Il en est de même de tel homme à qui son rang impose les ennuis dispendieux d'une grande représentation. Notre caractère, nos goûts nous déterminent souvent plus que notre position. Avec la même fortune, et des charges égales, l'un dissipe et l'autre thésaurise. On voit des pères de famille se livrer à de folles dépenses, et des célibataires se refuser les agrémens dont ils pourraient jouir.

Des causes générales ont une action puissante sur la direction que prennent les revenus. Dans un pays neuf, où les capitaux sont rares et les profits considérables, on est excité à former des capitaux par les bénéfices qu'ils promettent. A mesure qu'ils deviennent abondans, et que les profits diminuent, on cède au désir de faire moins d'épargnes, et d'accroître ses jouissances. Ce désir prend d'autant plus de force, que les arts produisent alors une multitude d'objets

(1) Je prends ce mot et je continuerai de le prendre dans le sens de *consommation improductive*.

qui peuvent éveiller et flatter les goûts de l'homme riche. C'est surtout cette cause qui grossit le fonds de consommation aux dépens des capitaux ; car on ne voit pas encore de pays où ils soient tellement accumulés, qu'on puisse dire qu'ils surabondent. Pour que le contraire fût vrai, il faudrait que l'agriculture ne laissât plus d'améliorations à désirer, et que tous les autres genres d'industrie fussent exploités de manière qu'il devînt impossible d'y placer un nouveau capital.

Enfin, l'opinion publique exerce une grande influence sur la direction que suivent les revenus. Tel est l'empire de l'opinion, qu'elle peut faire agir les hommes contre leurs intérêts et contre leurs goûts. Selon que cette puissance ordonne l'économie, ou commande la dissipation, le partage des revenus, entre les capitaux et le fonds de consommation, est bien différent. Les écrits modifient l'opinion ; il est donc très important de ne prêter l'appui de la science qu'à des idées conformes à l'intérêt social.

On peut créer deux systèmes erronés. Si les revenus, sauf la somme nécessaire pour exister, se transformaient en capitaux, il y aurait encombrement de la production, à moins que les habitans de l'État n'eussent d'immenses débouchés au dehors. Dans ce cas même, ils vivraient mal ; ils se refuseraient des plaisirs qu'ils sont appelés à goûter : ajoutons que les plus belles facultés de l'intelligence resteraient engourdies chez ce peuple d'avares. Si la presque totalité du revenu était, au contraire, jetée dans la consommation, les capitaux ne prendraient point l'accroissement que réclament les besoins des arts; les instrumens du travail cesseraient d'être suffisans; la misère et les vices étendraient leurs ravages chez ce peuple de dissipateurs.

Lorsqu'on approfondit le sujet de ce chapitre, on reconnaît qu'un sage emploi du revenu est, à la fois, le plus agréable pour le possesseur et le plus utile pour le public. Lecteur, je ne veux point créer une utopie; je rapporterai les faits avec impartialité, et je parlerai le langage le plus exact de l'économie politique.

Observons un père de famille opulent, éclairé, qui, par le bon emploi qu'il fait de sa fortune, mérite d'être cité pour modèle.

Ses goûts, l'intérêt de ses enfans, et ses idées de bien public, le portent à ne pas consommer la totalité de son revenu. Il en destine une partie à l'accroissement de ses capitaux. Il améliore ses domaines; il ordonne des bâtimens de ferme, des clôtures, etc. Si ces travaux n'absorbent pas toutes ses épargnes, il prête le surplus à quelque entrepreneur dont il connaît l'intelligence; et lui procure ainsi les moyens de créer ou d'agrandir un établissement utile à son pays.

Souvent on lui a dit que les riches doivent consommer beaucoup, afin d'exciter la production; mais il a réfléchi; il sait que la partie de son revenu qu'il transforme en capitaux, ne sera pas moins consommée que celle qu'il destine aux dépenses de sa maison. Les épargnes employées à l'amélioration d'une terre, ou prêtées à un fabricant, sont consommées par les divers ouvriers qu'elles font travailler. Cette partie du revenu va directement à des consommateurs laborieux, honnêtes, dignes d'être encouragés. Ajoutons que le fermier jouit de plus d'aisance et peut, au renouvellement du bail, augmenter la rente, que le manufacturier recueille des profits et paie des intérêts. Ainsi, non-seulement beaucoup d'ouvriers ont vécu, mais le fermier, le fabricant et le propriétaire prêteur, sont en état de faire plus de dépenses. On est donc abusé par une étrange illusion, si l'on suppose qu'on dérobe à la consommation le revenu qu'on transforme en capital. On ne le consomme pas soi-même; on le fait consommer par d'autres, de la manière la plus utile à l'aisance générale.

L'homme riche dont je parle, met au *fonds de*

consommation une grande partie de son revenu ; mais il ne la dépense pas sans choix et sans goût ; puisqu'il est éclairé, il sait se garantir d'être dupe de sa richesse.

On ne voit pas chez lui une foule de valets inutiles, parce qu'il veut être bien servi ; et parce qu'il aime mieux entretenir à la campagne d'honnêtes ouvriers, que d'en faire à la ville des fainéans et des fripons vêtus de sa livrée. L'ordre règne dans sa maison ; il sait à quoi s'en tenir sur cet axiôme de parasite : *Les profusions du riche font vivre le pauvre.* Ce qu'il dépenserait mal à propos et sans plaisir, il préfère le dépenser d'une manière agréable pour lui, avantageuse pour les autres.

Il parle volontiers des principes qu'il s'est formés ; parce qu'après les bons exemples, rien n'est plus nécessaire que les bons avis. Les apologistes de la dissipation, dit-il, devraient souhaiter qu'il y eût des jours de saturnales, où les riches briseraient leurs meubles, pour encourager l'industrie. Ces meubles qu'il faudrait remplacer, procureraient des salaires aux ouvriers et des profits aux entrepreneurs. Mais, quand les gens riches n'ont pas recours à ce moyen bizarre, insensé, ils dépensent le même revenu, ils pourvoient également à des profits, à des salaires ; et ce qu'ils n'ont pas détruit, continue d'être utile.

Les meubles dont ils ne veulent plus, sont vendus à
bon marché, servent à d'autres personnes; puis, sont
revendus à plus bas prix encore, et vont se placer
dans des demeures toujours plus modestes. Les objets
dont la consommation est lente, s'accumulent, et
deviennent pour la société un fonds immense de richesses. Le bon ordre peut seul accroître ce fonds
précieux, et veiller à sa conservation. Si l'homme de
bien qui parle ainsi, voit qu'on lui prête attention, il
continue : Quelle démence d'imaginer que le riche
serait avare s'il n'était dissipateur ! comme si l'on n'a-
vait qu'une manière de dépenser, et qu'il fallût y
recourir ou bien enterrer son argent ! Toute dépense a quelque utilité ; mais toute dépense n'est
pas également utile. La profusion, le gaspillage a
même des effets que rien ne compense, quand il détruit des objets qu'on ne peut multiplier à volonté,
parce que le concours de la nature est nécessaire
pour les produire. Lorsqu'un meuble est brisé, on
appelle un ouvrier ; mais lorsqu'on détruit des
grains, des arbres, on ne peut forcer la nature à réparer le tort qu'on a fait à la société. Sans doute, il
n'y a pas de consommation entièrement perdue. Si
vous détruisez du blé, celui qui vous l'a vendu en a
touché l'équivalent ; mais celui qui souffre de la
faim, et que ce blé ferait vivre, où se trouve pour

lui la compensation de votre folie? Les profusions des riches n'ont lieu qu'aux dépens de la classe nombreuse; et leur économie bien entendue accroît le patrimoine des pauvres.

Cet homme sensé, malgré son opulence, non-seulement veut que l'ordre règne dans sa maison, mais il ne dédaigne point d'employer quelques procédés économiques, applications importantes de hautes sciences. Il fait construire le foyer de ses cheminées de manière qu'elles échauffent mieux, à moins de frais, ne fût-ce que pour donner un bon exemple, et répandre un utile usage.

Si des gens frivoles veulent tourner de pareils soins en ridicule, et supposent qu'ils sont l'effet d'un esprit de lésine, ils se détromperont en voyant dans les appartemens de cet homme si raisonnable, tous les signes de la richesse et du bon goût. Ses meubles unissent l'élégance à la solidité. Beaucoup d'objets commodes, agréables, décorent sa demeure. Sa fortune lui permet de se les procurer; il veut que sa famille en jouisse. S'il habite loin de la capitale, il veut aussi exciter l'industrie et former des ouvriers, en leur offrant des modèles. Sans s'occuper de sa toilette, il est toujours vêtu de belles étoffes; et tout ce qui sert à son usage est choisi dans de bonnes fabriques. Il aime dans tous les genres ce qui est beau;

et il sait que les manufactures perfectionnées, dont l'influence est importante, ne peuvent exister sans avoir les riches pour consommateurs. Les dépenses de sa table ne sont pas les plus coûteuses pour lui ; on ne voit pas à ses dîners, cette profusion qui semble annoncer qu'on a des sots pour convives ; mais son cuisinier a toute l'habileté qui convient dans une grande maison. Les seules différences qu'on puisse remarquer entre sa table et celle d'autres riches, c'est qu'elle est aussi bien servie, avec moins de dépenses, et qu'elle réunit des convives plus aimables.

Je ne parle point de la partie de son revenu qu'il emploie pour élever ses enfans, ni de celle qu'il consacre à des actes de bienfaisance ; je serais entraîné à des considérations qui feraient perdre de vue notre sujet.

Les principes qui dirigent cet homme opulent, sont exactement ceux que doit suivre chaque personne dont le revenu n'est pas absorbé tout entier par la consommation journalière. De même que le riche propriétaire améliore ses domaines et place de fortes sommes, l'ouvrier doit acheter des outils, et placer quelques épargnes. Voilà ses *capitaux*. Quant au *fonds de consommation*, le pauvre a besoin, plus encore que le riche, de n'y verser qu'avec discernement une partie de son revenu, de savoir

qu'il faut préférer les acquisitions durables à celles
dont la destruction est rapide. Lorsqu'il peut se procurer, soit pour sa nourriture, soit pour son habille-
ment, quelques superfluités, il doit aimer mieux en
mettre le prix à l'achat d'un meuble que ses enfans
posséderont encore.

On sait combien est grande l'influence des riches.
S'ils suivent les principes que je viens d'exposer,
leur salutaire exemple amènera des améliorations
dans toutes les classes de la société. Le pays où ces
principes seront honorés, est celui qui verra naître
le plus de richesses, de vertus et de bonheur.

Si l'opinion, au contraire, excite à la prodigalité,
si de fausses lumières en économie politique accré-
ditent l'erreur que toute consommation est également utile, on aura des résultats opposés. Les hommes opulens jetteront leurs revenus dans le fonds de
consommation. Sans doute, un certain nombre de
gens en profiteront; j'ai dit, et je répète que toute
dépense a quelque utilité. Quand les riches se mettent en frais pour des valets, des filles publiques et
des bateleurs, non-seulement ces êtres vivent, mais
ils consomment ce qu'ils reçoivent, et font vivre des
ouvriers. Toutefois, il me semble que la manière
dont notre père de famille éclairé emploie son revenu, porte plus directement les moyens d'existence

aux gens honnêtes et laborieux ; et je ne vois pas bien par quel circuit les pièces d'or que disperse le prodigue, iront se former en capitaux, pour servir aux améliorations que réclame l'agriculture. Si les grands propriétaires se font un honneur de la profusion, les commerçans, les fabricans voudront rivaliser avec eux de prodigalité ; ceux-ci dissiperont leurs capitaux, toutes les classes de la société participeront à ce délire ; l'État ne sera qu'un vaste théâtre de débauche et de fainéantise.

Ainsi, les écrivains qui veulent encourager l'industrie en prêchant la consommation sans règle et sans mesure, quelle que soit la droiture de leurs intentions, parlent en corrupteurs de la morale, et méconnaissent une des vérités les plus importantes de la science des richesses. Il est pénible d'entendre des phrases telles que celle-ci : *Les principes de l'économie politique appartiennent à un autre ordre d'idées que les préceptes de la morale* (1). Je neconnais

(1) Cette phrase est de G. Garnier, (notes de sa traduction de Smith, tome VI, page 38) ; et cependant l'auteur n'est pas aussi partisan de la dissipation que d'autres écrivains. Quelques pages plus loin il dit : « M. de Saint-Chamans (dans l'ouvrage intitulé *De l'impôt fondé sur les principes de l'économie politique*) s'est laissé entraîner au delà de la vérité, en soutenant que toute consommation, même celle des prodigues, et celle des gouvernemens, qu'on peut regarder, sans encourir le reproche d'exagération, comme les premiers de tous les prodigues, sont également

pas d'assertion plus fausse, plus propre à égarer les
esprits, à priver d'un appui mutuel deux sciences
étroitement unies par les besoins de l'humanité. La
question sur laquelle on les verrait le plus différer,
si elles étaient contradictoires, serait celle dont je
parle en ce moment; mais les vérités offertes dans
ce chapitre, reçoivent des deux sciences une égale
sanction.

Les principes que je viens d'exposer sur l'emploi
du revenu, résultent de la nature des choses. Ces
principes condamnent la profusion et la dissipation
que préconisent des écrivains modernes; et repoussent également l'austérité qui fut si vantée jadis.
Non-seulement les idées austères ne sont point ap-
plicables à la société que nous avons sous les yeux,
mais elles ne furent jamais en harmonie avec le
bonheur des hommes; elles nous viennent des républiques anciennes, de ces sociétés égoïstes et bar-
bares, où les citoyens, c'est-à-dire quelques privilégiés, vivaient de rapines et commandaient à des
esclaves.

Je n'ai pas prononcé le mot de luxe: ce mot est
trop vague pour que la science l'emploie, lorsqu'il

ment favorables à la reproduction; en sorte que, d'après son
idée, il suffirait de consommer pour produire un accroissement
de la richesse publique. »

faut réveiller des idées justes et positives. Quelques
auteurs ont essayé de le réhabiliter; cependant, on
ne peut le prendre en bonne part, sans s'exposer à
de fréquentes méprises. Il faudrait donc, si l'on voulait en faire usage, lui laisser une signification flétris-
sante, mais la rendre plus précise. Alors, je dirais
qu'on doit appeler dépenses de luxe, les dépenses
immorales. Si un ouvrier, heureux dans ses travaux, se permet en famille une petite fête de campagne, je l'approuve; mais, s'il va boire son argent
au cabaret, il fait une dépense de luxe. Qu'un homme
riche donne à sa femme un châle de trois mille
francs, cette dépense, proportionnée à sa fortune,
n'a rien de déraisonnable; s'il achète ce châle pour
sa maîtresse, c'est une dépense de luxe.

CHAPITRE II.

De l'Impôt.

Indépendamment de leurs dépenses individuelles, les hommes ont à faire des dépenses communes. L'argent que je donne pour assainir la ville où je demeure, n'est pas moins employé à mon usage que celui qui me sert à réparer ma maison. C'est en payant les magistrats et l'armée que les habitans de l'Etat obtiennent la sûreté ; ce bien sans lequel ils ne pourraient user de leurs richesses, puisque les travaux et les plaisirs seraient interrompus. Il n'est guère de pays, cependant, où l'impôt soit acquitté sans murmure et sans regret.

Une grande cause de la répugnance à contribuer aux dépenses publiques, c'est que, trop souvent, on a vu le produit des impôts détourné de sa destination. Les abus du pouvoir séparent les gouvernemens des sujets. Quand l'autorité ne songe qu'à lever des sommes toujours plus fortes, et qu'elle les prodigue d'une manière funeste pour les contribuables, il est naturel que ceux-ci regardent l'argent qu'ils versent

14

au trésor, comme dérobé à l'usage utile ou agréable qu'ils espéraient en faire.

Une autre cause est le défaut d'instruction. Sous le gouvernement le plus paternel, par conséquent le plus économe, des hommes ignorans peuvent croire que leurs contributions ne sont point employées pour eux. Des habitans du centre de l'État jugeront inutiles les dépenses pour la construction de ports maritimes qui, cependant, leur procureront un jour de grands avantages. Les lumières plus répandues dissiperaient des préjugés honteux, nuisibles à la société, et dangereux pour le pouvoir. Il faut aussi employer, autant qu'il est possible, l'argent des contribuables sous leurs yeux, et toujours en laisser vérifier l'usage. Il y a des dépenses de villes, de provinces, qu'on ne doit pas confondre avec celles de l'État. C'est surtout à l'aide des administrations municipales et provinciales qu'on peut intéresser les hommes à la chose publique. Si les habitans d'un pays ne comprennent pas ces institutions, tenez-les pour incapables d'être libres.

Je ne partage point l'opinion des auteurs qui croient que toutes les dépenses du gouvernement sont stériles. M. de Tracy qui, par de judicieuses analyses, a jeté du jour sur plusieurs points d'économie politique, me paraît se tromper lorsqu'il dit : *La totalité des dépenses publiques doit être rangée dans la classe des dépenses justement nommées stériles et improductives* (1). Un gouvernement est souvent producteur de richesses (2) : il est fabricant de routes, de canaux, de ports de mer, d'édifices publics, de monumens, etc. Lorsqu'il fait un sage emploi du montant des impôts, s'il ne produit pas, il aide à produire. Il paie des administrateurs, des juges, des professeurs, etc. Ces fonctionnaires donnent des produits immatériels, en échange de leurs émolumens : ils font régner la paix, ils répandent la morale, les sciences ; et de tels biens ont une heureuse influence sur le développement des arts. Si l'autorité prodigue les recettes en cadeaux à ses valets, si les fonctions utiles sont trop payées, si le gaspillage s'introduit dans les travaux, dans les approvisionnemens, on se trompe encore en disant que de pareilles dépenses sont stériles ; elles sont destructives.

Cependant les impôts énormes et les profusions du pouvoir ont trouvé des apologistes, non-seulement parmi les gens habitués à vivre d'abus, mais encore

(1) *Économie politique.* Page 364, édition in-8.
(2) Ce n'est pas, assurément, lorsqu'il prend le monopole de la fabrication du sel, du tabac, de la poudre, etc. La production serait plus abondante sous un régime de liberté. Le gouvernement, loin de produire alors, diminue la quantité des produits.

parmi les hommes qui cherchent la vérité. Des impôts considérables, a-t-on dit, agissent comme un stimulant qui force la classe ouvrière à travailler; et, les sommes dépensées par les nombreux agens du pouvoir, deviennent un second stimulant pour le travail.

Je ne conteste aucune vérité. Le poids des taxes a produit quelquefois des effets aussi utiles qu'imprévus. Smith dit que le haut prix de la main-d'œuvre, occasionné par des impôts, a fait découvrir des procédés, des machines économiques, dont l'industrie anglaise a recueilli de grands avantages. Ceux qui votaient l'impôt ne s'attendaient pas à de tels résultats; et, sans doute, on peut trouver des moyens moins chers pour encourager les progrès de la mécanique.

On a vu des gouvernemens, au milieu de leurs folles prodigalités, ordonner quelques dépenses utiles qui faisaient célébrer leur munificence. Mais, des receveurs qui malversent, font quelquefois des actes de générosité; dois-je en conclure que les malversations sont très utiles à l'exercice de la bienfaisance?

Il est possible que, sur des êtres grossiers, apathiques, de lourds impôts agissent comme ces fléaux qui désolent le laboureur, et le forcent à lutter contre la nature pour soutenir une vie misérable. Ce stimulant cruel qui, peut-être, ne fut jamais employé dans des vues d'intérêt public, sera toujours repoussé par l'administrateur assez éclairé pour savoir bannir la paresse, en dissipant l'ignorance. Les meilleurs véhicules de l'industrie sont les lumières, et l'espérance de recueillir le fruit de ses travaux.

Dans les temps d'ignorance, les fonctionnaires publics, envoyés de la capitale au fond des provinces, peuvent éveiller les besoins des riches ; ils étalent un faste nouveau ; ils apportent divers produits des arts, et les font admirer. Toutefois, leurs dépenses et leurs exemples sont souvent plus funestes aux mœurs qu'utiles à l'industrie. Ces hommes, la plupart frivoles et prodigues, enseignent à dissiper un revenu, bien plus qu'à l'employer.

On s'est fait longtemps illusion sur les effets qui résultent de la dépense des fonctionnaires publics. Ces agens du pouvoir ne créent pas les richesses dont se composent leurs émolumens, elles existaient dans la société ; ce sont des produits changés de possesseurs. Que le traitement d'un intendant de province soit de quarante mille francs, cette somme est la contribution de vingt propriétaires qui paient chacun deux mille francs. Si le fisc ne leur enlevait pas cet argent, ils le mettraient, en partie, à l'amélioration de leurs terres, en partie, à des consommations utiles ou agréables. Pense-t-on que le public ne trouverait pas autant d'avantages dans ces divers emplois de leur revenu, que dans les dîners et les bals de l'intendant?

Aucun observateur ne peut être dupe de cette phrase tant de fois répétée : *Ce que le gouvernement lève en impôts sur le public, il le restitue au public.* Pour le restituer, il faudrait le rendre, sans demander rien en échange. Le gouvernement ne restitue pas les produits qu'il reçoit, il les échange contre d'autres. Qu'un ouvrier paie quarante sous au fisc, en consommant des objets imposés, tabac, sel, vin, etc., s'il fait ensuite, pour le gouvernement, une journée de travail, et qu'elle soit payée quarante sous, son argent lui est-il remboursé? Non : il a donné pour quarante sous de travail, et sa contribution est toujours perdue pour lui.

Souvent l'impôt ne revient point, même par échange, à ceux qui l'ont payé. On a mille fois répété que l'auteur du *Télémaque* est tombé dans de graves erreurs en économie politique. Par exemple, ce qu'il dit de la réforme de Salente prouve qu'il croyait l'industrie des villes nuisible à celle des campagnes. Une pareille opinion n'a plus besoin d'être combattue; mais l'erreur de Fénelon est une conséquence fausse d'un fait vrai, qu'il pouvait avoir

sous les yeux. Si le prince accable d'impôts l'agriculture, afin d'élever un palais et de prodiguer les
fêtes sur un point du royaume, ce point isolé offrira
le spectacle de l'opulence, et l'État sera plongé dans
la misère.

Si l'on persuadait à des princes bons, humains,
que la prodigalité encourage l'industrie, que les profusions enrichissent un pays, on leur ferait croire
qu'ils peuvent, sans mesure, augmenter et multiplier les impôts; on les ferait arriver aux mêmes résultats que ces despotes d'Asie qui se croient propriétaires des biens de leurs sujets.

La science financière eut longtemps pour but de
créer des ressources au fisc, et d'enlever aux contribuables une part toujours plus forte de leurs revenus ; il est à désirer que, maintenant, elle enseigne
à diminuer les charges publiques.

La base d'un bon système de finance doit être
la suppression des dépenses inutiles. Pour juger
quelles difficultés on rencontre, lorsqu'on veut passer de cette théorie à la pratique, c'est assez de connaître la force de l'intérêt personnel et des passions
cupides. Sans même parler de la rapacité des gens
accoutumés à vivre d'abus, l'habitude de beaucoup
dépenser est, pour les gouvernemens ainsi que pour
les particuliers, une habitude difficile à changer.

Il faut se délivrer des dépenses qui enrichissent des individus, et faire avec économie celles qui enrichissent l'État (1). Quand les dépenses sont réduites, il est encore très embarrassant de juger quels moyens d'y pourvoir sont les moins onéreux.

On voudrait que chacun contribuât aux dépenses publiques, en proportion du revenu dont il jouit. Mais quelle odieuse inquisition parviendrait à connaître le revenu de chaque particulier? Il faudrait connaître aussi les charges dont le revenu est grevé. Ces bases varient sans cesse ; ce serait peu de renouveler une fois chaque année les perquisitions vexatoires. Ne parlons pas des ruses qu'emploieraient les contribuables de mauvaise foi ; mais combien d'hommes ont intérêt à ne pas révéler l'état de leurs affai-

(1) C'est pour ces dernières seules qu'on doit craindre d'aller jusqu'à la parcimonie. Il est facile d'épargner de fortes sommes au trésor, en autorisant des compagnies à faire des travaux qu'exige l'intérêt public. Ce moyen cependant n'est pas sans inconvénient. Par exemple, des canaux peuvent être construits, sans qu'il en coûte rien à l'État ; mais il faudra que les actionnaires recueillent longtemps des bénéfices ; tandis que si le public se fût chargé des frais de construction, il n'aurait à supporter que les frais d'entretien. Dans tous les cas le public paie ; il s'agit de savoir quel mode de paiement est le plus convenable. Si le public est assez riche pour payer sur-le-champ, il paiera moins; ce mode est donc le plus avantageux : mais, si les avances sont trop considérables pour le trésor, et qu'il s'agisse d'établissemens fort utiles, on est heureux de pouvoir les faire exécuter sans retard, sauf à les payer plus cher ensuite.

res, sans qu'on puisse rien en conclure contre leur probité. Lorsque, dans de très petites républiques, telles que Hambourg et Genève, on a levé des impôts proportionnels sur le revenu ou sur la fortune des citoyens, chaque somme versée au trésor est restée inconnue. Il est dans la nature de ces contributions d'être acquittées en secret, sous la foi d'un serment qui atteste qu'on s'est fidèlement taxé. On ne trouvera jamais, dans tous les habitans d'un vaste État, une conscience assez rigide pour qu'on puisse couvrir les dépenses publiques au moyen d'un impôt qui demande une si touchante bonne foi.

Dans l'impossibilité de connaître le revenu entre les mains du possesseur, si l'on veut essayer de l'atteindre au moment où il en sort pour être employé, on juge bientôt qu'une multitude de dépenses ne sont point imposables. Quelques écrivains pensent qu'on résoudrait le problème en taxant une denrée dont la consommation est universelle. On atteindrait, disent-ils, tous les revenus en mettant une taxe sur la mouture des grains ; mais un pareil impôt, loin d'être proportionnel, deviendrait plus lourd en raison du nombre d'enfans qu'on aurait à nourrir, et s'allégerait par les moyens que donne la fortune pour avoir en abondance les autres objets de consommation.

14.

La recherche d'un impôt unique et proportionnel étant illusoire, on est obligé de varier les impôts, afin de répartir les charges publiques avec moins d'inégalité. La difficulté de connaître les bases sur lesquelles il faut asseoir chacune des contributions est encore extrême. Le revenu qui consiste dans la rente des terres est le plus en évidence ; les autres sont bien moins appréciables. La rente des sommes prêtées à intérêt est si facile à déguiser que, presque toujours, on a craint d'inquiéter les capitalistes par des recherches qui seraient peu fructueuses, et qui feraient fuir les capitaux d'une terre inhospitalière (1). Les profits des entreprises d'industrie sont impossibles à constater ; on atteint les entrepreneurs par des impôts, tels que celui des patentes, dont les bases sont nécessairement inexactes. La même impossibilité se fait sentir lorsqu'il s'agit des salaires. On trouverait d'ailleurs odieux de prendre ouvertement une partie des gains du pauvre ; mais quelquefois ils sont excessivement diminués par les taxes sur les

---

(1) Les rentes sur l'État sont bien connues ; mais l'équité ne permet pas de les imposer. Si, en ouvrant un emprunt à cinq pour cent, on annonçait que la rente sera grevée d'un impôt du cinquième, ce serait ouvrir l'emprunt à quatre. Si, après l'avoir établi sans condition, on impose les prêteurs, c'est faire une banqueroute égale au montant de la contribution qu'on exige.

consommations, taxes au payement desquelles contribuent tous les genres de revenus.

Soit qu'on veuille établir des contributions, soit qu'on veuille en supprimer, on a besoin de savoir quelles conditions un impôt doit remplir pour être le moins préjudiciable qu'il est possible : c'est ce que nous allons examiner.

1° Il faut qu'une contribution ne soit pas immorale. J'écrivais ce qui suit, avant que le plus infâme des jeux fut supprimé en France : « On ne conteste plus ce qu'une juste indignation a fait répéter tant de fois contre les loteries ; mais quelques personnes prétendent que, si elles étaient abolies dans un pays, le goût du jeu ferait tourner leur suppression au profit des loteries étrangères ; et que, par conséquent, on doit les conserver. Singulière logique ! je vous prends votre argent, parce que d'autres vous voleraient peut-être ! La perte en argent fût-elle encore la même, il y aurait un gain immense en morale. On cesserait de voir le gouvernement donner un scandaleux exemple, en faisant le métier de banquier de jeu, métier le plus vil et le plus exécrable de tous, sans exception, puisque les assassins n'ont pas un métier. Mais à quel homme de bon sens fera-t-on croire que si les ouvriers, les domestiques ne pouvaient jouer qu'avec des agens étrangers poursuivis par la justice, ils perdraient leurs salaires et leurs gages aussi facilement que lorsqu'on prend soin de leur ouvrir, dans chaque rue, des maisons de jeu, à la porte desquelles on fait impudemment toutes les invitations qui peuvent abuser la cupidité des sots (1)? »

Je crois très immoraux, très propres à faire éclater un jour les divisions et les haines entre les habitans d'un pays, ces impôts qui ne frappent qu'une partie d'entre eux, et qui flétrissent ceux qu'on soumet à les acquitter. Telles étaient en France la taille et la corvée.

On doit aussi juger immorales les taxes qui présentent un grand appât à la fraude, et qui font abandonner des métiers honnêtes pour tenter des gains illicites. Ces taxes obligent à punir les délits qu'elles seules ont créés, et souvent ne laissent d'autre ressource que le vice aux enfans de ceux qu'elles ont rendus coupables.

2° Il importe que la presque totalité de l'argent qui sort de la bourse des particuliers entre dans la caisse de l'État. Les impôts qui demandent des frais de perception considérables, ceux qu'on ne peut faire rentrer sans le secours d'une armée de commis, sont accompagnés d'une surcharge qui nuit à nos dé-

_____

(1) *Économie politique*, première édition, p. 352.

penses privées, et ne sert point à nos dépenses publiques.

Observons que certaines contributions se paient de trois manières à la fois : en argent, en perte de temps, et en vexations essuyées. La perte de temps peut être évaluée à une somme qu'il faut ajouter au montant de l'impôt, si l'on veut savoir ce qu'il coûte. Les vexations fatiguent, découragent le producteur, et diminuent ainsi la production et l'aisance. Enfin, si l'on subit des chicanes, des procès, il faut encore dépenser de l'argent et du temps. Que de sommes ajoutées à celle dont le gouvernement a besoin !

Les taxes vexatoires font ressentir leurs effets les plus oppressifs, lorsqu'elles sont affermées et, par conséquent, exploitées avec toute l'avidité de l'intérêt personnel. Changer la ferme en régie est un moyen de faire gagner à la fois les contribuables et le trésor, qui reçoit une partie des bénéfices dont se gorgeaient les fermiers.

Ces taxes, une fois établies, sont protégées par les gains qu'elles procurent à de nombreux individus. Que deviendraient les employés si on les supprimait ? On pourrait prendre un parti fort simple : ce serait, après avoir résolu l'abolition d'une taxe, de la percevoir encore aussi longtemps qu'il le faudrait pour

lui faire produire une somme suffisante aux retrai-
tes des employés.

Un impôt est gênant s'il oblige à des perquisitions
chez les fabricans ou les commerçans ; il est intolé-
rable s'il exige des visites chez tous les particuliers.
Dans le premier cas, on trouve aisément des excuses
à la surveillance. Si elle est dès longtemps établie,
ceux qui la supportent savaient, en prenant leur
état, qu'ils y seraient soumis ; mais aucun motif ne
peut justifier les perquisitions générales. Les Anglais
trouvèrent insupportable un impôt sur les cheminées,
qui les obligeait à laisser entrer jusque dans leurs
appartemens les préposés du fisc ; et l'impôt ne fut
pas maintenu. Il est utile que l'opinion repousse les
taxes vexatoires ; elle assure ainsi la dignité du caractère national ; mais il est à désirer que les contribuables soient assez éclairés pour savoir qu'on ne
peut choisir qu'entre des inconvéniens, et qu'il faut
supporter les taxes exemptes des vices les plus graves. En France, on a beaucoup parlé contre l'impôt
sur les fenêtres ; on a dit qu'il fait payer pour l'air et
la lumière. Cette phrase de rhéteur est bien vague.
L'impôt sur les fenêtres n'exige pas de visite gênante ; c'est un impôt mobiliaire qui n'est pas plus
mauvais qu'un autre.

3° L'humanité, l'intérêt social veulent qu'on n'établisse pas des contributions qui mettraient en souffrance la classe ouvrière; mais c'est se livrer à des rêveries que de vouloir subvenir à de grandes dépenses, par des taxes sur les objets réservés à la consommation du riche. La vente de ces objets est peu abondante; et comme ils ne sont point nécessaires, le renchérissement de leur prix diminuerait encore la vente. On peut imposer, par exemple, les voitures de maître, mais ce sera toujours une faible ressource. L'impôt sur le tabac, sans le monopole, est un de ceux qui réunissent le plus de conditions désirables. Le tabac n'est point de première nécessité, et l'usage en est assez répandu pour donner un produit élevé. Cependant, chaque impôt ayant ses inconvéniens, celui-ci a le désavantage d'exiger, pour sa perception, des frais considérables.

Souvent on a demandé sur qui tombent, en dernier résultat, les impôts. Plusieurs écrivains pensent que toute contribution se trouve enfin repartie entre les diverses classes de la société, par l'effet des rapports multipliés qui existent entre elles. D'autres soutiennent, au contraire, que la classe qui achète et ne vend rien, supporte tout le poids des contributions, puisque les autres classes peuvent lui faire rembourser leurs avances, et qu'elle ne peut recouvrer les siennes. Ces deux opinions sont trop absolues. La première est inexacte : on a vu fréquemment une branche de revenu desséchée par l'impôt, tandis que les autres ne souffraient pas, ou souffraient beaucoup moins ; ce qui ne pourrait avoir lieu si la proposition que je conteste était vraie. Cette proposition a seulement assez de vérité pour prouver que la seconde est inexacte aussi. Ceux qui ne vendent rien, ne peuvent assurément recouvrer le montant des impôts qu'ils ont payés (1) ; mais, il ne s'ensuit pas que les producteurs puissent toujours reprendre sur eux leurs avances. Je m'étonne d'entendre dire à Smith (2) ; *Le marchand qui fait l'avance d'un impôt doit, en général, s'en faire rembourser* AVEC UN PROFIT. En général, il ne peut en être ainsi. L'homme industrieux verrait bientôt diminuer la consommation, s'il élevait trop le prix des marchandises. Loin d'oser les charger de l'intérêt des sommes qu'il a données au fisc, il supporte presque toujours une partie de l'impôt ; et, dans des cas assez rares sans doute, il se résigne à diminuer ses profits de tout le montant de la taxe.

J'ai dit, en parlant des salaires, combien il im-

(1) A moins que ce ne soit par des sinécures ou des pensions du gouvernement.
(2) Tome IV, page 376.

porte que les marchandises soient à bas prix ; or, elles sont plus chères qu'elles ne devraient l'être, partout où les impôts sont considérables. Les entrepreneurs d'industrie ont à payer leurs contributions directes et les droits sur les consommations ; ils achètent plus cher une foule d'objets ; et, bien qu'ils ne puissent se faire rembourser en totalité ce que le fisc leur enlève, ils en recouvrent une partie par l'augmentation de leurs prix. Si le mal s'accroît, si les impôts deviennent toujours plus excessifs, on ne peut former des capitaux ; ceux qui existent se détruisent ou s'altèrent ; des entreprises tombent, d'autres languissent, la classe ouvrière est moins employée ; et, tandis que les produits consommés par elle augmentent de valeur, elle voit diminuer le prix du travail.

4° Il est à désirer que les bases d'un impôt soient faciles à connaître, que le contribuable ait ainsi la certitude que, dans la répartition, son fardeau ne sera pas augmenté par l'inimitié, et celui de son voisin allégé par la faveur.

On doit d'autant plus éviter l'arbitraire, qu'il reste toujours de grandes inégalités dans la manière dont l'impôt se trouve réparti. Quelle différence dans le poids que supportent les contribuables, selon qu'ils ont ou n'ont pas des enfans, des charges, des dettes, et pour beaucoup d'entre eux, selon que le ciel leur accorde ou leur refuse la santé?

Des impôts, dont on a fait souvent la censure, me semblent préférables à d'autres, parce que leurs bases ne sont point incertaines. Les droits sur les héritages ont sans doute des inconvéniens graves; on leur reproche de porter, non sur les revenus, mais sur les capitaux. J'en serais, cependant, l'apologiste : ils ne peuvent être arbitrairement répartis.

Des droits sur les consommations, sauf le cas de friponnerie des agens du fisc, sont exempts d'arbitraire dans leur répartition. Chacun peut savoir quel droit pèse sur tel objet, juger ce que son revenu lui permet d'en supporter, et se taxer en réglant sa dépense. Mais ce dernier avantage est tout à fait illusoire, quand la taxe frappe un objet de première nécessité; elle est alors très inégale, par cela même qu'elle est égale pour tous les degrés de fortune. L'impôt sur le sel a, dès les temps anciens, flatté l'avidité des financiers; il n'en est pas moins un des plus injustes qui se puissent imaginer, car il est onéreux pour le pauvre, insignifiant pour le riche. Dans un système d'économie, ce serait un des premiers impôts à supprimer, alors même qu'on oublierait sa funeste influence sur l'agriculture.

Il est un cas où l'égalité de répartition doit être sacrifiée à un plus grand avantage. Lorsque, au moyen d'un cadastre, on a réparti l'impôt territorial aussi également qu'il est possible, je crois utile que la répartition reste longtemps la même. Sans doute, l'inégalité s'introduit bientôt : des terres mieux soignées viennent à produire un plus grand revenu, tandis que le revenu d'autres terres diminue ; mais l'inconvénient le plus grave consisterait à frapper les améliorations de culture. Si les terres ont changé de maîtres depuis l'établissement du cadastre, la part qu'elles avaient à payer a nécessairement influé sur leur prix ; et le dégrèvement serait un cadeau fait aux acquéreurs. Si les propriétaires sont les mêmes, la fixité doit leur être avantageuse, puisqu'il est dans la nature des choses que l'agriculture s'améliore. La fixité est un encouragement, une récompense pour l'industrie ; et les surcharges qui en résultent, doivent être considérées comme une peine portée contre l'ignorance et la paresse. Cette manière de voir a produit un grand bien en Angleterre ; et, malgré ses inconvéniens, elle offrira toujours un des plus puissans moyens de donner l'impulsion à l'agriculture.

5° Un impôt est moins lourd, si on le perçoit lorsque le contribuable est en état de s'acquitter. Le droit sur les héritages est demandé au moment où celui qui le paie devient plus riche.

Si l'impôt territorial est exigé de manière que le cultivateur soit forcé de vendre, sans retard, ses denrées, au lieu d'attendre une époque favorable, on lui fait subir une surcharge qui peut être accablante. Au contraire, l'idée de faire payer des contributions par douzièmes a dû les alléger.

Le poids des taxes sur les consommations est adouci par la facilité qu'on a de payer par petites portions; mais la fiscalité a fait tourner, contre les peuples, un avantage qui lui permet d'élever et de multiplier les taxes. Bien peu de contribuables ne seraient pas effrayés, si on mettait sous leurs yeux le total de ce qu'ils auront à payer dans l'année.

6° Une qualité qu'on ne peut trop désirer dans les impôts, une qualité qui fait disparaître la plupart de leurs vices, c'est leur modération.

On éprouve un sentiment pénible en voyant qu'il est impossible d'établir une répartition parfaitement égale des impôts. C'est dans leur modération qu'est le plus sûr palliatif de l'inégalité.

Un principe très juste, c'est qu'on doit atteindre les revenus, non frapper les capitaux. Mais les capitaux sont altérés surtout par les impôts énormes. Si l'on enlève à un homme la presque totalité de ce qu'il destinait à ses dépenses, il faudra bien que, pour vivre, il prenne sur son capital. Au contraire, si une taxe qui porte sur les capitaux est faible, elle peut être payée avec du revenu qu'on destinait à ses plaisirs ; ou si les capitaux font l'avance de cette taxe, les économies sur le revenu pourront bientôt les rétablir.

Je crois inutile de rappeler que, pour rendre un impôt plus productif, souvent il suffit de le modérer. La fraude disparaît ou devient moins active ; en même temps, les objets imposés baissent de prix, et la consommation en est plus abondante. Ces faits sont reconnus par tous les observateurs.

Après avoir réfléchi sur les impôts, on voit qu'ils ont tous des inconvéniens graves ; et l'on finit par dire que le meilleur ministre des finances est celui qui fait le moins payer. Dans un État qui serait délivré des contributions immorales, et de celles dont la perception est très coûteuse, où les autres seraient modérées, le système d'impôt approcherait de la perfection autant qu'il est possible.

CHAPITRE III.

Des Emprunts.

La sagesse dit de régler les contributions d'après les besoins de l'État scrupuleusement constatés ; mais souvent, dans les conseils de financiers, il ne s'agit que d'arracher aux contribuables le plus d'argent qu'il est possible. Si des circonstances imprévues réclament ensuite de nouvelles dépenses, ne pouvant plus accroître les impôts, on recourt aux emprunts : il en est de plusieurs espèces.

Lorsqu'on veut avoir, sans retard, le produit d'une contribution qui ne peut être perçue que dans un espace de temps plus ou moins long, il se trouve des gens disposés à faire l'avance d'une partie de l'impôt, pourvu qu'on leur en abandonne la totalité. Les financiers qui, les premiers, indiquèrent aux gouvernemens une pareille ressource, n'eurent pas besoin d'un effort de génie ; ils imitèrent ces usuriers qu'ils voyaient instruire des jeunes gens à dissiper un revenu avant de l'avoir touché. Ces *anticipations* sont de véritables emprunts ; les papiers qu'elles

donnent lieu d'émettre, et quelques autres, représentent le montant de ce qu'on nomme la *dette
flottante.*

Les emprunts inscrits au trésor, pour en payer
annuellement l'intérêt, forment la *dette constituée,*
qui ne fut pas toujours, comme aujourd'hui, une
mine dont l'exploitation est facile, et qu'on suppose
inépuisable. A l'époque où les princes firent les premiers emprunts, ils n'obtinrent les sommes dont ils
avaient besoin qu'en hypothéquant leurs domaines :
alors ils remboursaient aussitôt qu'ils le pouvaient.
Quand les richesses, plus répandues, permirent
d'emprunter, sans donner d'autre gage que la ren-
trée des impôts, on continua d'abord de songer à
rembourser le capital ; on se fût effrayé de contracter
une dette sans apercevoir le moment de l'éteindre.
Tantôt, on prenait de l'argent à rente *viagère ;* ressource immorale, heureusement flétrie de nos jours.
Tantôt, ou empruntait à *terme ;* et, chaque année,
on payait une partie du capital en même temps que
l'intérêt. On n'eut pas sur-le-champ l'idée d'emprunter à rente *perpétuelle,* c'est-à-dire de dévorer
des sommes prodigieuses, et de léguer à l'avenir le
soin de les acquitter, s'il le peut.

Ce moyen de trouver de l'argent chez un peuple
épuisé, ce moyen de remplir les coffres de l'État, sans

paraître augmenter les charges publiques, a causé
le développement immense de la prodigalité des
princes. On veut avoir plusieurs centaines de millions pour satisfaire des vues ambitieuses ; mais, cette
somme est énorme, on tenterait vainement de l'arracher à des contribuables obérés. Leurs sueurs peu-
vent-elles produire encore vingt millions par an ?
C'est assez : on emprunte quatre cent millions, et
l'on paie l'intérêt.

Ce moyen de dissipation et de ruine semble être
assez puissant pour assouvir la plus ardente cupidité : on a su le perfectionner. On a trouvé qu'il
agissait avec trop de lenteur, on a redoublé son activité ; une invention infernale est venue faciliter les
emprunts. Le crédit pour un gouvernement, ainsi
que pour un particulier, résulte de l'opinion qu'on a
de sa probité et de ses richesses ; on lui prête, si l'on
croit qu'il voudra et qu'il pourra payer. Grâce à l'invention dont je parle, on est maître de s'endetter
avec le plus mince crédit. Tel gouvernement annonce
un emprunt de cent millions, qu'il sait ne pouvoir
remplir : il le vend soixante millions, peut-être
moins, à une compagnie qui devient propriétaire de
cent millions de créances, et qui saura les revendre
en détail avec bénéfice. Quelquefois, cette compagnie
cède à une autre son marché ; et, sans avoir rien

payé, fait un gain considérable. Aussi est-il des circonstances où bien des gens sollicitent, comme une
insigne faveur, d'être admis au nombre de ceux qui
vont saisir l'emprunt : on s'y jette ; c'est une véritable curée.

Les turpitudes devaient naturellement pulluler
sous le régime des dettes. L'agiotage est fils de l'emprunt. Les titres de rentes haussent ou baissent de
valeur, selon le degré de confiance qu'inspire la fortune publique. Il est donc avantageux de vendre ses
titres dans certains momens, pour les racheter dans
d'autres. Ce jeu a paru circonscrit dans des limites
trop étroites. Un homme qui n'aura jamais de rentes
propose à un autre, qui n'en veut point acheter, de
lui en vendre à tel prix, à telle époque. C'est une ga-
geure sur le taux de la rente à cette époque. Celui
qui perd doit une somme égale à celle dont il s'est
trompé. La Bourse devient un tripot d'autant plus
redoutable, que là il n'est pas besoin de mettre au
jeu. Mais le comble de l'ignominie, c'est que les
hommes du gouvernement pourront toujours être
soupçonnés de se mêler clandestinement aux joueurs ;
et, comme ils ont les moyens d'être instruits les premiers des circonstances qui feront varier la rente,
s'ils jouent, c'est à coup sûr. Grâce à nos inventions
financières, les administrateurs de la fortune publi-

que, ceux qui doivent l'exemple de la délicatesse, peuvent devenir joueurs-fripons à leur profit, en attendant qu'ils soient banqueroutiers pour le compte de l'État.

L'existence d'une dette publique a cependant des apologistes. Observons que les premiers écrits qui l'ont préconisée furent publiés en Angleterre, pour servir des vues ministérielles. Plus d'un lecteur a pris pour les ouvrages d'économistes profonds, quelques brochures d'avides pamphlétaires. Cependant, plusieurs hommes intègres ont célébré les bienfaits de la dette. A les entendre, elle crée dans l'État un nouveau capital, elle fait naître une classe précieuse de consommateurs, elle donne au gouvernement le seul moyen d'exécuter de grandes choses, et rend les citoyens ou les sujets plus intéressés au maintien de l'ordre : ainsi la dette est une espèce de talisman dont la possession assure la prospérité d'un empire.

Je ne laisserai sans examen, ni sans réponse, aucune de ces assertions. C'est une idée fort singulière que celle d'imaginer qu'en fondant la dette, on crée un nouveau capital. Je vois d'abord qu'on détruit des capitaux : les particuliers prêtent au gouvernement leurs épargnes; celui-ci, en les dépensant, les disperse ; elles n'existent plus. Le rentier possède en échange un titre qui lui assure le payement des intérêts. S'il veut avoir un capital, il peut se le procurer en vendant sa rente ; mais n'imaginons point qu'il y aura dans cette opération deux capitaux échangés. C'est s'abuser que d'en voir un dans la feuille de papier du rentier. Aussi longtemps qu'il la garde, il n'a pas de capital ; et lorsqu'il l'a vendue, son acheteur n'a plus de capital.

La dette non-seulement détruit des capitaux, mais elle rend plus chers ceux qui restent disponibles pour le commerce. Établissant une plus grande concurrence pour les demandes de fonds, nécessairement elle fait hausser l'intérêt, ou du moins l'empêche de baisser.

Combien de capitaux ne détruit-elle pas, en détournant de leurs premières occupations beaucoup d'hommes qui faisaient un négoce honorable, en les poussant vers des spéculations hasardeuses et honteuses ! L'auteur des *Observations sur le commerce,* publiées en Angleterre, à une époque de ferveur pour la dette, dit en parlant des négocians : « Ils n'ont plus besoin de hasarder leur argent sur des vaisseaux qui trafiquent aux extrémités du monde ; ils se contentent de croiser et de pirater dans les cours de la Bourse où ils font un prodigieux nombre de prises. » Tous ne font pas des prises ; la plupart essuient des tempêtes.

Longtemps on a parlé des avantages que procurent à l'industrie les consommations des rentiers. Quand les richesses sont bien distribuées, il est absurde d'imaginer qu'on ait besoin de créer une classe particulière de consommateurs. Dans un État bien ordonné, chacun peut se faire un revenu, et s'entendre à le dépenser. D'ailleurs, si la dette n'existait pas, les rentiers auraient-ils enfoui leur argent? Beaucoup d'entre eux, peut-être, auraient une existence plus utile. Certes, on peut vivre du produit des rentes sur l'État, et mériter l'estime, la reconnaissance, par ses lumières et par son zèle pour l'intérêt public; mais il est également certain que ce genre de revenu favorise une vie oisive, stérile, égoïste. Quelques financiers veulent répandre dans les provinces le goût d'avoir des rentes sur l'État, et je tremble qu'ils n'y réussissent. On verrait des propriétaires, et même des fermiers, enlever des capitaux à l'agriculture, dans l'espoir de grossir leurs revenus; on verrait pénétrer jusque dans les villages une ardeur de gain désordonnée, dont les résultats inévitables sont la fainéantise et la dissipation.

Un grand apologiste des emprunts, Melon, dit qu'un État ne peut jamais être affaibli par ses dettes, parce que *les intérêts sont payés de la main droite à la main gauche* (1). Il ne peut être indifférent que des sommes soient enlevées à la main qui travaille, pour être données à la main qui dissipe. Avec la phrase de Melon, que tant de gens ont niaisement répétée, toutes les extorsions, tous les vols se trouveraient justifiés. L'argent n'est jamais anéanti ; s'il n'est plus dans une main, il est dans une autre : cette vérité console-t-elle ceux qui sont dépouillés ?

Souvent on a dit, avec un air de triomphe : l'argent qu'il faudrait arracher aux contribuables, est apporté volontairement à l'emprunt. Sans doute les prêteurs donnent volontairement leurs épargnes ; mais, est-ce volontairement que nous payons l'intérêt ? et s'il faut un jour opérer le remboursement, ou s'il faut subir la banqueroute, est-ce volontairement que nos enfans s'y soumettront ?

Cependant, bien des gens sont frappés de ce fait que les peuples endettés sont des peuples riches. Quand je vois l'industrie prospérer dans un pays dont l'administration est vicieuse, dois-je penser que ce pays serait encore plus riche s'il était bien administré, ou dois-je croire que le moyen d'enrichir un État est de le mal administrer ?

Une foule d'erreurs abusent les hommes qui ju-

(1) *Du Crédit public*, chap. xxii.

gent sur l'apparence. On se fait illusion, si l'on croit avoir dans la hausse des rentes un signe certain de la prospérité publique. Cette hausse peut annoncer que le calme renaît, qu'un gouvernement nouveau s'affermit ; mais elle peut aussi prouver la langueur de l'industrie. Que d'heureuses circonstances donnent une grande impulsion au commerce, les rentes baisseront, si beaucoup d'hommes vendent leurs créances, pour se livrer à des entreprises où l'emploi de leurs fonds sera plus lucratif.

Les emprunts ont servi bien souvent à de grandes folies. Sans doute, si l'on ne faisait un emprunt que pour des travaux nécessaires aux progrès de l'industrie, et qu'on eut la sagesse de le rembourser fidèlement dans un certain nombre d'années, il serait impossible de méconnaître les avantages de cette manière d'effectuer sur-le-champ des améliorations, sans lever d'impôt considérable, et sans laisser à la postérité le fardeau d'une dette.

Un gouvernement qui n'accumulerait pas emprunt sur emprunt, pourrait se libérer facilement ; mais, à peine une dette commence-t-elle à diminuer qu'une autre vient aggraver les charges publiques ; et presque toujours on a vu les fonds d'amortissement enlevés à leur destination (1). Une administra-

(1) On crée une *caisse d'amortissement* en lui assignant un

tion prudente fut rarement à l'usage de nos États
d'Europe. La prodigalité les charme dans les jours
de paix; et les efforts incroyables auxquels ils se livrent pendant la guerre, contraignent chacun d'eux
à s'épuiser. Si l'on pense aux travaux utiles qui
pourraient être exécutés avec les produits qu'une

revenu qu'elle emploie à l'acquisition de rentes, dont les titres
passent ainsi aux mains du gouvernement. La caisse continue cette opération, tant avec son revenu primitif qu'avec les
intérêts des rentes achetées, ce qui lui donne de plus en plus les
moyens de diminuer la dette. Aussi longtemps que les effets
publics sont au-dessous du pair, cette opération est fort avantageuse: mais lorsqu'ils sont au dessus, il est évident que le remboursement serait préférable.

Une somme annuelle, équivalente au deux pour cent d'une
dette, peut l'éteindre en cinquante ans. Vingt millions rembour-
seraient ainsi un milliard; et la charge des contribuables s'allégerait chaque année par la diminution du montant des intérêts.

On peut marcher plus rapidement vers la libération. Un État
qui contracte une dette de cent millions a besoin que l'économie, ou un accroissement d'impôt, lui fournisse cinq millions
pour acquitter les intérêts; s'il se procure encore deux millions,
destinés au remboursement du capital, et qu'il perçoive, pour ce
double objet, les sept millions, jusqu'à l'entière extinction de la
dette, on verra tous les ans diminuer la somme qu'exigent les
intérêts, et s'accroître celle qui sert au remboursement. Cette
dernière est de deux millions cent mille francs dès la seconde
année; elle s'élève, quand la moitié de la dette est éteinte, à
quatre millions cinq cent mille francs.

Si les rentes sont tellement au dessus du pair que, par exemple, les acheteurs placent leur argent à quatre pour cent, l'État
peut, en ouvrant un second emprunt au dessous de cinq, le voir
se remplir, employer le produit à rembourser le premier emprunt, et faire concourir le bénéfice qu'il obtient sur les intérêts
à l'extinction de sa dette nouvelle.

guerre dévore en peu de mois, et qu'on essaie de calculer ensuite quelle immense quantité de produits les Français, les Anglais et les autres peuples de l'Europe ont anéantis durant les longues guerres dont nous avons subi les victoires et les désastres, on reste étourdi des maux que se font les hommes, et des changemens inouïs qu'une administration sage apporterait sur la terre.

Les emprunts seront toujours un périlleux moyen de prospérité. Dès qu'on emprunte, on est bien près de dissiper ; et, du moins, a-t-on révélé à ses successeurs par quelle ressource ils pourront tenter d'assouvir leur soif de dépenser. Lorsque, dans le conseil de Louis XIV, on eut résolu un emprunt contre l'opinion de Colbert, ce ministre dit à Lamoignon, dont l'avis avait prévalu : *Vous venez d'ouvrir une plaie que vos petits-fils ne verront pas fermer, vous en répondrez à la nation et à la postérité.*

On abuse étrangement les princes, lorsqu'on fait valoir près d'eux que la dette publique rend beaucoup d'hommes intéressés au maintien de l'ordre, à la stabilité du gouvernement. Sans doute, les rentiers doivent craindre tout événement qui pourrait compromettre leurs créances, ou retarder le payement des intérêts. Mais, il est d'autres moyens pour attacher plus sincèrement un plus grand nombre d'hommes à la chose publique; et l'avantage que je viens de reconnaître peut-il entrer en balance avec le danger de succomber un jour sous le poids de la dette! Ce serait une époque terrible pour les peuples, et plus encore pour les gouvernemens. Les peuples survivent à de grandes catastrophes; mais les gouvernemens banqueroutiers peuvent disparaître dans l'incendie des révolutions.

De fatales crises attendent les États qui dédaigneront de s'arrêter dans la route où nous les voyons courir avec une inconcevable assurance. Si l'on prédit qu'à tel moment, tel pays ne pourra soutenir le fardeau de sa dette, il est à présumer que cette prédiction sera fausse : mille circonstances imprévues accélèrent ou retardent un bouleversement; mais on peut affirmer que les États endettés, qui s'étourdissent sur leurs dangers, arriveront à la banqueroute, de même que la mort est certaine, sans que l'époque en soit connue.

15.

CHAPITRE IV.

De l'abus qu'on peut faire de l'économie politique.

Pour découvrir les moyens de répandre l'aisance, l'économie politique observe comment se forment, se distribuent et se consomment les richesses. L'utilité de son but doit faire oublier ce qu'il y a d'aride dans ses recherches. Diminuer les souffrances physiques et morales des hommes, rapprocher les peuples, quels sujets sont plus dignes d'occuper les esprits (1)?

(1) Il est étonnant que l'Université de France n'offre pas de cours d'économie politique. Les personnes qui redoutent, pour la jeunesse, l'enseignement des sciences morales et politiques, me semblent peu connaître leur pays et leur siècle. Le système d'instruction doit être en harmonie avec la forme du gouvernement ; or, l'étude de ces sciences est indispensable pour former des pairs, des députés, des administrateurs, des citoyens éclairés. Telle est, d'ailleurs, la disposition des esprits que ces sciences seront nécessairement étudiées, et que la seule question est de savoir si elles le seront bien ou si elles le seront mal. On commettrait une grave imprudence si l'on abandonnait au hasard le soin de décider cette question ; un gouvernement sage doit la résoudre en donnant aux jeunes gens d'habiles professeurs *.

* J'aurais pu modifier cette note qui est dans ma première édition. Je préfère ajouter que nous avons fait un progrès : les craintes qui existaient ont disparu, ou sont du moins très affaiblies.

nautés employèrent pour faire impunément la fraude,
l'autorité qui leur était confiée pour la réprimer;
mais je demande si ce n'est pas une fraude permanente que le surhaussement de tous les prix qui résulte du monopole. On craint que les fabricans, les
ouvriers ne trompent quelquefois le public; et on
leur donne les moyens de le tromper sans cesse, en
les débarrassant de la concurrence.

Quelques personnes prétendent que les communautés sont nécessaires pour maintenir l'ordre parmi
les ouvriers. Si je considère l'ordre dans ses rapports
avec le travail, puis avec la tranquillité publique, je
vois que les communautés sont tantôt inutiles et
tantôt dangereuses.

Les bases de notre législation relative aux fabriques et aux ateliers, sont très bonnes; elles ont été
posées, dans les premières années de ce siècle, par
des hommes fort éclairés, qui voulaient l'ordre et
respectaient la liberté (1). La loi intervint dans les
apprentissages, pour assurer la fidélité due aux
contrats, et pour annuler les clauses abusives. L'o-
bligation qui fut imposée à chaque ouvrier d'être
porteur d'un livret, est une mesure très sage. Les
droits de l'inventeur sur ses découvertes, et ceux du

(1) C'étaient MM. Chaptal, Vincens, Costaz aîné, Anthelme
Costaz, B. Delessert, Scipion Périer, Joseph Montgolfier, Molard,
Conté, etc.

5*

fabricant sur ses marques furent garantis. Le gouvernement forma des chambres consultatives ; il
créa l'institution des prud'hommes que la France
possède seule, etc., etc. Si, comme je n'en doute pas,
plusieurs parties de cette législation ont besoin d'être
complétées ou rectifiées, on doit y pourvoir ; mais
formons des vœux pour que les hommes qui s'en occupent, soient toujours guidés par les principes qui
dirigeaient ceux auxquels je viens de rendre hommage.

Ce n'est pas un sûr moyen de rendre les hommes
faciles à conduire que de leur donner l'esprit de
corps. Le débris le plus remarquable qui nous reste
de l'ancien régime de l'industrie, est le compagnon-
nage. On sait combien il est fécond en scènes hideuses et déplorables. Les compagnons d'un même
métier forment diverses associations qui portent des
noms bizarres, dont ils croient savoir l'origine. Les
membres de chaque association exècrent les autres ;
ils ont pour se reconnaître, des espèces de signes
maçonniques ; s'ils se rencontrent sur une route, ils
se battent avec férocité ; ils se poursuivent dans les
villes, et voudraient s'exclure les uns les autres du
travail. Rien ne rappelle autant la barbarie des temps
d'ignorance. Ni la police, ni les tribunaux, ne sont
encore parvenus à prévenir ou à réprimer ces rixes

sanglantes. De folles haines continuent de s'envenimer, malgré les efforts que des compagnons très estimables font avec zèle, pour changer les fatales et basses habitudes que d'autres s'obstinent à conserver.

Plus d'une page de notre histoire prouve que, dans les temps agités, les corporations peuvent devenir des foyers de troubles. Marcel leva trois mille hommes dans les corps d'arts et métiers. Charles VII, menacé par les communautés, prit le parti de les dissoudre ; mais leur suppression ne fut que momentanée ; on les voit reparaître en armes, dans la Ligue et dans la Fronde.

Je compléterai ce chapitre, en indiquant quelques restrictions que doit admettre la liberté du travail : je les crois très rares. Observons que bien des personnes, faute d'avoir des idées nettes, imputent à la liberté tels abus réels ou possibles, contre lesquels il faudrait l'invoquer. Le principe, *laissez faire, laissez passer,* est souvent attaqué par des gens qui ne le comprennent même pas. Il y a peu d'années, un homme voulut s'emparer de tout le roulage de France ; il eut le sort ordinaire des faiseurs d'entreprises gigantesques, il se ruina. Mais, s'il se formait des coalitions redoutables, si les grands capitaux venaient à dévorer les petits, et qu'il fallût réclamer le secours des lois contre les accaparemens et le monopole, que dirait-on aux grands capitalistes? Les mêmes paroles que, sous Louis XV, les premiers économistes disaient aux chefs des corporations : *N'empêchez pas les gens moins riches que vous de gagner leur vie; laissez faire, laissez passer.*

La loi qui protége les enfans dans les manufactures, ne blesse ni l'autorité légitime des pères, ni la liberté des conventions mercantiles. Le législateur laisse débattre librement les conditions du travail; mais il proclame ce fait, que la vie et la santé des enfans ne sont pas des objets de trafic.

L'économiste s'abuserait en prenant la liberté pour un but ; elle est un moyen; le but, c'est le bonheur social. Si donc la liberté compromet en quelques points, la morale ou la sûreté publique, on doit la soumettre à des restrictions. Mais, comme il est évident que l'industrie est une des grandes sources de prospérité, et qu'elle ne peut se développer que sous un régime libre, il faut que la nécessité des exceptions ait de même un caractère d'évidence.

Par exemple, il est évident qu'on ne peut laisser libre une profession qui consiste à préparer des médicamens, et qui permet de vendre des poisons. Ceux qui veulent l'exercer doivent à la société une garantie de leurs lumières et de leur probité.

Lorsqu'on étudie la science des richesses, il est essentiel de ne jamais perdre de vue ses rapports avec l'amélioration et le bonheur des hommes. On dénature cette science, si l'on ne considère les richesses qu'en elles-mêmes et pour elles-mêmes. A force d'attacher ses regards sur leur formation, sur leur consommation, on finirait par ne plus voir dans le monde que des intérêts mercantiles. Les esprits faux peuvent abuser à ce point de l'économie politique.

J'ai vu à regret plusieurs écrivains employer des expressions qui semblent matérialiser tous nos intérêts. Smith, que la nature avait doué d'une imagination brillante, et qui sut offrir les leçons d'une ingénieuse morale, Smith lui-même n'est point à l'abri de ce reproche. Par exemple, il désigne sous le nom d'*ouvriers improductifs* tous les hommes dont les travaux ne créent pas des produits matériels. Non-seulement il est inconvenant de donner aux magistrats, aux savans, le nom d'ouvriers qui s'applique uniquement aux hommes occupés de travaux manuels; mais, en se servant des mots *ouvriers improductifs*, on nous jette dans une honteuse erreur, si l'on nous persuade que ceux qui contribuent à faire régner la justice, et ceux qui répandent les lumières, ne produisent rien sur la terre. Je ne reconnais ni la raison, ni le goût de Smith, lorsqu'il parle des hommes comme d'une *marchandise*, et de l'espèce de *déchet* que cette marchandise peut éprouver (1). Toute expression de ce genre est aussi fausse que répugnante.

Aimons à célébrer les bienfaits que répand l'industrie; mais n'allons point, avec quelques rêveurs, lui donner une importance exclusive, une prééminence imaginaire; gardons-nous de supposer que ceux dont elle emploie les facultés soient les seuls citoyens utiles, aux dépens desquels tous les autres existent. De telles folies, en se propageant, anéantiraient la civilisation. L'industrie s'arrêterait dans sa marche rapide, si les sciences cessaient de l'animer par des applications fécondes. Les sciences languiraient, si on ne venait plus les interroger que pour en obtenir des secrets lucratifs; il faut que des esprits supérieurs les cultivent dans la seule espérance et pour le seul bonheur de contempler des vérités nouvelles. L'homme ne connaîtrait pas la plus belle partie de son domaine, s'il se bornait à l'exploration des sciences physiques et mathématiques : il est des sources de vertus et de lumières, de liberté et de bonheur, que découvrent à ses yeux les sciences morales et politiques. Toutes les sciences perdraient un puis-

_____

(1) *Richesse des nations*, tome i, page 163.

sant moyen de se propager, si l'on dédaignait les études littéraires qui servent à les embellir de clarté et
d'éclat. Ces études, en elles-mêmes, ont une haute
importance; elles adoucissent les mœurs, elles épu-
rent les âmes. L'homme retournerait vers la barbarie, s'il cessait d'être sensible à la délicatesse du langage, au pouvoir de l'éloquence, aux charmes de la
poésie. Lorsqu'on dit qu'un manœuvre est plus utile
à la société qu'un poëte, on dit vrai, puisque sans
doute on veut parler d'un faiseur de vers médiocres:
si l'on parlait d'un véritable poëte, ce serait le blas-
phème de l'ignorance. Comment un être inspiré,
dont les chants répandront des sentimens élevés, des
pensées généreuses, dans tous les pays et dans tous
les âges, serait-il mis en parallèle avec l'homme dont
les faciles travaux n'exigent qu'une intelligence si
faible et si bornée?

La société, pour maintenir son existence, a besoin de produits immatériels autant que de produits
matériels. Vouloir précipiter dans les entreprises
d'industrie tous les gens riches, ce serait former un
projet absurde: ce qu'on doit raisonnablement dési-
sirer, c'est que l'opinion publique flétrisse l'oisiveté.

Ne laissons jamais renaître les préjugés offensans
pour le commerce; ils disposent ceux qui l'exercent
à quitter leur état, ils tendent à diminuer le nombre

de ces familles honorables qui conservent à l'industrie de grands capitaux, et des exemples héréditaires
d'amour du travail et de fidélité aux engagemens.
Mais, ne fermons point les yeux sur le danger qui
menace tout pays où l'industrie se développe avec
rapidité. Ce danger est celui de voir l'amour du gain
dessécher les âmes, corrompre les professions où le
désintéressement est nécessaire, et les transformer
en métiers lucratifs. Si l'on arrivait un jour à demander de tous les travaux : que rapportent-ils?
combien valent leurs produits? la société ne serait
plus qu'un ramas de vendeurs et d'acheteurs, les
plus belles facultés de l'espèce humaine deviendraient oisives et s'éteindraient.

Loin d'abaisser jamais les occupations de l'esprit
qui ne créent pas des richesses, il faut élever les
travaux dont l'objet est matériel, en les associant à
d'autres qui demandent une heureuse culture des
facultés morales. L'entrepreneur qui fabrique des
tissus plus solides ou plus brillans que ceux dont on
avait enrichi le commerce avant lui est un homme
utile; mais, s'il veille en père sur ses nombreux ouvriers, si l'oisiveté, la misère, le vice disparaissent
des environs de sa manufacture, ce n'est plus seulement un habile fabricant, c'est un bienfaiteur de la
contrée où le ciel l'a fait naître.

L'économie politique, bien conçue, sera toujours
l'auxiliaire de la morale. Ne prenons point les richesses pour un but, elles sont un moyen : leur importance résulte du pouvoir qu'elles ont d'apaiser des
souffrances ; et les plus précieuses sont celles qui
servent au bien-être du plus grand nombre d'hommes.

FIN.

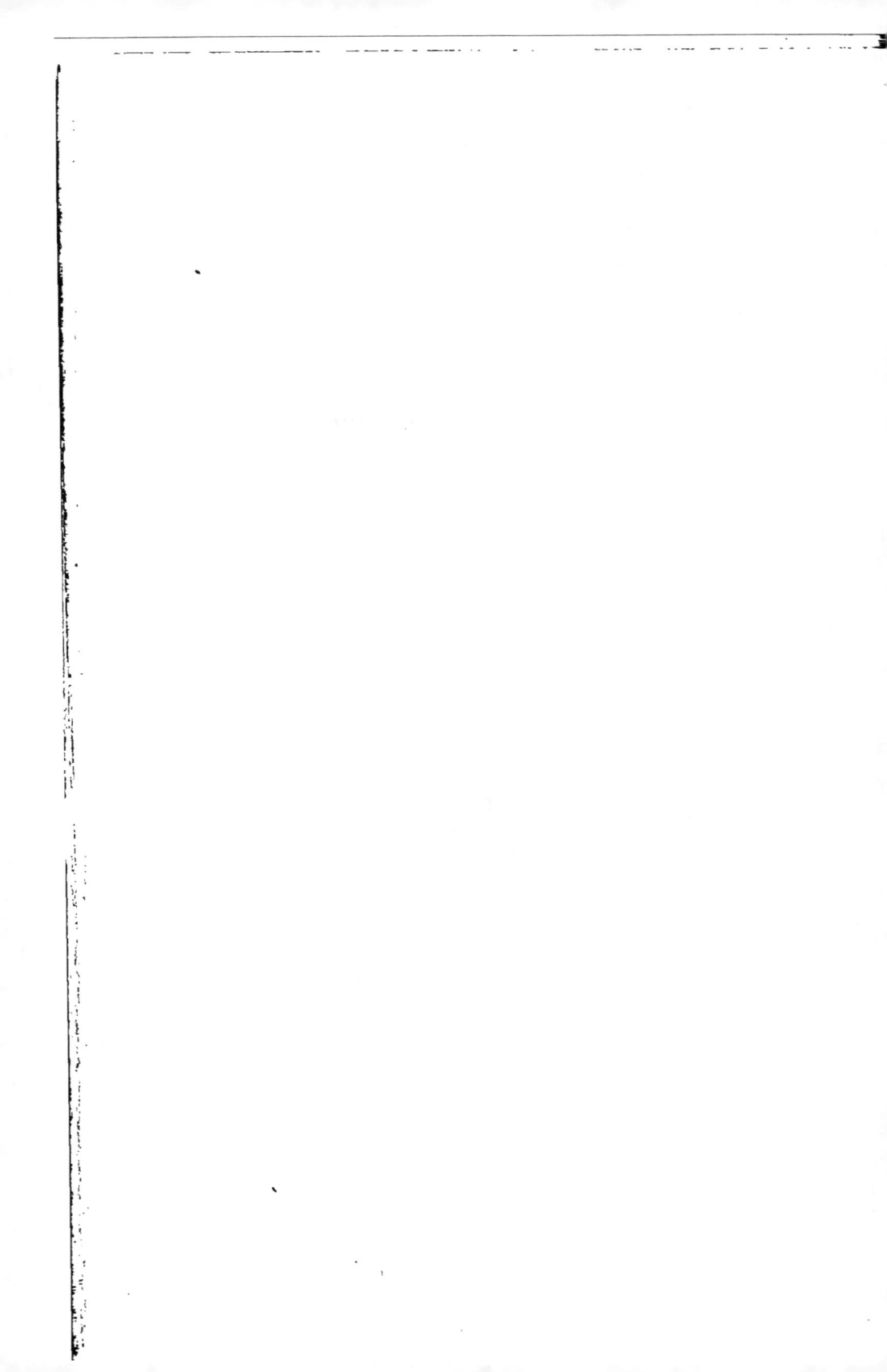

TABLE.

—◦◦—

LIVRE III.

De la distribution des richesses.

LIVRE IV.

De la consommation des richesses.

FIN DE LA TABLE.

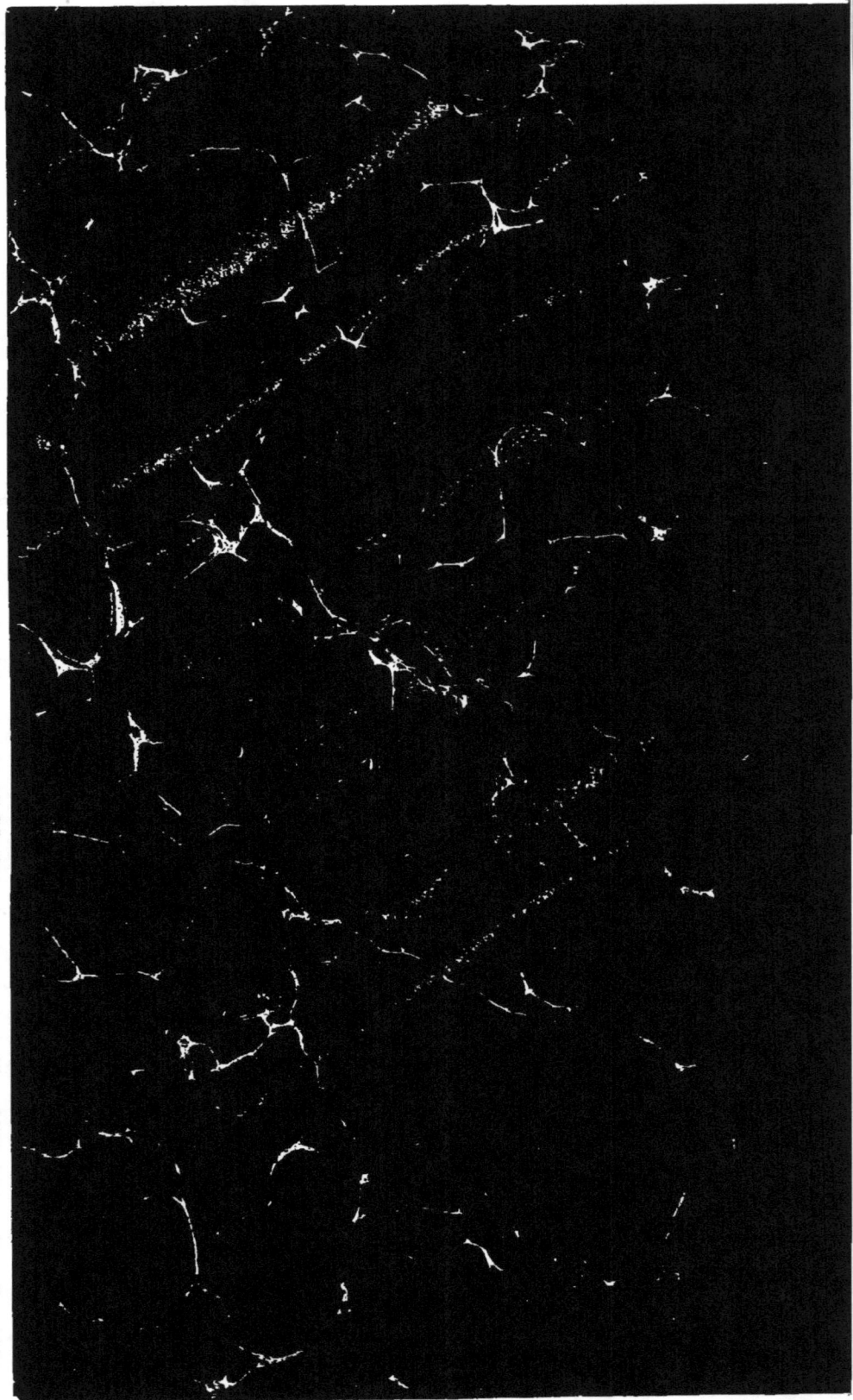

www.ingramcontent.com/pod-product-compliance
Lightning Source LLC
Chambersburg PA
CBHW061114220326
41599CB00024B/4042